84 mujeres inspiradoras

Las vidas de heroínas influyentes que se rebelaron, marcaron la diferencia e inspiraron (Libro para feministas)

Por los lectores de History Activist

1

Introducción

Este libro es una lectura obligada para todas las mujeres, desde las que van a la escuela secundaria hasta las jubiladas.

Las 84 poderosas historias de este libro feminista te inspirarán y harán que tu vida sea más colorida. Es perfecto para cualquiera que quiera aprender más sobre el feminismo y conocer cómo estas heroínas han dado forma a nuestro mundo actual.

Disfruta de breves biografías de algunas de las mujeres más inspiradoras de la historia y de la actualidad. Es una gran manera de inspirarse y aprender más sobre la grandeza de las mujeres.

Incluyendo:

- 19 mujeres en la ciencia
- 15 mujeres artistas
- 18 mujeres luchadoras por la libertad
- 16 mujeres influyentes
- 16 Mujeres negras

Aunque se ha avanzado mucho en la lucha por la igualdad de género, aún queda mucho camino por recorrer. Este inspirador libro cuenta las historias de 84 mujeres extraordinarias que han marcado la diferencia en el mundo. Desde las primeras sufragistas hasta las políticas actuales, estas mujeres se han rebelado contra el statu quo y han luchado por el cambio. Al hacerlo, han allanado el camino para las futuras generaciones de mujeres.

Estas heroínas provienen de todos los ámbitos de la vida y sus historias seguramente resonarán en los lectores de todas las edades. Este libro es una lectura esencial para cualquiera que quiera saber más sobre las poderosas mujeres que han marcado la historia. Seguro que inspirará a los lectores a seguir sus pasos y a marcar la diferencia en el mundo.

Le sorprenderá el valor, la fuerza y la resistencia de estos héroes. Son una inspiración para todos nosotros y demuestran que todo es posible si te lo propones. No se pierda esta increíble oportunidad de inspirarse en algunas de las mujeres más poderosas de la historia y de la actualidad.

Tabla de contenidos

INTRODUCCIÓN 2

TABLA DE CONTENIDOS 3

19 MUJERES EN LA CIENCIA 8

1. Stephanie Kwolek (1923 - 2014) 9

2. Rachel Carson (1907 - 1964) 11

3. Maria Goeppert Mayer (1906 - 1972) 14

4. Rosalind Franklin (1920 - 1958) 18

5. Rosalyn S. Yalow (1921 - 2011) 22

6. Rita Levi-Montalcini (1909 - 2012) 25

7. Chien-Shiung Wu (1912 - 1997) 28

8. Katherine Johnson (1918 - 2020) 32

9. Florence Rena Sabin (1871-1953) 36

10.   Françoise Barré-Sinoussi (nacida en 1947) 39

11.   Margaret Hamilton (nacida en 1936) 42

12.   Emmy Noether (1882 - 1935) 45

13.   Valentina Tereshkova (nacida en 1937) 60

14.   Lynn Margulis (1938 - 2011) 63

15.   Cecilia Payne-Gaposchkin (1900 - 1979) 66

16.   Jocelyn Bell Burnell (nacida en 1943) 70

17.   Lise Meitner (1878 - 1968) 73

18.   Christiane Nüsslein-Volhard (nacida en 1942)............. 83

19.   Peggy Whitson (nacida en 1960) 86

15 MUJERES ARTISTAS 88

1.   Beyoncé (nacida en 1981) 89

2.   Lady Gaga (nacida en 1986)..................................... 97

3.   Céline Dion (nacida en 1968)................................... 106

4.   Kate Bush (nacida en 1958) 112

5.   Aretha Franklin (1942-2018).................................... 116

6.   Margaret Bourke-White (1904-1971) 119

7.   Dorothea Lange (1895-1965) 123

8.   Leni Riefenstahl (1902-2003) 125

9.   Käthe Kollwitz (1867-1945) 130

10.   Doris Lessing (1919 - 2013)................................... 134

11.   J. K. Rowling (nacida en 1965) 137

12.   Margaret Atwood (nacida en 1939)........................ 142

13.   Agatha Christie (1890-1976)................................. 145

14.   Alexandra Danilova (1903-1997) 153

15.   Josephine Baker (1906 - 1975)............................. 155

18 MUJERES LUCHADORAS POR LA LIBERTAD 158

1.   Malala Yousafzai (nacida en 1997) 159

2.	Angela Davis (nacida en 1944) 162

3.	Mae Jemison (nacida en 1956) 167

4.	Rosa L. Parks (1913-2005) 169

5.	Nellie Bly (1867-1922) 171

6.	Marie Curie (1867-1934) 178

7.	Sacagawea (1788?-1812?) 185

8.	Ruby Bridges (nacida en 1954) 187

9.	Greta Thunberg (nacida en 2003) 191

10.	Jane Goodall (nacida en 1934) 198

11.	Mary Seacole (1805-1881) 201

12.	Jane Austen (1775-1817) 204

13.	Coco Chanel (1883-1971) 208

14.	Frida Kahlo (1907-1954) 211

15.	Mary Anning (1799-1847) 216

16.	Amelia Earhart (1897-1937) 219

17.	Emmeline Pankhurst (1858-1928) 225

18.	Ana Frank (1929-1945) 228

16 MUJERES INFLUYENTES 236

1.	Benazir Bhutto (1953-2007) 237

2.	Betty Friedan (1921-2006) 242

3.	Grace Hopper (1906-1992) 245

4. Margaret Thatcher (1925-2013) 249

5. Kamala Harris (nacida en 1964) 258

6. Sally Ride (1951-2012) 264

7. Audrey Hepburn (1929-1993) 268

8. Shirin Ebadi (nacida en 1947) 277

9. Vigdís Finnbogadóttir (nacida en 1930) 280

10. Sandra Day O'Connor (nacida en 1930) 282

11. Yingluck Shinawatra (nacida en 1967) 284

12. Gertrude B. Elion (1918-1999) 286

13. Babe Didrikson Zaharias (1911-1956) 288

14. Madre Teresa (1910-1997) 291

15. Angela Merkel (nacida en 1954) 295

16. Tsai Ing-wen (nacido en 1956) 303

16 MUJERES NEGRAS 305

1. Bessie Coleman (1893-1926) 306

2. Miriam Makeba (1932-2008) 313

3. Marian Anderson (1897-1993) 316

4. Maya Angelou (1928-2014) 319

5. Ellen Johnson Sirleaf (nacida en 1938) 321

6. Coretta Scott King (1927-2006) 325

7. Hattie McDaniel (1895-1952) 327

8.   Fannie Lou Hamer (1917-1977) 331

9.   Wangari Maathai (1940-2011) 340

10.   Shirley Chisholm (1924-2005) 349

11.   Mary McLeod Bethune (1875-1955) 351

12.   Toni Morrison (1931-2019) 353

13.   Ida B. Wells-Barnett (1862-1931) 358

14.   Venus Williams (nacida en 1980) 360

15.   Zora Neale Hurston (1891-1960) 363

16.   Mahalia Jackson (1911-1972) 366

19 Mujeres en la ciencia

1. Stephanie Kwolek (1923 - 2014)

Química estadounidense conocida por su papel en la invención del Kevlar

"Espero salvar vidas. Hay muy poca gente en su carrera que tenga la oportunidad de hacer algo en beneficio de la humanidad."

Stephanie Louise Kwolek (New Kensington, 31 de julio de 1923 - Wilmington, 18 de junio de 2014) fue una científica estadounidense que se dedicó a la química de los polímeros. Es el fabricante de poli-p-fenilentereftaalamida o *para-aramida*, más conocido como *Kevlar*.

Biografía

Kwolek era la hija de los inmigrantes de origen chino Jan Kwolek y Nellie Zajdel Kwolek, que nacieron en 1923 en New Kensington. Su padre murió cuando tenía diez años. Kwolek se licenció en psicología en 1946 en el Margaret Morrison Carnegie College de la Universidad Carnegie Mellon. Sus planes eran pagar para poder seguir estudiando genética.

En 1946, Hale Charch le concedió a Kwolek un puesto de trabajo en la empresa química DuPont. Este trabajo le gustó tanto que se convirtió en un trabajo de investigación. En 1950 se trasladó a Wilmington para trabajar. En 1965, Kwolek comenzó a trabajar en Kevlar. En 1986, Kwolek entró en la empresa, pero no se convirtió en asesor de DuPont. A lo largo de su carrera, obtuvo dos patentes más, entre ellas la de la producción de Kevlar.

Se fue a los 90 años en una casa de campo en Delaware.

Destacados

- DuPont había introducido el nylon justo antes de la Segunda Guerra Mundial, y en los años de la posguerra la empresa reanudó su impulso en el mercado altamente competitivo de las fibras sintéticas.
- DuPont se trasladó con el Laboratorio de Investigación Pionera de la empresa a Wilmington (Delaware) en 1950 y se jubiló con el rango de investigador asociado en 1986.
- Kwolek es más conocida por su trabajo durante los años 50 y 60 con las aramidas, o "poliamidas aromáticas", un tipo de polímero que puede convertirse en fibras fuertes, rígidas y resistentes a las llamas.
- Su trabajo de laboratorio sobre las aramidas se llevó a cabo bajo la supervisión del investigador Paul W. Morgan, quien calculó que las aramidas formarían fibras rígidas debido a la presencia de voluminosos anillos de benceno (o "aromáticos") en sus cadenas moleculares, pero que tendrían que prepararse a partir de una solución porque sólo se funden a temperaturas muy altas.

2. Rachel Carson (1907 - 1964)

Biólogo marino y escritor de naturaleza estadounidense

"Una forma de abrir los ojos es preguntarse: "¿Y si nunca hubiera visto esto antes? ¿Y si supiera que nunca más lo vería?".

Rachel Louise Carson (Springdale (Pennsylvania), 27 de mayo de 1907 - Silver Spring (Maryland), 14 de abril de 1964) fue una bióloga que trabajó en Springdale, Pennsylvania. Fue muy conocida por sus libros y por su compromiso con la protección del medio ambiente.

Levensloop

Su madre le dio su apoyo a la naturaleza. Desde entonces, ha estudiado en el Pennsylvania College for Women (ahora Chatham College). En 1929 estudió allí y en 1932 se doctoró en zoología en la Universidad Johns Hopkins. Más tarde, fue docente en esta universidad y en la Universidad de Maryland.

Realizó guiones de radio para la Oficina de Pesca de los Estados Unidos durante la crisis y varios artículos sobre la naturaleza para el Baltimore Sun. También comenzó una larga carrera de varios años como investigador y director del departamento federal. También se convirtió en redactor jefe de todas las publicaciones del Servicio de Pesca y Vida Silvestre de los Estados Unidos.

La idea central de todas sus obras es que la naturaleza no es más que una parte de la vida humana, mientras que el resto de los seres vivos se encarga de la conservación del medio ambiente, en algunos casos, de forma permanente. Rachel Carson estaba tan preocupada por el uso excesivo de insecticidas químicos sintéticos en la Segunda Guerra Mundial, que se opuso a ello. Se ha querido evitar el efecto de la mala utilización de los plaguicidas. Se hizo público con su libro *Primavera silenciosa* (1962), en el que el problema medioambiental ocupaba un lugar central. El título es una mirada a la lente de la época apocalíptica que los viajeros no pueden superar, ya que se han convertido en el resultado de la utilización de los medios de comunicación. Además, su libro ha estimulado el estudio de los productos no regalados. En 1963, realizó un trabajo para el Congreso de los Estados Unidos en el que se mostraba una nueva visión de los hombres y del entorno.

Rachel Louise Carson nació en 1964 de una larga lucha contra el hambre. Sus ideas sobre la seguridad y la protección de la vida inspiran a las nuevas generaciones para mejorar el mundo y las generaciones futuras.

Primavera silenciosa

El último libro de Rachel Carson es su obra más conocida sobre el problema medioambiental, *Primavera silenciosa*. El libro no es sólo actuado y se basa en un análisis sistemático y literario del uso de diferentes pesticidas. Ha sido redactado por científicos y, sobre todo, por el consejo científico de John F. Kennedy. En un principio, se criticó a la industria química. A partir del año 2000, varios grupos libertarios también publicaron el libro, señalando que las restricciones agrarias del DDT se traducirían en una mayor prevención de la malaria.

Destacados

- Rachel Carson desarrolló muy pronto un profundo interés por el mundo natural.
- Ingresó en el Pennsylvania College for Women con la intención de convertirse en escritora, pero pronto cambió su especialidad de inglés a biología.
- Un artículo publicado en The Atlantic Monthly en 1937 sirvió de base para su primer libro, Under the Sea-Wind, publicado en 1941. The Sea Around Us (1951) se convirtió en un best seller nacional, ganó el National Book Award y se tradujo a 30 idiomas.
- La perspectiva del movimiento ecologista de los años sesenta y principios de los setenta era generalmente pesimista y reflejaba un sentimiento generalizado de "malestar de la civilización" y la convicción de que las perspectivas de la Tierra a largo plazo eran sombrías.

3. Maria Goeppert Mayer (1906 - 1972)

Físico teórico estadounidense nacido en Alemania y ganador del Premio Nobel en 1963

"Ganar el premio no fue ni la mitad de emocionante que hacer el trabajo en sí".

Maria Gertrud Goeppert-Mayer (Katowice, 28 de junio de 1906 - San Diego, 20 de febrero de 1972) fue una teórica de la naturaleza estadounidense nacida en la República Checa. En 1963 recibió el Premio Nobel de Ciencias Naturales junto a Eugene Wigner y, al igual que Hans Jensen, "por sus trabajos sobre la estructura de la naturaleza". Fue el segundo ganador del Premio Nobel de Ciencias Naturales, después de Marie Curie, en 1903.

Biografía

Maria Gertrud Göppert nació en Katowice, Opper-Silezië, como hija de Friedrich Göppert y Maria Wolff. En 1910, su hija se fue a Göttingen, donde su padre obtuvo una beca como profesor de educación infantil en la universidad. Su padre fue durante ese tiempo una persona muy activa que se dedicaba a las actividades de los niños y las niñas.

Göppert es profesor de escuelas privadas y abiertas en Göttingen y tiene una excelente carrera. Es más, se reunió con estudiantes y profesores de su universidad de origen, entre los que se encontraban los últimos Premios Nobel Enrico Fermi, Werner Heisenberg, Paul Dirac y Wolfgang Pauli, así como el científico David Hilbert. Su madre se dedicó a *estudiar una carrera* privada para *mujeres*, que mis hijas habían elegido para *el bachillerato*, el examen de acceso a la universidad. A pesar de que esta escuela, en los dos últimos años, se ha visto afectada por la hiperinflación de la República de Weimar, los profesores han tenido que pagar a sus alumnos.

En 1924, Göppert se retiró de la universidad y se convirtió en un estudiante de ciencias naturales. Sin embargo, cuando asistió a un seminario de Max Born, se dirigió a la ciencia natural. Entre sus compañeros se encontraban tres prestigiosos premios Nobel: Born, James Franck y Adolf Windaus. Un año más tarde, se trasladó a Cambridge para aprender inglés en el Ginton College, pero también se unió a Ernest Rutherford. En 1930, Mayer volvió a tener una promoción científica (sobre la dos-fotonexión). Ese mismo año se reunió con el físico-químico Joseph Edward Mayer (1904-1983), ayudante de James Franck. El año siguiente se fue a los Estados Unidos, el país de origen de Mayer.

Durante los años siguientes, Goeppert-Mayer trabajó como funcionario o como asistente en las universidades en las que trabajaba. Primero en la Universidad Johns Hopkins de Baltimore (1931-39), luego en la Universidad de Columbia (1940-46) y por último en la Universidad de Chicago. Era la época de la gran depresión y ninguna otra universidad quería dejar de lado el antinepotismo. En 1933 nació la hija de Maria-Ann y, unos años más tarde, el hijo de Peter Conrad.

Además, realizó una investigación sobre la energía en varios campos, junto con el biólogo Karl Herzfeld, con el que escribió varios artículos. En Columbia trabajó con químicos y físicos como Harold Urey, Willard Libby y Enrico Fermi. Durante su estancia en la universidad se hizo amigo de Edward Teller, un investigador hongkonés que desempeñó un importante papel en el desarrollo de la tecnología del agua y que trabajó con él en el Proyecto Mantattan.

Chicago fue la primera universidad en la que no se le concedió un puesto de trabajo (debido a la fuerte discriminación hacia los hombres), sino que

15

se le concedió un puesto de trabajo abierto, pero no se le concedió ningún puesto importante. Fue nombrado profesor titular de la Facultad de Ciencias Naturales y del *Instituto de Estudios Nucleares*. Posteriormente, ocupó un puesto en el *Laboratorio Nacional de Argonne*, gracias a sus amplios conocimientos de física. Fue durante su época en Chicago y Argonne cuando elaboró el modelo de investigación sobre la estructura de las células madre, el trabajo que, junto con Jensen, le valió el Premio Nobel.

En 1960, Goeppert-Mayer fue nombrado (voluntariamente) profesor de ciencias naturales en la Universidad de California en San Diego, y su salario fue muy inferior al de su marido. Aunque se vio obligado a abandonar el trabajo por una burocracia, durante varios años se vio obligado a seguir adelante con su trabajo y con su vida cotidiana. Murió en febrero de 1972 a causa de un infarto de miocardio.

Mágico getallen

Fue Teller quien hizo que Mayer investigara su teoría sobre la propagación de los elementos nocivos. Se dieron cuenta de que algunos elementos, como el estaño y la madera, eran más estables que la teoría original. Esto también es válido para otros elementos. Cuando Mayer observó la cantidad de neutrones y protones en el núcleo de estos elementos, dijo que las partículas más grandes eran más resistentes. Llamamos a estos elementos "mágicos" y los identificamos como: 2, 8, 20, 28, 50, 82 y 126. Cualquier elemento que se encuentre en estos niveles de protones o neutrones es muy estable. Los elementos que contienen tanto el número de protones como el número de neutrones en un elemento mágico son "mágicos" y son extra estables. Son, entre otros, ^{4}He$_2$, ^{16}O$_8$, ^{40}Ca$_{20}$, ^{48}Ca$_{20}$, ^{48}Ni$_{28}$ y ^{208}Pb$_{82}$.

Sobre la base de esta teoría, elaboró el modelo de la atoomkern, en el que el núcleo se abre a los cambios de forma de los núcleos. Publicó su hipótesis en la revista *Physical Review*. El investigador suizo Hans Jensen se mostró muy satisfecho con su conclusión, pero publicó su artículo dos meses después, en la misma revista. La revista publica su trabajo más bien como una ampliación de la obra de Mayer. Además de una breve reseña sobre el tema, también escribió un libro: *Elementary Theory of Nuclear Shell Structure* (1955).

Destacados

- Maria Goeppert estudió física en la Universidad de Göttingen (doctorado, 1930) bajo un comité de tres premios Nobel.
- En 1930 se casó con el físico químico estadounidense Joseph E. Mayer, y poco después le acompañó a la Universidad Johns Hopkins de Baltimore (Maryland).
- En 1939, ella y su marido obtuvieron una plaza de químico en la Universidad de Columbia, donde Maria Mayer trabajó en la separación de isótopos de uranio para el proyecto de la bomba atómica.
- Maria Goeppert recibió un nombramiento regular como profesora titular en 1959.

4. Rosalind Franklin (1920 - 1958)

Químico y cristalógrafo de rayos X inglés

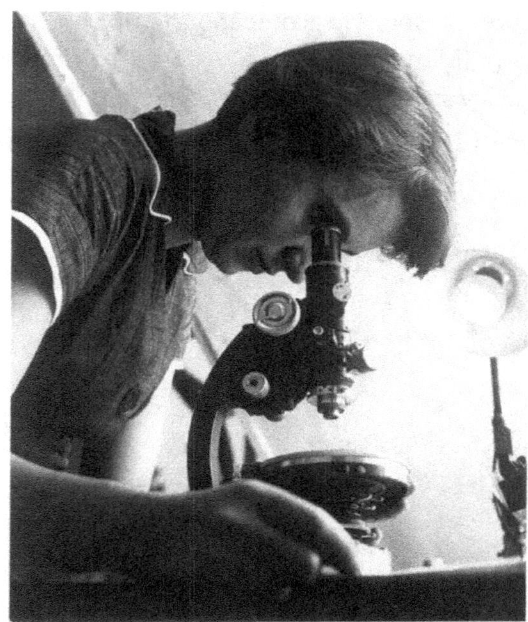

"La ciencia y la vida cotidiana no pueden ni deben separarse".

Rosalind Elsie Franklin (Londres, 25 de julio de 1920 - Madrid, 16 de abril de 1958) fue una química británica muy conocida por sus investigaciones sobre la estructura del ADN mediante la difracción de la radiación.

Jeugd

Franklin era la hija del banquero Ellis Franklin y de la hija de Muriel Frances Waley (1894-1976). Paul's Girls School, una de las principales escuelas de educación física y psicológica. A su llegada a la escuela, se dio cuenta de que quería ser un investigador. Su padre también se preocupaba por el bienestar de las mujeres y quería que se convirtiera en un trabajador social. Por lo tanto, le preocupaban los costes de su carrera universitaria, ya que había tenido éxito en su trabajo en la Universidad de Cambridge. Se pasó el día para que una mujer se quedara con su estudio y para que su hija se quedara con él.

Carrera profesional de la ciencia y la tecnología

En 1938, Franklin fue admitido en el Newnham College de la Universidad de Cambridge, donde en 1941 estudió Ciencias Naturales con la especialidad de Química Fisica. Después de haber trabajado durante un año en la universidad, en 1942 se convirtió en miembro de la Tweede Wereldoorlog como investigador de la British Coal Utilisation Research Association. En esta ocasión, investigó la relación entre el carbón y el helio para utilizar el carbón, que es el más antiguo de la época de la guerra, y para fabricar máscaras de gas de calidad con el carbón. Este trabajo constituye la base de su promoción en la química fisiológica en la obra *The physical chemistry of solid organic colloids with special reference to coal* de la Universidad de Cambridge en 1945.

Parijs

Tras su paso por Cambridge, pasó tres años estudiando en París, en el "Laboratoire Central des Services Chimiques de l'Etat". Aquí leyó las técnicas de difracción de la cristalografía que pueden ayudar a determinar la estructura del ADN.

Londres

En 1948 entró en el Reino Unido como investigador en el ámbito de la difracción molecular del ronquido en el King's College de Londres, bajo la dirección de Sir John Randall.

Los cambios en la investigación del ADN se debieron a la colaboración entre Franklin y Maurice Wilkins, un investigador que trabajó durante mucho tiempo para Randall. Franklin se mostró muy sorprendido por sus resultados y también lo hizo: después de que su investigación mostrara que el ADN tenía una estructura helicoidal, dijo a los demás que eso no era cierto y, a finales de 1952, publicó en su instituto de investigación un informe sobre el tema: "Con gran pesar tenemos que anunciar el fallecimiento, el viernes 18 de julio de 1952, de D.N.A. helix ... Se espera que el Dr. M. H. F. Wilkins hable en memoria del difunto Helix". Wilkins se dirigió en un momento dado a James Watson, el concurrente de Cambridge, para que le dijera que la estructura del ADN debía ser una hélice doble, mientras que Linus Pauling, con un modelo muy sencillo, lo había hecho con una hélice seca en lugar de una hélice doble. Esto resultó en un artículo de Watson y Francis Crick en el semanario científico Nature. También en el mismo número de Nature aparece un artículo de Franklin sobre sus conclusiones.

Si Franklin se ha centrado en la estructura del ADN y en su nombre se ha puesto en contacto con la estructura del ADN, se ha vuelto a discutir. También es cierto que, debido a las diferencias en la calidad del ADN, la estructura del mismo se ha vuelto más compleja, a pesar de que su estructura ha sido modificada.

Colegio de Birbeck

En las publicaciones sobre el ADN, se dirigió al Birkbeck College, donde creó su propio grupo de investigación y se concentró en los virus -sólo puede hacerlo en el King's College, ya que no puede encontrar más ADN-, con el nombre de tabaksmozaïekvirus y poliovirus.

En 1956, tras una visita a los Estados Unidos, fue despedido y se le concedió un permiso de residencia. Dos años más tarde, la edad de 37 años fue el resultado de este cambio, que se hizo evidente porque, durante su viaje, se enfrentó sin problemas a la guerra civil: dejó de lado una silla de ruedas y se quedó en el suelo.

En 1962, Watson, Crick y Wilkins recibieron el Premio Nobel. También Rosalind Franklin recibió el premio, ya que nunca lo había recibido. El premio no se ha concedido de forma permanente y tampoco se ha concedido a más de diez personas.

Destacados

- Paul's Girls' School antes de estudiar química física en el Newnham College de la Universidad de Cambridge.
- Tras licenciarse en 1941, recibió una beca para investigar en química física en Cambridge.
- Cuando comenzó su investigación en el King's College, se sabía muy poco sobre la composición química o la estructura del ADN.
- Su trabajo para obtener patrones de rayos X más claros de las moléculas de ADN sentó las bases para que James Watson y Francis Crick sugirieran en 1953 que la estructura del ADN es un polímero de

doble hélice, una espiral formada por dos hebras de ADN enrolladas una alrededor de la otra.

5. Rosalyn S. Yalow (1921 - 2011)

Física médica estadounidense, y la segunda mujer en ganar el Premio Nobel de Medicina

"Debemos creer en nosotros mismos, ya que nadie más va a creer en nosotros, debemos hacer coincidir nuestras expectativas con la competencia, el coraje y la determinación para tener éxito".

Rosalyn Sussman Yalow, nacida como *Rosalyn Sussman*, (Nueva York, 19 de julio de 1921 - aldaar, 30 de mayo de 2011) fue una médico-nutricionista estadounidense y ganadora del Premio Nobel. En 1977 obtuvo el Premio Nobel de Genética por el desarrollo del método Yalow-Berson. También se le concedió el premio junto a Roger Guillemin y Andrew Schally, que habían recibido el premio por otra investigación.

Biografía

22

Yalow nació como hija de Simon Sussman y Clara Zipper, inmigrantes judíos. Empezó a estudiar en la Walton High School de Nueva York. Al final de su vida estudió en el Hunter College, un centro de estudios superiores para estudiantes universitarios de la City University of New York. En ella, mostró su interés por la naturaleza y la psicología.

Yalow comenzó su carrera como secretaria del Dr. Rudolf Schoenheimer, un veterano y bioquímico que trabajaba en el Colegio de Artes y Cirugía de la Universidad de Columbia. Realizó un trabajo de estenografía y se convirtió en un secreto de Michael Heidelberger. Cuando el Tweede Wereldoorlog obligó a muchas personas a participar en la investigación, se les pidió que asistieran a la facultad de ciencias naturales de la Universidad de Illinois en Urbana-Champaign. Fue el primer profesor universitario desde 1917. En 1943 se reunió con Aaron Yalow. En 1945 se doctoró en kernfysica como primera persona de la universidad.

En su estudio, se trasladó a la clínica de la Administración de Veteranos del Bronx para colaborar en la realización de un estudio radioisotópico. Aquí se encuentra Solomon Berson, un médico neoyorquino que se dedicó a la investigación de la enfermedad de Alzheimer, y que en 1972 se dedicó a la investigación de la enfermedad de Alzheimer. También se ha utilizado el radioinmunoanálisis (RIA), una técnica que permite detectar en la sangre minúsculos fragmentos de una sustancia biológica mediante trazadores radioactivos. Este método se utilizó por primera vez para la medición de los niveles de insulina en pacientes con diabetes mellitus. Posteriormente, la técnica también se aplicó a otras sustancias, como hormonas, sustancias químicas, vitaminas y enzimas, así como a la medición de las concentraciones de los medios de vida en la sangre. Además del gran potencial comercial del método, Yalow y Berson han patentado la tecnología para que el hombre pueda beneficiarse de ella.

En 1968, Yallow fue nombrado profesor titular de la Universidad Mount Sinai de Nueva York. Más tarde asumió la función de Profesor Distinguido Solomon Berson.

En 1975, Yalow y Berson recibieron el Premio al Logro Científico de la AMA. El año anterior, Yalow fue el primer ganador del Premio Albert Lasker de Investigación Médica Básica y en 1988 recibió la Medalla Nacional de la Ciencia.

Destacados

- Rosalyn S. Yalow se graduó con honores en el Hunter College de la City University de Nueva York en 1941 y cuatro años más tarde se doctoró en física en la Universidad de Illinois.
- De 1946 a 1950 dio clases de física en Hunter, y en 1947 se convirtió en consultora de física nuclear en el Bronx Veterans Administration Hospital, donde de 1950 a 1970 fue física y jefa adjunta del servicio de radioisótopos.
- Con un colega, el médico estadounidense Solomon A. Berson, Yalow comenzó a utilizar isótopos radiactivos para examinar y diagnosticar diversas enfermedades.
- Las investigaciones de Yalow y Berson sobre el mecanismo subyacente a la diabetes de tipo II les llevaron a desarrollar la RIA.
- En 1976 fue la primera mujer en recibir el Premio Albert Lasker de Investigación Médica Básica.

6. Rita Levi-Montalcini (1909 - 2012)

Premio Nobel italiano, galardonado por sus trabajos en neurobiología

"Sobre todo, no temas los momentos difíciles. Lo mejor viene de ellos"

Rita Levi-Montalcini (Turín, 22 de abril de 1909 - Roma, 30 de diciembre de 2012) fue una neuróloga italiana que en 1986, junto con su colega Stanley Cohen, recibió el Premio Nobel de Fisiología y Genética por su trabajo en el campo de la investigación. En 2001 fue nombrado senador de la Cámara de Representantes de Italia y, a su muerte, se convirtió en el primer Premio Nobel de la historia, y el primero que ha cumplido menos de 100 años. También fue el primer político activo del mundo. En Italia fue nombrado *"Cavaliere di Gran Croce Ordine al Merito della Repubblica*

Italiana" (Ridder van het grootkruis van verdienste van de Republiek Italië).

Levensloop

Rita Levi-Montalcini nació, al igual que su esposa Paola, en 1909 en Turquía, en el seno de una familia sefardí-judía. Los dos hermanos eran hijos de cuatro personas. Su padre, Adamo Levi, era electricista y un médico de profesión. Su madre, Adele Montalcini, era una ilustradora muy competente y, según los Levi-Montalcini, "un hombre muy valioso".

Después de que un amigo de su familia falleciera, Levi-Montalcini tuvo que realizar una visita médica. A pesar de que su padre le pidió que se hiciera cargo de su carrera profesional como madre e hijo, desde 1930 estudió medicina en Turquía. Cuando terminó sus estudios en 1936 con la *máxima calificación, fue* asistente de Giuseppe Levi, con quien compartió sus estudios. En 1938, Benito Mussolini introdujo una serie de medidas antisemitas que, entre otras cosas, indicaban que los Joden ya no tenían que desempeñar funciones académicas. En la segunda edición de la revista Wereldoorlog, realizó un experimento en un laboratorio en el que se ocupó del crecimiento de los axones (células) en los embriones de las células. Por lo tanto, se han identificado los elementos más grandes y más fuertes que se encuentran en los campos de las personas que viven en el mundo. Estos experimentos son la base de sus investigaciones posteriores. Su primer laboratorio genético se encontraba en su casa, y cuando su familia se trasladó a Florencia, instaló un laboratorio de tesis. En 1945, su familia se trasladó a Turquía.

En septiembre de 1946, Levi-Montalcini fue admitida para cursar un semestre en la Universidad de Washington en San Luis, bajo la supervisión del profesor Viktor Hamburger. En la universidad, se trasladó durante varios años, y en 1952, realizó su principal trabajo de investigación: el aislamiento del factor de crecimiento de las células madre, el NGF, en los embriones.

En 1958 fue nombrado profesor. En 1962 comenzó una investigación en Roma, y a partir de ese momento pasó a trabajar en San Luis y en Roma. De 1961 a 1969 se incorporó al Centro de Neurobiología (*Consiglio Nazionale delle Ricerche*) en Roma, y de 1969 a 1978 se incorporó al Laboratorio de Biología Celular.

Rita Levi-Montalcini y su grupo de investigación han estudiado, entre 1993 y 1996, el mecanismo de funcionamiento de la hormona palmitoiletanolamida, una hormona que se encuentra en fase de crecimiento y que se mantiene en el tiempo. Se ha demostrado que esta sustancia endógena es un modulador natural de las células hiperactivas que actúa como proinflamatorio del NGF. Desde su primera publicación, la palmitoiletanolamida ha despertado un gran interés científico.

El 1 de agosto de 2001 fue nombrado senador por la ley por el presidente de Italia, Carlo Azeglio Ciampi. Aunque su actividad académica a nivel mundial no le ha llevado a la cima, ha participado activamente en los debates del Senado.

Destacados

- Levi-Montalcini estudió medicina en la Universidad de Turín e investigó allí sobre los efectos que los tejidos periféricos tienen en el crecimiento de las células nerviosas.
- En 1947 aceptó un puesto en la Universidad de Washington, St. Louis, Missouri, con el zoólogo Viktor Hamburger, que estudiaba el crecimiento del tejido nervioso en embriones de pollitos.
- En 1948 se descubrió en el laboratorio de Hamburger que una variedad de tumor de ratón estimulaba el crecimiento de los nervios cuando se implantaba en embriones de pollo.
- Levi-Montalcini y Hamburger han descubierto que el efecto se debe a una sustancia presente en el tumor que han denominado factor de crecimiento nervioso (NGF).

7. Chien-Shiung Wu (1912 - 1997)

Físico experimental y de partículas chino-americano

"Sólo hay una cosa peor que volver a casa del laboratorio
y encontrar el fregadero lleno de platos sucios, ¡y es no ir
al laboratorio!"

Chien-Shiung Wu (Shanghai, 31 de mayo de 1912 - Nueva York, 16 de febrero de 1997) fue un científico naturalista chino-americano que se dedicó a la investigación de la pariteitsimetría. Trabajó, entre otras cosas, en el proyecto Manhattan (para la obtención de uranio) y en 1978 recibió el Premio Wolf.

China

Aunque su familia procede de Taicang, en la provincia de Jiangsu, Wu nació en Shanghai. Su padre, Wu Zhongyi, era un promotor de los derechos de las mujeres, y fue el director de la Escuela Vocacional

Continua para Mujeres de Mingde, donde Chien-Shiung fue a la escuela hasta que se fue a vivir a la Escuela de Verano de Suzhou número dos. La madre de Wu era Fan Fuhua.

En 1929 se incorporó a la Universidad Nacional Central de Nanjing. En esa época, los estudiantes de la escuela normal que iban a la universidad debían pasar al menos un año. Así lo hicieron en la *Escuela Abierta de China,* fundada por Hu Shi, en Shanghai. De 1930 a 1934 estudió en la Facultad de Ciencias Naturales de la Universidad Central (en 1949 se convirtió en la Universidad de Nanjing). Durante dos años de estudio, trabajó con una investigadora de la Universidad de Nanjing, Jing Weijing.

Estados Unidos

En 1936, Wu Chien-Shiung Wu llegó, junto con un amigo, Dong Ruofen, un científico de Taicang, a la universidad. Wu estudió en la Universidad de California en Berkeley, donde se doctoró en 1940. Dos años más tarde, se reunió con Luke Chia-Liu Yuan, también un científico naturalista. Tuvieron un hijo, Vincent, que más tarde también fue un científico naturalista. La familia se trasladó al extranjero, donde Wu estudió en el Smith College, la Universidad de Princeton y la Universidad de Columbia (1957). En el Instituto NIST de los Estados Unidos de América se llevó a cabo el experimento Wu. En 1975 recibió la Medalla Nacional de la Ciencia y en 1978 el primer Premio Wolf de Ciencias Naturales.

Verder was Wu de eerste vrouw die:

- Doceerde aan de natuurkunde-afdeling van de Universiteit van Princeton.
- Un eredoctorado de Princeton.
- Presidente de la Sociedad Americana de Física (en 1975).

La búsqueda de la paridad en la búsqueda de la igualdad de oportunidades

Wu inició el proceso de paridad en el año 1956. En aquella época, la paridad se consideraba una realidad. Chen Ning Yang y Tsung-Dao Lee también consideraron teóricamente que la paridad no se podía controlar con el conocimiento de la lengua materna (que tiene un papel importante en el desarrollo), y Wu propuso a Lee un método para llevar a cabo este experimento, con el llamado Experimento Wu. Con este experimento, Wu se dio cuenta de que la pariteitsbehoud geschonden fue bètaverval van kobalt-60, y que la pariteit no se comportó como tal en la naturaleza. Esto llevó a Yang y Lee a recibir el Premio Nobel de Ciencias Naturales en

1957. Wu no se ha hecho acreedor a este premio, debido a la falta de interés. Su libro *Beta Decay* (1965) es también una obra de referencia para la ciencia.

Herdenking

En 1990, la Academia China de las Ciencias creó un planetoide para Wu Chien-shiung: Wu Jianxiong Xing. En 1995, cuatro taiwaneses/privilegiados chinos (Tsung-Dao Lee, Chen Ning Yang, Samuel Ting y Yuan Lee) crearon la Fundación Educativa Wu Chien-Shiung en Taiwán para ayudar a los jóvenes estudiantes.

Wu nació en 1997 en Manhattan con un hijo. Se graduó en la Mingde Senior High School (la escuela femenina de Mingde). Su hombre, que murió en 2003, ya no está en la escuela. Los dibujos están realizados por Tsung-Dao Lee y Chen Ning Yang (para Wu), y Samuel Ting y Yuan T. Lee (para Yuan).

Naam

Chien-Shiungs Wu generatienaam, Chien, es hetzelfde al die de sus hermanos, y geen typische vrouwennaam. Por otra parte, Shiung, su nombre personal, se llama "held, overwinnaar". Muchos de los chinos que se llaman así por primera vez dicen que Wu es un hombre.

Destacados

- Chien-Shiung Wu se graduó en la Universidad Nacional Central de Nankín (China) en 1936 y luego viajó a Estados Unidos para realizar estudios de posgrado en física en la Universidad de California en Berkeley, estudiando con Ernest O. Lawrence.
- Tras doctorarse en 1940, Wu enseñó en el Smith College y en la Universidad de Princeton.
- En 1944 comenzó a trabajar en la detección de la radiación en la División de Investigación de Guerra de la Universidad de Columbia.
- Observó que existe una dirección preferente de emisión y que, por tanto, la paridad no se conserva para esta interacción débil.
- Wu, que recibió la Medalla Nacional de la Ciencia en 1975 y fue presidente de la Sociedad Americana de Física también ese año,

estaba considerado como uno de los principales físicos experimentales del mundo.

8. Katherine Johnson (1918 - 2020)

Matemático estadounidense de la NASA

"Si te gusta lo que haces, darás lo mejor de ti".

Katherine Johnson (White Sulphur Springs (West Virginia), 26 de agosto de 1918 - Newport News (Virginia), 24 de febrero de 2020) fue una científica estadounidense que se dedicó a los programas de lucha y de vuelo de los Estados Unidos mediante el uso de ordenadores digitales de la NASA en un antiguo estadio. Gracias a su precisión en la hemimecánica informatizada, realizó trabajos de investigación para el programa Mercury y el traslado del Apolo 11 a la Luna en 1969.

Biografía

Katherine Coleman nació en 1918 como hija de Joshua y Joylette Coleman en White Sulphur Springs, en el condado de Greenbrier, Virginia Occidental. Su padre trabajaba como maderero, agricultor y agricultora. Su madre era una mujer. Desde su juventud, Katherine tenía un gran talento para la medicina. Sus padres se preocupan por el valor de la vida. Mientras que en el condado de Greenbrier los estudiantes negros no asistían a la escuela, Katherine y su(s) hermano(s) fueron a la escuela media de Institute, en el condado de Kanawha, Virginia Occidental. La familia se mudó a Institute durante la época escolar y a White Sulphur Springs en el futuro.

Johnson se trasladó a mediados de la década de los ochenta al West Virginia State College y allí estudió con varios profesores, entre ellos la psicóloga y psicóloga Angie Turner King (que también fue su mentora a mediados de la década de los ochenta) y W.W. Schiefflin Claytor (el último afroamericano que se promocionó en el campo de la psicología). En 1937, Johnson estudió con honores la carrera de Ciencias Naturales y Francés. A partir de entonces, Johnson se fue a Marion (Virginia) para formarse en el campo de la medicina, el francés y la música.

En 1938, Johnson fue la primera mujer afroamericana que se incorporó a la Universidad de Virginia Occidental en Morgantown (Virginia Occidental) tras la apertura del Tribunal de Justicia de los Estados Unidos en la zona de Missouri ex rel. Gaines contra Canadá.

Wiskundige carrière

Johnson hizo que el National Advisory Committee for Aeronautics (NACA), la última agencia de la NASA, buscara a nuevos hombres para el *Departamento de Guiado y Navegación*. Johnson entró en 1953 en el departamento.

Desde 1958 hasta su jubilación en 1983, trabajó como técnico de vuelo. Posteriormente, pasó a trabajar en la división de control de naves espaciales. En 1959, se encargó de la construcción de la nave espacial de Alan Shepard, el primer estadounidense en volar. También se encargó de la dirección del programa Mercury en 1961. Además, creó las etiquetas de navegación para los astronautas en relación con los problemas electrónicos.

Cuando en 1962 la NASA utilizó por primera vez ordenadores electrónicos para la exploración del avión de John Glenn, Johnson se vio obligado a utilizarlos. Posteriormente, Johnson también trabajó con ordenadores digitales. También fue el encargado de llevar el Apolo 11 a la Luna en 1969. Durante el viaje de regreso, Johnson se fue de vacaciones a las montañas de Pocono. Él y un par de personas más fueron los primeros en salir del país por televisión.

En 1970, Johnson trabajó en la misión del Apolo 13 a la Luna. Cuando esta misión se rompió por completo, Johnson utilizó procedimientos alternativos y tablas para que la misión quedara oculta cuatro días más tarde. Más adelante en su carrera, Johnson trabajó en el programa de transbordadores espaciales, en el Satélite de Recursos Terrestres y en la planificación de una misión a Marte.

Nalatenschap

Johnson fue autor de numerosos artículos de ciencia y tecnología. La NASA ofrece una lista de los artículos más importantes de Johnsons.

La inversión social de Johnsons, como pionero en aplicaciones informáticas y de telecomunicaciones, puede ser muy importante por el éxito que ha tenido y por la cantidad de personas que han visto su trabajo. Por lo tanto, puede ser un modelo de rol.

La biografía de Johnsons de 1979 (antes de su publicación) se convirtió en un ejemplo de la visión de los afroamericanos en el campo de la ciencia y la tecnología.

El 16 de noviembre de 2015, el presidente estadounidense Barack Obama Johnson fue nombrado uno de los 17 estadounidenses que recibieron la Medalla Presidencial de la Libertad en 2015. Recibió el premio el 24 de noviembre de 2015 y fue reconocido como un premio a las mujeres afroamericanas en el campo de la ciencia y la tecnología (STEM).

En 2017 se estrenó la película *Figuras Ocultas*, una película sobre Johnson y sus colegas afroamericanos de la NASA.

Priveléven

En 1939, Johnson se reunió con James Francis Goble; ambos tuvieron dos hijos. Tras el fallecimiento de Goble en 1956, se reunió en 1959 con el teniente coronel James A. Johnson, quien comenzó su carrera en la NASA.

Destacados

- La inteligencia y la habilidad de Katherine Johnson con los números se pusieron de manifiesto desde que era una niña; a los 10 años, ya había empezado a ir al instituto.

- En 1937, a la edad de 18 años, Coleman se graduó con los máximos honores en el West Virginia State College (actual Universidad Estatal de Virginia Occidental), obteniendo la licenciatura en matemáticas y francés.
- Johnson recibió numerosos premios y honores por su trabajo, incluida la Medalla Presidencial de la Libertad (2015).
- Margot Lee Shetterly publicó Hidden Figures: The American Dream and the Untold Story of the Black Women Mathematicians Who Helped Win the Space Race, sobre las computadoras del Oeste, entre ellas Johnson, Dorothy Vaughan y Mary Jackson.
- En 2016 también se estrenó una película basada en el libro.

9. Florence Rena Sabin (1871-1953)

Anatomista e investigador estadounidense del sistema linfático

"Es deshonesto simplificar algo que no es simple"

Florence Rena Sabin (Central City (Colorado), 9 de noviembre de 1871 - Denver, 3 de octubre de 1953) fue una médico estadounidense. Fue una pionera de las mujeres en el campo de la medicina; fue la primera mujer que obtuvo una beca completa en la Escuela de Medicina Johns Hopkins, la primera mujer que se incorporó a la Academia Nacional de Ciencias y la primera mujer que se incorporó al Instituto Rockefeller de Investigación Médica.

Biografía

Florence Sabin nació en Central City, Colorado Territory, como la hija mayor de Serena Miner y George Kimball Sabin. Su padre era un empresario, y la familia Sabin pasó varias temporadas en diferentes sectores de la economía. Cuando Florence cumplió siete años de edad, su madre se fue a la cárcel. Se fue con su madre Mary a vivir con su padre Albert Sabin en Chicago y luego con sus padres en Vermont.

En 1893 se licenció en el Smith College, donde estudió ingeniería genética. Como su familia no disponía de medios económicos suficientes para cursar estudios universitarios, pasó dos años en la escuela secundaria de Denver y cursó un año de zoología en el Smith College, hasta que se le concedió el derecho a cursar su primer año de estudios. Sabin llegó a la Escuela de Medicina Johns Hopkins como uno de los estudiantes voluntarios más antiguos en una escuela de medicina. Esta escuela se inauguró en 1893 y desde el principio se convirtió en un lugar de encuentro tanto para hombres como para mujeres.

En 1900, Sabin ganó, junto con su compañera Dorothy Reed Mendenhall, un prestigioso curso para estudiar con William Osler. Tanto Sabin como Mendenhall se sintieron muy atraídos por la escuela. Incluso se dio cuenta de que un empleo médico era un buen paso en su carrera. Un año más tarde, en 1901, comenzó a estudiar con el profesor Franklin P. Mall en la facultad de anatomía de Johns Hopkins. En 1905 fue nombrado médico universitario y en 1917 pasó a ser embriólogo e historiador de la salud, siendo el primer hombre que se incorporó a una universidad de ciencias naturales. En 1921 fue nombrado el primer vicepresidente de la *American Association of Anatomists*.

En 1925, Sabin se trasladó al Instituto Rockefeller, donde se ocupó de la inmunología celular y fue el primer ciudadano que se incorporó a la facultad. En 1926 fue el primer miembro de la Academia Nacional de Ciencias.

Desde que en 1938 se convirtió en emérita, a los 67 años, fue una activa colaboradora de la sociedad civil a través de su correspondencia, de sus consejos y de diversas publicaciones. En 1944, el gobernador John Vivian lo nombró asesor de un comité de planificación nacional en Colorado. Su objetivo era mejorar las condiciones de vida de los ciudadanos y aumentar la capacidad de acción en materia de seguridad. Sabin se retiró a los 81 años de edad de Denver después de haber sido víctima de un accidente.

Onderzoek

37

A lo largo de su dilatada carrera científica, Sabin adquirió una gran reputación por su trabajo en embriología e histología. En 1900 publicó su primer libro, "*An Atlas of the Medulla and Midbrain*", sobre la evolución de la médula en los bebés. También se ha modificado la visión tradicional sobre el desarrollo de la célula linfática, que se basa en el desarrollo de las células en el embrión y en el desarrollo de la célula en el tejido y no en el otro.

En el Instituto Rockefeller, se centró en el papel de las bacterias infecciosas (monocitos), como *el Mycobacterium tuberculosis*, el organismo que más afecta a la tuberculosis. Después de que Robert Koch anunciara la presencia de la bacteria de la tuberculosis en el siglo pasado, la enfermedad se convirtió en un problema grave en el siglo XX. En 1924, tras la inauguración de su taller de investigación, se convirtió en una filial de la Asociación Nacional de Turbología.

Además, ha formado un gran equipo de médicos modernos para resolver problemas médicos y para ayudar a la siguiente generación de médicos.

Destacados

- Después de dar clases en Denver y en Smith para ganar dinero para la matrícula, Florence Rena Sabin ingresó en la Facultad de Medicina de la Universidad Johns Hopkins en Baltimore, Maryland, en 1896.
- Tras su graduación en 1900, realizó un internado en el Hospital Johns Hopkins durante un año y luego regresó a la facultad de medicina para realizar investigaciones en el marco de una beca concedida por la Asociación de Baltimore para el Avance de la Educación Universitaria de las Mujeres.
- En 1901 publicó An Atlas of the Medulla and Midbrain, que se convirtió en un popular texto médico.
- En 1902, cuando Johns Hopkins abandonó por fin su política de no nombrar mujeres en su facultad de medicina, Sabin fue nombrada asistente de anatomía, y en 1917 se convirtió en la primera mujer catedrática de la escuela.
- A continuación, se dedicó al estudio de la sangre, los vasos sanguíneos y las células sanguíneas y realizó numerosos descubrimientos sobre su origen y desarrollo.

10.   Françoise Barré-Sinoussi (nacida en 1947)

Virólogo francés galardonado con el Premio Nobel de Fisiología o Medicina 2008

"Cuando trabajas en el VIH, no es sólo trabajar en el VIH,
es trabajar mucho, mucho más allá. "

Françoise Barré-Sinoussi (París, 30 de julio de 1947) es una viróloga francesa. Ha recibido, junto con Luc Montagnier, el Premio Nobel de Fisiología y Genética de 2008 por su investigación sobre el virus de la inmunodeficiencia humana (VIH). Los Premios Nobel se reúnen con Harald zur Hausen por el seguimiento de los virus del papiloma humano (VPH) que pueden ser detectados por los médicos.

Biografía

Barré-Sinoussi nació en París como hija de Roger Sinoussi y Jeanine Fau. Estudió en el Liceo Bergson. Ahora estudia ciencias biomédicas, pero deja de lado sus estudios para dedicarse a la teoría en la universidad. A principios de 1970, se puso a trabajar con Jean-Claude

Chermann, un virologo francés del Instituto Pasteur de Marnes-la-Coquette. En 1975 se doctoró en virología en la Facultad de Ciencias de la Salud. En 1978 se convirtió en el investigador francés Jean Claude Barré.

El trabajo en el Instituto Pasteur ha permitido investigar los retrovirus. Junto con Montagnier, se han encontrado células de linfoma de Barré-Sinoussi de pacientes que han sufrido una enfermedad completa, una enfermedad que posteriormente puede provocar sida. En estas células se encuentra la enzima de *la transcriptasa inversa*, una enzima que los retrovirus utilizan para propagarse en las células de un paciente. Más tarde, el nombre del VIH se convirtió en el primer retrovirus humano. Después de este descubrimiento, participó activamente en la búsqueda de un medicamento y una vacuna contra el VIH.

En 1986, Barré-Sinoussi se convirtió en un laboratorio, en 1992 se convirtió en un director y en 1996 se convirtió en el director del grupo de investigación sobre la biología de los retrovirus en el Instituto Pasteur. En 2009, envió un informe abierto al Papa Benedicto XVI sobre su opinión de que los condones no eran eficaces en la crisis del sida. En julio de 2012 fue nombrado presidente de la Sociedad Internacional del Sida (IAS), la organización de profesionales y pacientes con VIH.

Erkenning

En 2006, Barré-Sinoussi fue nombrada oficial de la Legión de Ere, y en 2009 fue nombrada Comandante y en 2013, Oficial de Estado. Se convirtió en doctor de la Universidad de Tulane en 2009 y de la Universidad de Nueva Gales del Sur en 2014.

Barré-Sinoussi ha participado en varios comités y programas de ciencia y tecnología, tanto en el Instituto Pasteur como en otras organizaciones de ayuda, como el Comité Nacional de Investigación sobre el Sida de Francia. También ha participado en actividades internacionales, como la Organización Mundial de la Salud (OMS) y la organización de voluntarios ONUSIDA/VIH.

Destacados

- Françoise Barré-Sinoussi se doctoró (1975) en el Instituto Pasteur de Garches (Francia) y realizó un trabajo postdoctoral en Estados Unidos, en el Instituto Nacional del Cáncer de Bethesda (Maryland).

- En 1975 se incorporó al Instituto Pasteur de París, y en 1996 pasó a dirigir la Unidad de Biología de los Retrovirus (posteriormente denominada Unidad de Regulación de las Infecciones Retrovirales).
- De 2012 a 2014 Barré-Sinoussi fue presidente de la Sociedad Internacional del Sida.
- Cuando Montagnier dirigió los esfuerzos del Instituto Pasteur en 1982 para determinar la causa del sida, Barré-Sinoussi formaba parte de su equipo.

11.   Margaret Hamilton (nacida en 1936)

Informático estadounidense, principal ingeniero de software de los vuelos Apolo

"El software acabó ganando necesariamente el mismo respeto que cualquier otra disciplina".

Margaret Heafield Hamilton (Paoli (Indiana), 17 de agosto de 1936) es una informática y científica estadounidense. Fue directora del departamento de ingeniería de software del MIT que creó Colossus, el software de base del programa Apollo. En 1986 fundó Hamilton Technologies. El 22 de noviembre de 2016, Hamilton recibió la Medalla Presidencial de la Libertad de manos del presidente estadounidense Barack Obama por el software Apollo.

Biografía

Margaret Heafield nació en Paoli (Indiana). En 1954 comenzó a estudiar ciencias naturales en la Universidad de Michigan y en 1958 se licenció en Filosofía. Más tarde, se trasladó a una escuela de enseñanza media de inglés y francés, donde estudió su licenciatura en Harvard. Hamilton se fue a Boston (Massachusetts) para seguir estudiando en la Universidad de Brandeis.

En 1960, trabajó en el MIT para que el meteorólogo Edward Lorenz utilizara los ordenadores de Marvin Minsky para desarrollar el software. Hamilton señaló que la informática y su profesión, la ingeniería del software, no eran disciplinas únicas y que los programadores debían aprender en la práctica.

De 1961 a 1963, Hamilton se encargó de programar el software del primer ordenador AN/FSQ-7 (el XD-1) para que se pudieran realizar varias pruebas en el proyecto Semi-Automatic Ground Environment del Lincoln Lab (MIT). Este proyecto SAGE fue una ampliación del proyecto Whirlwind del MIT para desarrollar un sistema informático que permitiera a los sistemas de transporte responder a las necesidades de los simuladores. SAGE fue el encargado de la lucha contra la invasión soviética durante la guerra de Corea.

NASA

Tras el proyecto SAGE, Hamilton se incorporó al Laboratorio Charles Stark Draper del MIT, donde trabajó en el programa Apolo. También, Hamilton fue el encargado de crear el software para el Apolo y el Skylab. El equipo de Hamilton se encargó del software de *vuelo*, con algoritmos de los programadores senior, para el módulo Apolo, el avión espacial y el Skylab. Otro miembro del equipo se encargó de desarrollar el software para la detección de fallos y el control de la seguridad, entre otras cosas, con las *pantallas de prioridad* de Hamilton.

Zakenleven

De 1976 a 1984, Hamilton fue director de Higher Order Software (HOS), que había creado. Con HOS, Hamilton se dedicó a investigar las ideas del MIT sobre la tolerancia a las emisiones y el desarrollo de las mismas. Hamilton abandona la empresa en 1985. En mayo de 1986, Hamilton Technologies se comprometió a pasar su Lenguaje Universal de Sistemas (USL) a la suite de herramientas 001.

Invloed

Cuando Hamilton utilizó el término "ingeniería de software", no se trataba de una ciencia y ni siquiera de una serie de disciplinas como otras. Hamilton utilizó el término "ingeniería de software" durante los primeros ataques del Apolo para que la programación tuviera el mismo estatus que otras disciplinas como la ingeniería de hardware.

Destacados

- Margaret Hamilton ayudó a escribir el código informático de los módulos de mando y lunar utilizados en las misiones Apolo a la Luna a finales de los 60 y principios de los 70.
- Aunque Margaret pensaba estudiar matemáticas abstractas en la Universidad de Brandeis, aceptó un trabajo en el Instituto Tecnológico de Massachusetts (MIT) mientras su marido asistía a la Facultad de Derecho de Harvard.
- En el MIT comenzó a programar software para predecir el tiempo y realizó trabajos de postgrado en meteorología.
- A principios de la década de 1960, Hamilton se incorporó al Laboratorio Lincoln del MIT, donde participó en el proyecto SAGE (Semi-Automatic Ground Environment), el primer sistema de defensa aérea de Estados Unidos.

12.   Emmy Noether (1882 - 1935)

Matemática alemana conocida por sus importantes contribuciones al álgebra abstracta y a la física teórica

"Mis métodos [algebraicos] son realmente métodos de trabajo y de pensamiento; por eso se han colado en todas partes de forma anónima".

Amalie Emmy Noether (Erlangen (Duitsland), 23 de mayo de 1882 - Bryn Mawr (Verenigde Staten), 14 de abril de 1935) fue una científica suiza de origen judío. Su trabajo en el ámbito del álgebra abstracta ha dado un nuevo impulso al álgebra tradicional. Se ha convertido en un referente para los mejores científicos del mundo y también Albert Einstein se ha interesado por él.

Inleiding

Noether es conocido por sus importantes investigaciones sobre el álgebra abstracta y la naturaleza teórica. Fue considerado por David Hilbert, Albert Einstein y otros como el hombre más importante en la historia de la ciencia. Noether introdujo una revolución en la teoría de los anillos, de los suelos y del álgebra, y se convirtió en el fundador del álgebra abstracta.

En la ciencia natural teórica, Noether explica la relación fundamental entre la simetría y la humedad.

Noether nació en una familia joven. Su padre era el veterano científico Max Noether. Emmy fue la encargada de planificar la enseñanza de Frans y Engels. También se encargó de los exámenes para que los alumnos se incorporaran a la escuela media de Beierse. Posteriormente, comenzó a estudiar ciencias naturales en la Universidad de Erlangen, institución en la que también estudió su padre como profesor. Tras la presentación de su tesis en 1907 a instancias de Paul Gordan, trabajó durante siete años en el Instituto de Matemáticas de Erlangen. Una de las razones por las que no se le concedió ningún puesto académico a principios del siglo XX fue que no se le concedió ningún puesto académico. En 1915, David Hilbert y Felix Klein crearon la Facultad de Filosofía de la Universidad de Göttingen, que se convirtió en un centro mundial de investigación científica. La Facultad de Filosofía también se encarga de ello. Durante cuatro años, Noether se trasladó a la universidad de Hilberts. En 1919, se le concedió la licencia. A partir de entonces, se tituló *"Privatdozent"*.

En 1933, Noether se convirtió en la cabeza de la facultad de ciencias políticas de Göttingen después de la caída de Hitler, y sus alumnos se convirtieron en los "Noether-jongens". En 1924, el médico holandés B.L. van der Waerden pasó a formar parte de su *círculo íntimo*. También fue el principal impulsor de las ideas de Noé: su obra fue la base de la segunda parte de su libro de 1931, *Álgebra Moderna*. En 1932, durante el pleno de Noeth en el Congreso Mundial de Física de Zúrich, se difundió su visión del álgebra en todo el mundo. El siguiente año, la antigua administración nazi hizo que todos los estudiantes de la Universidad de Düsseldorf trabajaran con Joden. Noether se fue a los Estados Unidos, donde se instaló en el Bryn Mawr College de Pensilvania. Dos años más tarde, tuvo que llevar a cabo una arriesgada operación en un sistema de transporte. A partir de ese momento, se le concedieron cuatro días para la operación, el 14 de abril de 1935, con una duración de 53 años.

Su obra científica se divide en tres períodos. En el primer período (1908-1919), se dedicó a la teorización de las invariantes algebraicas y a los cálculos de las variables. Su obra sobre los invariantes diferenciales en la teoría de la variación, la "tesis de Noether", es "una de las tesis más importantes de la ciencia que se conocen y que han sido creadas para el desarrollo de la ciencia natural moderna". En el segundo período (1920-1926), comenzó su trabajo, que "amplió la visión del álgebra [abstracta]". En su clásico artículo *Idealtheorie in Ringbereichen* (*Teoría de los ideales en anillos*, 1921), Noether convirtió la teoría de los ideales en anillos conmutativos en un instrumento de cálculo con pasos de rosca. Se trata de un uso elegante de la palabra clave opuesta. Los objetos que se han incorporado a esta herramienta, se han convertido en objetos de la serie Noethers. En el último período (1927-1935) publicaron importantes trabajos sobre álgebras no conmutables y sobre los sistemas hipercomplejos. Unió la teoría de la representación de los grupos con la teoría de los módulos y los ideales. Además de sus propias publicaciones, se dedicó a la investigación de sus ideas. Ha sido reconocido con varias publicaciones que han sido publicadas por otros investigadores, incluso en áreas que se refieren a su trabajo más importante, como la topología algebraica.

Biografía

Max Noether, el padre de Emmy, nació en 1844 en Mannheim. Durante su juventud, comenzó a trabajar en el campo de la educación, pero el resto de su vida la pasó en un puesto de trabajo. Estudió ciencias naturales en la Universidad de Heidelberg. Trabajó durante varios años como médico de cabecera en Heidelberg, hasta que en 1875 se fue a la Universidad de Erlangen, cerca de Neurenberg, en Beieren, para trabajar como profesor asistente. En 1888 se convirtió en profesor titular. Fue una de las figuras más destacadas de la ciencia algebraica de su época; se dedicó a investigar las invariantes de las variedades algebraicas y a trabajar con las transformaciones bipartitas, y se apoyó en los trabajos de Bernhard Riemann y Luigi Cremona, entre otros.

Jeugd

Emmy nació el 23 de mayo de 1882 en Erlangen. Era la primera hija de Max y de su esposa Ida Kaufman, ambos de origen judío. Emmy tuvo tres hermanos: Alfred, Fritz y Gustav Robert. De 1889 a 1897, Emmy fue a la Höhere Töchter Schule de Erlangen, donde aprendió a tocar el piano con Duits, Engels y Frans. En esta época, aprendió a tocar el piano, pero en honor a su madre, no lo hizo. También se dedicó a la danza y a las fiestas con los hijos de sus padres. En la escuela, se le dio la oportunidad de aprender a usar su talento. Estudió durante tres años inglés y francés, y en abril de 1900 logró que la Asociación de Abogados de Baviera le diera la oportunidad de participar en la escuela de idiomas de Baviera.

Wiskundestudie

Para que puedan ir a la escoria, Emmy debe estudiar más sobre la seguridad. Para una mujer en el Reino Unido en 1900, esto no era un problema: en la mayoría de los países europeos, las mujeres tienen que estudiar durante varias décadas en la universidad, pero en el Reino Unido, una mujer debe ir a la universidad para poder estudiar, y esto no se ha hecho hasta ahora. Emmy tiene que volver, gracias a la implicación de su padre, a los colegios de Erlangen. También tiene que hacer un examen en el Realgymnasium de Neurenberg.

En 1903 fue a Göttingen, donde se reunió con otros científicos como Hermann Minkowski, Felix Klein y David Hilbert. Un año después, Noether volvió a Erlangen, ya que los estudiantes de la universidad no tenían que hacer exámenes. Diez años más tarde, en 1907, fue promovido por Paul Gordan.

Período 1907-1915

Tras su promoción, Noether se incorporó a la Universidad de Erlangen. Se unió a su padre, que había empezado a trabajar más tarde, y se convirtió en miembro de las universidades. En este periodo, en Erlangen, también se ha trabajado mucho en la teoría de la invariabilidad. En esta ocasión, ha publicado dos anuncios en su boletín.

Período en Göttingen

En 1915, antes de que su madre fuera asesinada, Noether fue a Göttingen. En Erlangen ya había pasado todo el tiempo, pero en Göttingen se reunió con Klein y Hilbert, los dos científicos más importantes de Göttingen, para que le dieran el control. Por ello, deben dar un paso al frente, para que puedan ser elegidos como profesores universitarios. La universidad también se ha encargado de ello: a raíz de una inundación en 1908, los jóvenes no pueden ser declarados inocentes. Se trata de las facultades de filosofía e historia que se oponen a la acción de Noeth. Hilbert se limitó a decir en la discusión: "No me parece que el argumento de alguien sea contra su discurso. Aquí no tenemos una universidad ni una escuela". Sin embargo, Noether trabajó y estudió en Göttingen. Las cifras que obtuvo se conocen bajo el nombre de Hilbert. Esto no fue ni mucho menos una excepción: Noether y Hilbert trabajaron juntos en este período y, por lo tanto, no han pasado muchos años desde que Noether se unió a los grandes científicos que lo acompañaron.

Desde mediados de los años veinte, en Gotinga había un grupo de músicos que también se dedicaban a la música y a los deportes de aventura. En la sede de Fritz Klie, se produjeron largas discusiones sobre temas tanto de interés como de no interés. Además de Noether, Richard Courant, el director de la facultad de matemáticas, era la persona más importante del grupo. También formaron parte de este grupo personas como los topólogos Alexandrov, Heinz Hopf y, en un estadio posterior, Hermann Weyl.

Noether era, dentro de este grupo, una persona muy valiosa y no sólo porque, además de la esposa de Courant, era la única esposa. No era ni mucho menos un hombre débil y tenía un tallo muy grande. Además, era una persona muy sociable y quería estimular a muchos otros ciudadanos. Muchas de sus investigaciones se publicaron en nombre de sus colegas y estudiantes.

Búsqueda en Moscú

En el invierno de 1928-1929, Noether fue admitido en la Universidad Estatal de Moscú, donde trabajó con Pavel Aleksandrov. Además de su trabajo, se dedicó al álgebra abstracta y a la ciencia algebraica. Trabajó, entre otros, con los topólogos Lev Pontryagin y Nikolai Chebotaryov, que posteriormente se encargaron de la elaboración de *la Teoría del Gallo*.

Aunque la política en su época no era central, Noether tenía un gran interés en los temas políticos. A través de Alexandrov, Noether demostró su apoyo a la Revolución Rusa (1917). En su época, se dedicó a la investigación soviética en el campo de la naturaleza y la ciencia. Lo consideró un indicio de los nuevos objetivos que el proyecto bolchevique había creado. Esta situación le causó más problemas en Duitsland, ya que se le concedió una pensión, ya que los estudiantes no querían ser admitidos en ningún sitio como "una mujer marxista".

Noether planeaba ir a Moskou, donde se encontraba con Alexandrov. En 1933, Alexandrov se fue de vacaciones a la Universidad Estatal de Moscú para ayudar a los estudiantes. Se presentó ante el Ministerio de Asuntos Exteriores de la Unión Soviética. Aunque este proyecto no tuvo éxito, en el año 1930 se reunió con él. En 1935, Noether planea una visita a la Unión Soviética. Después de abandonar su casa en Alemania, su hermano, Fritz Noether, aceptó un puesto en el Instituto de Ingeniería y Mecánica de Tomsk, en la parte siberiana de Rusia.

Los últimos años en Bryn Mawr

En enero de 1933, Adolf Hitler entró en la fábrica de Duitsland. Esto tuvo una gran repercusión para los médicos judíos de las universidades. Algunos estudiantes, como Courant, fueron asesinados, mientras que otros se vieron obligados a participar en las actividades de los estudiantes pro-nazis. Entre estos estudiantes se encontraba Werner Weber, que fue alumno de Noether. Los estudiantes de la Universidad de Argelia no querían saber nada de la historia del arte y no querían saber nada de la historia de Japón. Noether investigó la situación y se puso en contacto con la ciencia, pero en el verano de 1933, su opinión, al igual que la de todos los demás médicos jordanos, se vio afectada.

Además de la Somerville College, en Oxford, y la Universidad de Moscú, también se dirigió al Bryn Mawr College, una universidad exclusivamente masculina, en Pensilvania, en los Estados Unidos. La situación era completamente nueva para Noether: sus colegas y estudiantes no eran sólo hombres, sino que, por primera vez, tenían un puesto oficial de gran envergadura. En este caso, se trasladó a Göttingen, donde fue nombrado "profesor adjunto". La nueva situación hizo que Noether se sintiera bien, ya que se hizo muy amigo de algunos de sus colegas de Bryn Mawr.

En el verano de 1934, volvió a viajar a Alemania, donde se dio cuenta de que la situación en Göttingen, entre otras cosas, a causa de los nazis y la sobrecarga de racismo, había cambiado mucho desde su regreso un año antes. Todos sus amigos y colegas se vieron envueltos en una gran aventura con David Hilbert, que tampoco se dejó engañar por la nueva situación. También se ha unido a Artin en Berlijn. Con Artin hizo muchos viajes, durante los cuales Noether Artin tuvo una visión muy clara. Si Noether no se ha quedado atrás, puede que haya aumentado el número de personas que se han quedado con Artin. Cuando llegó a Estados Unidos, fue presidente de la Sociedad Matemática Americana y lector del Instituto de Estudios Avanzados de Princeton, que más tarde se convertiría en una organización internacional.

Encima

En abril de 1935, los artistas descubrieron un tumor en Noethers. En ese momento, se le debe operar. A causa de las complicaciones de una operación, se les obligó a permanecer dos días en el hospital. El 10 de abril, durante la operación, el cirujano declaró que el tumor había crecido hasta el punto de que se había convertido en un tumor. Dos pequeños tumores en su útero se han ido perdiendo y no han sido eliminados, por lo que la operación durará poco tiempo. Después, Noether se ha quedado en casa. Cuatro días más tarde, el 14 de abril, la temperatura aumentó hasta los 43 °C. En breve, Emmy Noether dijo. "No es fácil decir lo que se ha hecho antes con el Dr. Noether", dijo uno de los artistas. "Es posible que la enfermedad se deba a una infección nueva y virulenta, que es la base de la enfermedad, que es la causa del calentamiento".

El mundo de los negocios se ha vuelto a poner en marcha, antes de que
Noether haya visto a un par de amigos de su familia. Un par de días
después de la muerte de Noether, sus amigos y colegas de Bryn Mawr
crearon un pequeño centro de acogida en la casa del presidente del
College Park. Hermann Weyl y Richard Brauer se marcharon de Princeton
y se reunieron con Wheeler y Taussky para hablar de sus colegas. En los
meses en los que se produjeron las muertes, en diferentes lugares del
mundo se produjeron varias necrologías. Entre otros, Albert Einstein,
Bartel van der Waerden, Hermann Weyl y Pavel Aleksandrov se han
hecho eco de su respeto por Emmy Noether. Su imagen se ha borrado y
su imagen ha sido grabada en el panel que se ha colocado en la entrada
de la Biblioteca M. Carey Thomas de Bryn Mawr.

Notas sobre la ciencia y la naturaleza

Antes y después, los científicos consideran a Noether como un algebraico
abstracto y se refieren a su trabajo en topología. Los estudiosos de la
naturaleza reconocen lo mejor de Noether a través de su estilo de vida;
esto explica los beneficios de este estilo para la ciencia de la naturaleza y
los sistemas dinámicos. Noether tenía un gran talento para el estudio
abstracto, que era imprescindible para resolver los problemas de la
naturaleza de una forma nueva y original. Su amigo y colega Hermann
Weyl le dio la bienvenida a su producción científica en tres años:

"La producción de la empresa Emmy Noethers en el ámbito de la ciencia
y la tecnología se ha desarrollado en dos periodos diferentes:

1. de periode van relatieve afhankelijkheid (1907-1919);
2. onderzoek gegroepeerd rond de algemene theorie van idealen
   (1920-1926);
3. el estudio de las álgebras no conmutativas, sus representaciones
   por medio de transformaciones lineales y su paso por el estudio
   de las álgebras conmutativas y sus trabajos científicos (1927-
   1935)".

En el primer período (1907-1919), Noether se centró en las invariantes
diferenciales y algebraicas. Esta importancia comenzó con su obra, a
instancias de Paul Gordan. A raíz de una nueva colaboración con el
hermano de Gordan, Ernst Sigismund Fischer, se familiarizó con el trabajo
de David Hilbert. En esta ocasión, su horizonte cultural se ha convertido
en una realidad más amplia y abstracta. Tras su traslado a Göttingen en
1915, produjo su obra más importante en el ámbito de la ciencia natural
teórica, las dos historias de Noether.

En el segundo período (1920-1926), Noether se centró en el desarrollo de la teoría de los anillos de vidrio.

En el último período (1927-1935), Noether se centró en el álgebra no conmutativa, en las transformaciones lineales y en los cálculos conmutativos.

Contexto histórico

Desde 1832 hasta la muerte de Noether en 1935, la física -y más concretamente el álgebra- experimentó una profunda revolución, en la que el lenguaje no fue tan importante. Los estudios de los caballos se centran en la búsqueda de métodos prácticos para la obtención de determinados tipos de valores, como los valores de las décadas, los de las cuatro y los de las cinco, así como el problema relacionado con la construcción de los relojes de regulación con la ayuda de los pasadores y de los linajes, que se inició con el descubrimiento de Carl Friedrich Gauss, en 1829, de la posibilidad de unir las bolas de primera clase con las bolas de segunda clase de Gauss, La introducción de Evariste Galois a las permutaciones en 1832, el descubrimiento de William Rowan Hamilton de los cuaterniones en 1843, y la definición moderna de los grupos de Arthur Cayleys en 1854, han hecho que el estudio se centre más en el análisis de las características de sistemas muy abstractos, definidos por reglas muy universales. Sin embargo, los avances más importantes en el campo de la física se produjeron con el desarrollo de esta nueva disciplina, el álgebra abstracta.

Álgebra Abstracta y Ciencia Conceptual

Dos de los objetos elementales del álgebra abstracta son los grupos y los anillos.

Las estructuras de los grupos y los anillos son muy variadas y pueden ser utilizadas en diversas situaciones reales y abstractas. Cada uno de ellos tiene una o dos operaciones definidas que se aplican a todos los reglamentos de un grupo o un anillo, y que se aplican a todas las situaciones de los grupos o anillos. Los elementos, así como las operaciones de selección y verificación, son sólo un ejemplo. Los elementos pueden estar relacionados con los datos informáticos, de modo que la primera operación combinada es una disyunción exclusiva y la segunda es una conjunción lógica. Los argumentos del álgebra abstracta son difíciles de entender, ya que se trata de un sistema muy grande. Se puede decir que no se puede aprender mucho sobre los objetos que se definen con muy pocas propiedades, pero sólo así se puede hacer el trabajo de Noether: para *que se entienda lo máximo que puede incluirse en un análisis de los efectos, o para que se identifique el análisis mínimo, los efectos esenciales, que son indispensables para un aprendizaje adecuado.* Van der Waerden recuerda en su necrología que Noether, en relación con los principales científicos, que se han convertido en abstractos por el hecho de que se han unido a los antiguos valores, ha trabajado con más fuerza en la abstracción.

La frase que Emmy Noether utilizó en su obra puede ser formulada de la siguiente manera: "Todas las relaciones entre los objetos, las funciones y las operaciones son transparentes, completamente productivas y se basan en sus objetos específicos.

Se trata de la ciencia conceptual, que fue la más importante para Noether. Esta rama de la ciencia fue posteriormente descubierta por otros científicos y se transformó en nuevas formas, como la teoría de las categorías.

La primera fase - período 1908-19

En 1907, Noether fue promovido por Paul Gordan en su libro "Sobre *la formación de los sistemas de formas bicadráticas*". Gordan fue un amigo de Max Noether y uno de los fundadores de la teoría de la invariabilidad, un lugar en el que Emmy Noether desempeñó un papel fundamental. Emmy fue su primera estudiante de doctorado. Las dos primeras publicaciones de su obra fueron las siguientes. Tras su promoción, Noether se incorporó a la Universidad de Erlangen. Durante este período en Erlangen, se dedicó a la teoría de la invariante, con el nombre de Gordan, Hilbert y Fischer.

Galoistheorie

La Galoistheorie se basa en las transformaciones de los elementos que se intercambian en una relación.

En 1918 Noether publicó un artículo sobre el problema inverso de Galois. Al explicar el Galoisgroep de las transformaciones de una tierra determinada y sus cambios, Noether se refirió a que la tierra y el grupo determinados, aunque no es lo mismo que un cambio en la tierra que el grupo determinado se convierta en Galoisgroep. Reducimos este problema a un "problema de Noether". Se trata de ver si el amplio campo de un grupo G del grupo de permutaciones S_n , que en el campo $k(x_1 , ...,$

x_n) es una extensión de la zona transcendental del campo k. (Zij maakte voor het eerst van dit probleem melding in het artikel uit 1913, waar zij het probleem toeschreef aan de collega Ernst Fischer). Se sabe que esta situación es para $n=2$, 3 o 4. En 1969, R.G. Swan hizo una revisión del problema de Noether, con $n=47$ y G, un grupo cíclico de la órbita 47, que se puede convertir en un grupo de Galois sobre los valores razonables. El problema de Galois inverso se ha resuelto en 2012.

Stelling van Noether

En 1915, David Hilbert y Felix Klein llevaron a Noether a Göttingen. Su experiencia en la teoría de la invariante era necesaria para ayudarles a crear la teoría de la relatividad global, una teoría de la fuerza de la gravedad que Albert Einstein había desarrollado. Hilbert había optado por decir que en la teoría de la relatividad algeménica la humedad de la energía se había disipado. Esto se debió a que la energía gravitacional en su entorno también se vio afectada por la fuerza de la gravedad. Noether se encargó de resolver esta paradoja. En 1915 se produjo la primera aparición de Noether. Aunque no se publicó en 1918, fue un instrumento fundamental para la ciencia natural teórica moderna. Noether no sólo perdió el problema para la teoría de la relatividad algeménica, sino que también señaló que los "comportamientos" son necesarios para *todos los* sistemas de la naturaleza que siguen siendo simétricos.

En su obra, Einstein dijo a Hilbert: "He leído un artículo muy interesante sobre las invariantes, escrito por el matemático Noether. Me gusta saber que se pueden añadir muchas cosas a una forma algemática diferente. El viejo garaje de Göttingen puede contener un par de cosas menos que el mejillón Noether. Hay que saber qué es lo que tiene que hacer".

Por ejemplo: Cuando un sistema natural se encuentra en la ruina y se ha establecido por sí mismo, se puede ver que los elementos naturales que se encuentran en la ruina son rotativos y simétricos; la teoría de Noether indica que el impulso del sistema debe ser aceptado. El sistema natural no es simétrico, sino que un asteroide ondulante, que se mueve a través de la corriente, es el responsable de su impulso gracias a su asimetría. La simetría en los ambientes naturales que este sistema produce, es muy importante para el comportamiento. Otra razón: cuando un experimento naturalista tiene un solo punto de partida en un mismo lugar y tiempo, las aguas naturales son simétricas en cuanto a la continuidad de las translaciones en el tiempo y en el espacio; según Noether, estas simetrías en este sistema son válidas para el comportamiento de los impulsos y de la energía.

La tesis de Noether se ha convertido en un instrumento fundamental de la ciencia natural teórica moderna, tanto por la visión que ofrece de la naturaleza como por su utilidad práctica. Su diseño permite a los investigadores mejorar las condiciones de vida a través de la simetría de un sistema natural. Esto facilita la descripción de un sistema natural, basado en las clases de agua natural hipotética. Se ilustra con una nueva versión de la naturaleza. La tesis de Noether proporciona una prueba para los modelos teóricos de este nuevo fenómeno: si la teoría tiene una simetría continua, la tesis de Noether garantiza que la teoría también tiene un comportamiento groot, y si la teoría es correcta, entonces se puede experimentar un comportamiento.

Segunda fase - período 1920-26

La primera investigación de Noeth se centró en el álgebra, que se convirtió en algo tan abstracto como en un álgebra que más tarde se convirtió en el "fundador del álgebra abstracta moderna". En un artículo de 1921, se muestra una descripción de los ideales, lo que llevó a la definición de los anillos de Noeth.

Cuando el Eerste Wereldoorlog de 1918 se abrió, la política y la economía de Duitsland se vieron afectadas en gran medida, sobre todo porque la posición de los hombres se vio fuertemente alterada, y porque se estableció el derecho de los hombres a ser ciudadanos. También Emmy Noether es una de las personas que más se interesan por el tema.

Durante los dos últimos años, Noether adquirió mucha más fama en el campo de la física y también fueron varios los científicos holandeses que llegaron a Göttingen para conocerla. Uno de ellos era Bartel van der Waerden, un holandés de 21 años que había estudiado en Ámsterdam junto a Brouwer y que en 1924 se trasladó a Göttingen para estudiar con Noether. En 1931, Van der Waerden escribió su libro de *álgebra moderna*, que se basó en gran medida en los trabajos de Noether y de algunos de sus colegas, como Hilbert y Artin. En 1925, Noether se trasladó a Blaricum, en Holanda, para estudiar a Brouwer e investigar la topología abstracta. En el marco de la topología, creó una serie de grupos abelenses, que no se pueden homologar. Con el topólogo ruso Pavel Aleksandrov, que un año más tarde fue colega de Noethers en Göttingen, el mundo de la física se volvió más escéptico, pero se dio cuenta de que los estudios homólogos eran muy interesantes.

Condiciones generales de vida y de trabajo

En este período, Noether se vio obligado a utilizar las condiciones de trabajo de los hombres y mujeres, que pueden ser muy flexibles para todos los objetos de la vida cotidiana que pueden ser ordenados en parte. Aunque no se trata de una cuestión de peso, Noether sabe que algunas condiciones con un efecto máximo pueden ser ingezetadas para que la comparación de los objetos sea un elemento máximo/mínimo o para que un objeto complejo se convierta en un número menor de elementos. Las conclusiones de los expertos son un paso crucial en el proceso de aprendizaje.

Anillos conmutativos, ideales y módulos

El artículo de Noeth, *Idealtheorie in Ringbereichen* (*Teoría de los ideales en los anillos*, 1921), es el fundamento de la teoría de los anillos conmutativos y proporciona una de las primeras definiciones algorítmicas de un anillo conmutativo. En el artículo de Noether, los resultados más importantes del álgebra conmutativa se centran en las características especiales de los anillos conmutativos, tales como los anillos de velamen, los anillos o los anillos algebraicos. Noether cree que en un anillo, que se basa en el principio de la igualdad de oportunidades, se puede obtener una idea de la misma. Para describir esta característica, el científico francés Claude Chevalley acuñó en 1943 el término *"anillo de Noeth"*. Un resultado importante del artículo de Noeth de 1921 es el nombre de Lasker-Noether. Esta afirmación amplía la posición de Lasker sobre la descomposición primaria de los ideales de los anillos de veeltermringen a todos los anillos de Noeth. La tesis de Lasker-Noether puede ser considerada como una interpretación de la teoría de la ciencia, en la que se muestra que se puede obtener un resultado positivo como un producto de los elementos primarios y que esta descomposición es única.

La obra de Noeth, *Abstrakter Aufbau der Idealtheorie in algebraischen Zahl- und Funktionenkörpern* (*Abstracte structuur van de theorie van idealen in algebraïsche getallenlichamen en functievelden*, 1927), presenta anillos, en los que los ideales, en una única dimensión, pueden estar unidos, como domos Dedekind: los domos integrales que son de dimensión 0 o 1 y que están integrados en sus niveles de cociente. Este artículo también explica cómo se han calculado los niveles de isomorfismo. Se describen algunos isomorfismos naturales fundamentales y otros resultados fundamentales derivados de los módulos de Noeth y de Artinia.

Datos de la topología

Tanto Pavel Aleksandrov como Hermann Weyl, en sus necrológicas, ilustran las ideas de Noethers sobre la topología y cómo sus ideas se transforman en verdaderas ideas en el campo de la ciencia. En la topología se estudian las características de los objetos de la naturaleza que son invariables tras su transformación, como por ejemplo, su apariencia.

Noether fue reconocido por las ideas fundamentales que inspiraron la adaptación de la topología algebraica a la topología combinatoria antigua, en particular la idea de las homologaciones. A partir de la descripción de Aleksandrov, Noether se reunió con Heinz Hopf y Aleksandrov en los años 1926 y 1927. Esto hizo que "se hicieran grandes operaciones, que fueron muy duras y sutiles". Aleksandrov se ha comprometido con la meditación:

Cuando ... por primera vez se habló de una construcción sistemática de la topología combinatoria, se consideró que la razón era que los grupos de complejos algebraicos y los ciclos de una veelvlak elegida y el grupo de cíclicos, que se basa en los ciclos homólogos a nul, se podían entender directamente, en el marco de la definición de las bolas de Betti. Por lo tanto, el grupo de Betti es un grupo complementario (cociente) del grupo de todos los ciclos que se define por el grupo de ciclos homólogos a cero. Esta observación no es suficiente. Sin embargo, en la época (1925-1928) fue un punto de vista totalmente nuevo.

Derde tijdvak - periode 1927-35

En la segunda mitad del siglo pasado, se realizaron muchos trabajos con superficies hipercomplejas y representaciones de grupos. Sin embargo, los resultados no fueron suficientes. Noether amplió los resultados y creó la primera teoría de la representación algémica de los grupos y del álgebra. En el siguiente artículo se clasifican la teoría de la estructura de las álgebras asociativas y la teoría de la representación de los conjuntos en una teorización científica de los módulos y de los ideales de los anillos, que se basa en la utilización de los mismos. Este único trabajo de Noether fue fundamental para el desarrollo del álgebra moderna.

Álgebra no conmutativa

Noether también fue responsable de otros avances en el campo del álgebra abstracta. Junto con Emil Artin, Richard Brauer y Helmut Hasse, sentó las bases de la teoría de las álgebras abstractas centrales.

Un artículo de Noether, Helmut Hasse y Richard Brauer sobre el álgebra de la delineación. Se trata de sistemas algebraicos en los que el delineamiento es fundamental. En este sentido, se distinguen dos corrientes importantes: una corriente lokale-globale, en la que se ha establecido que un álgebra de delineación central eindig dimensional sobre una partición lokale de la matriz también se divide globalmente (y por lo tanto es trivial). De ello se deduce que un álgebra central de dimensión indefinida sobre una matriz algebraica F se divide en una unidad cíclica ciclotímica.

Estos argumentos nos ayudan a clasificar todas las álgebras centrales de dimensión indefinida en un marco general. Un artículo anterior de Noether dice que todos los elementos de un álgebra D están bien definidos, lo cual es un ejemplo especial de una estructura más amplia. Este artículo también incluye el modelo de Skolem-Noether, en el que se muestra que las dos partes de una combinación de un valle k en un álgebra central de dimensión única sobre k son conjugadas. El planteamiento de Brauer-Noether ofrece un análisis de la estructura de un álgebra central sobre un valle.

Postume erkenning

En el transcurso de los años, Noether se ha esforzado más por su trabajo como científico, y se han publicado varias biografías sobre su trayectoria. Si bien la idea de que era una mujer era su principal objetivo, su posición es muy importante.

Destacados

- En 1900, Emmy Noether obtuvo el título de profesora de inglés y francés en escuelas para niñas, pero optó por estudiar matemáticas en la Universidad de Erlangen (actual Universidad de Erlangen-Nürnberg). En aquella época, las mujeres sólo podían asistir a las clases con el permiso del profesor.
- Noether se doctoró en Erlangen en 1907 con una tesis sobre invariantes algebraicos.
- A partir de 1927, Emmy Noether se concentró en las álgebras no conmutativas (álgebras en las que el orden de multiplicación de los números afecta a la respuesta), sus transformaciones lineales y su aplicación a los campos numéricos conmutativos.

- En colaboración con Helmut Hasse y Richard Brauer, Noether investigó la estructura de las álgebras no conmutativas y su aplicación a los campos conmutativos mediante el producto cruzado (una forma de multiplicación utilizada entre dos vectores).

13. Valentina Tereshkova (nacida en 1937)

Cosmonauta soviética, ingeniera y primera mujer en el espacio

"¡Eh, cielo, quítate el sombrero, que voy para allá!"

Valentina Vladimirovna Teresjkova (en ruso: Валентина Владимировна Терешкова) (Maslennikovo, Oblast Jaroslavl, 6 de mayo de 1937) es la jefa de la Doema rusa y una kosmonauta rusa no oficial. Se incorporó como piloto ruso a bordo del Vostok 6 y fue el primer piloto de la flota.

Opleiding en ruimtereis

En su época de estudiante, Teresjkova trabajó en una fábrica de bandas y luego se convirtió en estudiante de tecnología. Leía paracaídas en el club de fútbol local.

De entre más de 400 personas, fue seleccionada junto con otras cuatro mujeres para el equipo de astronautas. De este grupo, sólo Teresjkova ha sido elegida. Teresjkova llegó el 16 de junio de 1963 a bordo del Vostok 6 y fue la primera mujer y la primera hamburguesa de la tripulación. Dos días más tarde, el Vostok 5 se retiró. Al llegar a la isla, los Vostok 5 y 6 se alejaron menos de un kilómetro y se pusieron en contacto por radio. Teresjkova aterrizó en el aire en una zona de más de diez días. Los planes de volver a visitar la ciudad con las mujeres están en marcha. A los 19 años, Teresjkova es la única mujer que ha estado en la ruina, ya que el 19 de agosto de 1982, la rusa Svetlana Savitskaja se presentó en el Sojoez T-7.

Ander werk

Después de su graduación, Teresjkova estudió en la Sjoekowski-luchtmachtacademie, donde en 1969 se graduó como ingeniera cosmonauta. En 1977 se promocionó en el campo de la tecnología. Teresjkova desempeñó diversas funciones políticas. De 1966 a 1974 fue miembro del Opperste Sovjet, de 1974 a 1989 fue miembro del presidium del Opperste Sovjet y de 1969 a 1991 formó parte del Comité Central del Partido Comunista. En 2011 fue nombrado el partido de la Federación Rusa en el Estado Mayor; en 2016 fue expulsado. El 10 de mayo de 2020, se incorporó a la lista de candidatos a la presidencia de Poetin. Se trata de que, tras el cambio de gobierno, se empiece a hablar de los mandatos presidenciales, ya que Poetin no podrá tener más de dos mandatos en dos años. Por lo tanto, se ha hecho cargo de la gestión de la operación. La decisión fue tomada por unanimidad de los miembros.

Privé

El 3 de noviembre de 1963, Teresjkova se reunió con el guardabosques Andrian Nikolajev. Tuvieron un hijo y se marcharon en 1982. Más tarde, Teresjkova se retiró y se casó en 1999.

Destacados

- Aunque Valentina Tereshkova no tenía formación de piloto, era una paracaidista aficionada consumada y por ello fue aceptada para el programa de cosmonautas cuando se presentó como voluntaria en 1961.
- Desde 1966 hasta 1991, Tereshkova fue miembro activo del Soviet Supremo de la URSS. Dirigió el Comité de Mujeres Soviéticas en 1968,

y de 1974 a 1991 Tereshkova fue miembro del Presidium del Soviet
Supremo.

- En 2008, Tereshkova se convirtió en la vicepresidenta del Parlamento
de la provincia de Yaroslavl como miembro del partido Rusia Unida.
- Tereshkova fue nombrada Héroe de la Unión Soviética y recibió dos
veces la Orden de Lenin.

14.   Lynn Margulis (1938 - 2011)

Teórico de la evolución, biólogo, autor científico, educador y divulgador científico estadounidense

"A pesar de todos los logros de la biología molecular, todavía no podemos distinguir un gato vivo de un gato muerto".

Lynn Margulis (Chicago, 5 de mayo de 1938 - Amherst (Massachusetts), 22 de noviembre de 2011) fue una bióloga estadounidense conocida por su "teoría simbiogénica" de *la Endosimbiosis Serial* (SET) para el desarrollo de las células eucariotas. Margulis fue, junto con el químico británico James Lovelock, la principal impulsora de la Hipótesis de Gaia, que sostiene que la vida en el mundo anorgánico se basa en un sistema autorregulador.

Biografía

Lynn Margulis nació como Lynn Alexander, hija de Morris Alexander (jurista y periodista) y Leone Wise (periodista). Estudió en el Hyde Park High School y, tras varios años de estudio, en la Universidad de Chicago,

donde cursó su carrera en 1957. Este mismo año se reunió con el que
más tarde sería el astrónomo Carl Sagan. Después estudió genética y
zoología en la Universidad de Wisconsin, donde estudió en 1960. En 1963
se incorporó a Sagan. Se promocionó en 1965 y ese mismo año se reunió
con el químico Thomas Margulis, con quien se reunió en 1978, pero su
trabajo se vio afectado por su falta de interés. Falleció el 22 de noviembre
de 2011, unos días después de que se le retirara la licencia de conducir.

Junto con Tony Swain, Margulis fue en 1979 la responsable de la *beca de
biología planetaria*, que los estudiantes de la NASA necesitan para
participar en la investigación biológica.

En 1998 recibió el *Premio al Científico Distinguido del Instituto Americano
de Ciencias Biológicas*. En 2008 recibió la *Medalla Darwin-Wallace* de la
Sociedad Linneana de Londres.

Trabajo de la ciencia y la tecnología

En su artículo de 1965, publicó, un año antes de que el botánico ruso
Konstantin Merezjkovski lo hiciera, que los cloroplastos se basaban en
una célula simbiótica, una "hipótesis endosimbiótica": las células
eucariotas se formaban por la simbiosis de diversas bacterias. Margulis
afirma que las células complejas evolucionan por sí mismas. En 1967 se
publicó su libro *Origins of Mitosing Cells* (De oorsprong van cellen met
mitose) en el *Journal of Theoretical Biology*.

En 1983 fue nombrado director de la Academia Nacional de Ciencias. Su
teoría de la SET se ha convertido en la teoría de la endosimbiosis en el
mundo de la ciencia.

Gaia-hypothese

Cuando Margulis se refirió a la presencia anorgánica de los gases en la
atmósfera, y a las numerosas bacterias que los gases habían liberado, se
dirigió a Lovelock. A partir de ese momento comenzó una intensa relación
entre Margulis y Lovelock. Para ello, se han utilizado las bacterias en la
homeostasis. Otro dato importante que aportó fue la idea de que el mundo
no debe ser un organismo, sino un sistema. Esto se traduce en la idea de
que el organismo no debe ser un organismo, sino un sistema: *"Ningún
organismo se come sus propios residuos"*

Destacados

- Además de las publicaciones académicas de Lynn Margulis, escribió numerosos libros que interpretan conceptos y dilemas científicos para un público popular.
- Entre ellos, Mystery Dance: Sobre la evolución de la sexualidad humana (1991), ¿Qué es la vida? (1995), ¿Qué es el sexo? (1997) y Deslúmbrate poco a poco: Reflexiones sobre la naturaleza en la naturaleza (2007), todos coescritos con su hijo.
- Margulis también escribió un libro de relatos, Luminous Fish (2007).
- Fue elegida miembro de la Academia Nacional de Ciencias en 1983 y fue uno de los tres miembros estadounidenses de la Academia Rusa de Ciencias Naturales.

15. Cecilia Payne-Gaposchkin (1900 - 1979)

Astrónomo y astrofísico estadounidense de origen británico

"Tu recompensa será el ensanchamiento del horizonte mientras subes. Y si logras esa recompensa, no pedirás otra".

Cecilia Helena Payne-Gaposchkin (Wendover, 10 de mayo de 1900 - Cambridge (Massachusetts), 7 de diciembre de 1979) fue una astrónoma anglo-americana que en 1925, en su artículo sobre espectroscopia, señaló que el agua y el helio son los elementos más importantes (99% de la masa) de los seres humanos.

La vida en la calle

Cecilia Helena Payne era una de las tres hijas de Emma Leonora Helena (nacida Pertz) y Edward John Payne, abogado, historiador y músico principiante de Londres. Su madre era de origen prusiano y tenía dos hijos ilustres, el historiador Georg Heinrich Pertz y el escritor James John Garth Wilkinson, autor de la obra de Swedenborg. Cecilia Paynes murió cuando tenía cuatro años de edad y su madre sólo podía ver a sus hijos.

Cecilia estudió en el St Paul's Girls' School y en 1919 comenzó a estudiar
en el Newnham College de la Universidad de Cambridge, donde cursó
estudios de botánica, ciencias naturales y psicología. Aquí recibió una
lección de Arthur Eddington sobre su expedición a Príncipe en el Golfo de
Guinea. Eddington fue a fotografiar el 29 de mayo de 1919 para poner a
prueba la teoría de la relatividad de Albert Einstein. Esta etapa le llevó a
interesarse por la astronomía. Volvió a estudiar, pero no obtuvo una beca
académica, ya que la Universidad de Cambridge, que hasta 1948 no se
había incorporado, no le concedió ninguna beca.

Cecilia Payne se da cuenta de que su larga carrera en el Reino Unido
está en marcha, por lo que decide ir a buscar a alguien que le ayude a
salir de los Estados Unidos. En 1923, se trasladó a Inglaterra, donde se
había iniciado un programa de promoción de la astronomía, y fue invitado
por Harlow Shapley, el director del Observatorio del Harvard College. Esto
fue posible gracias a un grupo de estudiantes que acudieron al
observatorio para estudiar. La primera persona que llegó fue Adelaide
Ames (1922) y Payne fue la segunda.

Promoción

Shapley le pidió a Payne que escribiera un artículo y en 1925 se convirtió
en el primer promotor de la astronomía en el Radcliffe College (ahora en
Harvard). El título del trabajo fue "Atmósferas estelares, una contribución
al estudio observacional de las altas temperaturas en las capas invertidas
de las estrellas". Los astrónomos Otto Struve y Velta Zeberg consideran
que es "el libro astronómico más brillante que se ha publicado".

Payne puede comparar la intensidad del espectro de los minerales con su
temperatura gracias a la teoría de la ionización del científico indio
Meghnad Saha. Se ha observado que la gran variación de la absorción en
los espectros se debe a una diferente intensidad de la ionización en
función de la temperatura, y no a la variación de los parámetros de los
elementos. Se ha comprobado que el silicio, el koolstof y otros metales
nuevos, cuya abundancia relativa en el espectro zonal es mayor que la
del oro, se han ajustado a la teoría de que los elementos del oro son más
parecidos que los del oro. Además, el agua y el helio en la mente son
mucho más importantes para los seres humanos que el aire (el agua es
mucho más abundante). Su informe indica que el agua es el elemento
más importante de los seres humanos y, por lo tanto, el más importante
del mundo.

Cuando se aprobó el informe de Payne, el astrónomo Henry Norris Russell llegó a la conclusión de que la zona era muy diferente a la del agua y de que la estructura de la zona era muy diferente a la de la tierra, lo que estaba en consonancia con la teoría de la tierra. Por lo tanto, en su obra, el resultado es "onjuista". Russell volvió a mencionar el resultado de su trabajo de otra manera y lo publicó cuatro años más tarde. Si bien su obra se ha visto reflejada en su artículo, Russell ha sido el autor de la misma, incluso cuando la obra de Payne ha sido aceptada.

Carrière

En su promoción, Payne se encargó de la investigación de la estructura de la calle Melkweg. Más tarde, todos los trabajadores fueron más fuertes que la primera magnitud. Junto con sus trabajadores, se construyeron más de 1.250.000 viviendas de los trabajadores de la zona. Más tarde, este trabajo se amplió con 3.000.000 de muestras de sangre en el mundo magrebí. Estas mediciones se utilizaron para estudiar la estereovolución. Sus conclusiones se publicaron en su segundo libro, *Stars of High Luminosity* (1930). Estas mediciones y análisis, que realizó junto con su hijo (el astrónomo Sergei I. Gaposchkin), son la base de todo su trabajo posterior en el ámbito de las estrellas.

Payne-Gaposchkin se dedicó a la investigación científica y comenzó su carrera académica en Harvard. Al principio no tenía un puesto oficial y desde 1927 hasta 1938 trabajó sólo como asistente técnico de Shapley. A causa de su situación y de su salario, se quedó sin trabajo, pero Shapley le dio el título de "Astronoom" en 1938, que más tarde se convertiría en Phillips Astronomer. En 1943 fue nombrado miembro de la Academia Americana de las Artes y las Ciencias.

Cuando Donald Menzel se convirtió en 1954 en el director del Observatorio del Harvard College, empezó a desarrollar su actividad, y en 1956 fue el primer hombre que se convirtió en profesor (Phillips Professor of Astronomy) en la Facultad de Artes y Ciencias de Harvard. Más tarde, fue nombrado director de la Facultad de Astronomía y, en la actualidad, es la primera persona que desempeña esta función en Harvard.

Entre sus alumnos se encuentran Helen Sawyer Hogg, Joseph Ashbrook, Frank Drake y Paul W. Hodge, que aportan importantes conocimientos de astronomía.

Payne-Gaposchkin se convirtió en 1966 en emérito y pasó a ser profesor emérito de Harvard. Continuó su investigación como miembro del Centro

Harvard-Smithsonian de Astrofísica, y durante 20 años fue redactor de las revistas y libros publicados por el Observatorio de Harvard.

Invloed op vrouwelijke wetenschappers

Junto con G. Kass-Simon y Patricia Farnes, Payne ha desarrollado su carrera en el Harvard College Observatory. Con Harlow Shapley y E. J. Sheridan (de quien Payne-Gaposchkin fue mentor), el Observatorio de Harvard tuvo más experiencia en astronomía que otras instituciones, y en el siglo XX se crearon más proyectos con Williamina Fleming, Antonia Maury, Annie Jump Cannon y Henrietta Swan Leavitt. Pero la promoción de Payne-Gaposchkin normalizó la posición de las mujeres. Payne inspiró a muchas personas, como la astrofísica Joan Feynman (hija de Richard Feynman). La madre y el padre de Feynman se han dedicado a la investigación, y han señalado que las personas no pueden tener conocimientos prácticos.

Destacados

- En 1933, Payne viajó a Europa para conocer al astrónomo ruso Boris Gerasimovich, que había trabajado anteriormente en el Observatorio del Harvard College y con el que pensaba escribir un libro sobre las estrellas variables.
- Payne conoció a Sergey Gaposchkin, un astrónomo ruso que no podía volver a la Unión Soviética por su política. Se casaron en 1934 y colaboraron a menudo en estudios de estrellas variables.
- Fue nombrada profesora de astronomía en 1938, pero aunque impartió cursos, éstos no aparecieron en el catálogo de Harvard hasta después de la Segunda Guerra Mundial.
- En 1956, Payne fue nombrado profesor titular de Harvard y pasó a presidir el departamento de astronomía.

16.   Jocelyn Bell Burnell (nacida en 1943)

Astrónomo británico que descubrió los primeros púlsares de radio

*"Hay polvo de estrellas en tus venas. Somos literalmente,
en última instancia, hijos de las estrellas".*

Dame **Susan Jocelyn Bell Burnell** (Belfast, 15 de julio de 1943) es una astrofísica británica que, como promotora, creó el primer púlsar y, por tanto, el primer neutrón. Su redactor fue Antony Hewish, quien, junto con Martin Ryle, recibió un Premio Nobel por este trabajo. Burnell fue durante dos años presidente del Instituto de Física (IoP) de Londres. Como primer vicepresidente, en 2014 fue nombrado presidente de la *Royal Society de Edimburgo*. En 2018 recibió el Premio Especial al Avance de 1967 con una dotación de tres millones de dólares estadounidenses.

Biografía

Jocelyn Bell nació en la ciudad de Noord-Ierse, Belfast. Su padre fue arquitecto del Planetario de Armagh, situado en la ciudad. Como tal, escribió muchos libros sobre astronomía, entre ellos *Frontiers of Astronomy del* británico Fred Hoyle. Fue uno de los primeros estudiantes que se matriculó en Lurgan para estudiar ciencias en la universidad.

En 1965 se licenció en la Universidad de Glasgow. Tras su promoción, se fue a la Universidad de Cambridge, donde la astrofísica de alto nivel Hewish fue su promotora. Junto con otros estudiantes, se dedicó a la construcción del Hewish *Interplanetary Scintillation Array*, un radiotelescopio con el que se pretendía investigar los cuásares. En julio de 1967, Bell publicó un gráfico que se publicó en el periódico. Opeengepakte piekjes die er niet in thuishoorden en die ze *scruff* (vuiligheid) noemde. Con un grabador rápido puede medir el tiempo entre las piezas: 1,3 segundos. Tras el uso de una antena, Hewish se ha puesto en contacto con la *hipotermia de los Hombrecillos Verdes*, una especie de "Pequeños Hombres Verdes" que se ponen en contacto con el oído. Después de la aparición de dos nuevos pulsos en el suelo, Hewish y Bell concluyeron -mediante un proceso de eliminación de datos- que las señales no debían ser afectadas por los neutrones de baja intensidad. En el análisis total, Bell utiliza una hoja de papel de un metro por día, lo que supone una distancia de unos siete kilómetros. El propio Bell explica que su trabajo es el más importante de su sala de reuniones: la idea de que su entorno (laboral) es más importante que el de los hombres que tienen su propio talento, su rendimiento y su éxito.

En 1969, Bell se dedicó a la radioastronomía y al desarrollo del púlsar. El año siguiente murió (en 1993) y creó una zoon, que también es fysicus.

Tras su promoción, Bell Burnell trabajó en la Universidad de Southampton (1968-1973), en el University College de Londres (1974-1982) y en el *Royal Observatory* de Edimburgo (1982-1991). Después de trabajar como profesor, consultor, examinador y lector, en 1991 fue nombrado director de ciencias naturales de la Open University, puesto que ocupó durante diez años.

Erkenning

A pesar de que fue el primero en tener un pulso, en 1974 no fue incluido en la lista de los Premios Nobel de Ciencias Naturales, ya que fue nombrado por Antony Hewish y Martin Ryle. No se siente amargado por este hecho. En una entrevista dijo: "Es el supervisor [Hewish] el que se encarga de la responsabilidad de la empresa para el éxito o el fracaso del proyecto. Me parece muy bien, pero también me parece bien que se aproveche del éxito".

Además, hay diferentes precios y tarifas, por ejemplo:

- 1973 - *Medalla Michelson*, Instituto Franklin
- 1978 - *Premio J. Robert Oppenheimer*
- 1978 - *Premio Rennie Taylor*
- 1987 - *Premio Beatrice M. Tinsley*, Sociedad Astronómica Americana
- 1989 - *Herschel-medaille*, Real Sociedad Astronómica
- 1995 - *Premio Karl G. Jansky*

En 2007 fue nombrado por la Reina Isabel Dama Comandante de la Orden del Reino Unido. También fue presidente de la Real *Sociedad Astronómica de* 2002 a 2004 y presidente del *Instituto de Física de* 2008 a 2010. En 2014 fue presidente de la *Real Sociedad de Edimburgo.*

En noviembre de 2018, Burnell también recibió un premio por su trabajo en el marco del Premio Especial Breakthrough, dotado con 3 millones de dólares, que se concedió en San Francisco.

Destacados

- Jocelyn Bell Burnell estudió en la Universidad de Glasgow, donde se licenció (1965) en física. Posteriormente se trasladó a la Universidad de Cambridge, donde se doctoró (1969) en radioastronomía.
- Como asistente de investigación en Cambridge, Bell Burnell ayudó a construir un gran radiotelescopio y, en 1967, mientras revisaba las impresiones de sus experimentos de seguimiento de los cuásares, descubrió una serie de pulsos de radio extremadamente regulares.
- Tras monitorizar los pulsos con equipos más sensibles, el equipo descubrió varios patrones más regulares de ondas de radio y determinó que, en efecto, emanaban de estrellas de neutrones que giraban rápidamente, a las que la prensa llamó posteriormente púlsares.
- Bell Burnell también fue presidente de la Real Sociedad Astronómica (2002-2004) y fue elegido para un mandato de dos años como presidente del Instituto de Física en 2008.

17.   Lise Meitner (1878 - 1968)

Físico austriaco que descubrió el isótopo radiactivo protactinio-231

"La ciencia hace que la gente busque la verdad y la objetividad; enseña a la gente a aceptar la realidad, con asombro y admiración, por no mencionar el profundo asombro y la alegría que el orden natural de las cosas aporta al verdadero científico".

Lise Meitner (Wenen, 7 de noviembre de 1878 - Cambridge, 27 de octubre de 1968) fue una investigadora de la naturaleza de Oostenrijks-Zweeds que, junto con Otto Hahn y Fritz Strassmann, desarrolló el mecanicismo fundamental, tanto para la energía como para los conocimientos. Se le considera el ejemplo típico de una mujer que ha recibido un premio de educación superior por la obtención de los Premios Nobel en la escuela, a través de un colega.

Meitner trabajó junto a Otto Hahn y su ayudante Fritz Strassmann, pero, como Joodse, a causa del nazismo en Duitsland. La visita de su equipo se realiza por medio de un informe. Unos días después, el 17 de diciembre de 1938, Hahn y Strassmann participaron en el experimento: por primera vez, se hizo un simulacro. En enero de 1939, Meitner, junto con Otto

73

Frisch, realizó el primer análisis teórico de la naturaleza de la exploración. Su colega Otto Hahn recibió en 1944 el Premio Nobel de Química por su trabajo. El elemento meitnerio es conocido por Meitner.

Biografía

En 1938, Otto Hahn, Fritz Strassmann y Lise Meitner iniciaron el proceso de fabricación en Berlijn. Lise Meitner, conocida como Elise, nació en Wenen y era la hija de ocho hijos de una familia de liberales. Vivió en Leopoldstadt, el segundo distrito de Wenen, que, junto con Boedapest, es la capital de Oostenrijk-Hongarije. El 17 de noviembre de 1878 figura en el registro del ayuntamiento de Weense Joodse Gemeenschap como su fecha de nacimiento. Todas las demás fechas oficiales se refieren al 7 de noviembre de 1878, fecha en la que Lise Meitner se hizo cargo. Su padre, Philipp Meitner, fue uno de los primeros defensores de Oostenrijk de la afectación de Joodse. Su madre era Hedwig Meitner-Skovran. Lise no era judía, sino segurata, o, por lo menos, protestante. Más tarde se convirtió en luterana y dejó de serlo. Después de una escuela secundaria de siete años, se convirtió en una Weense *Mädchen-Bürgerschule*, una escuela para jóvenes, ya que el gimnasio que se había abierto en la universidad no era para los jóvenes. En la escuela de secundaria, la salida fue voluntaria ("vom weiteren Schulbesuch befreit"). La única posibilidad que tenían los jóvenes de seguir estudiando era ir a una escuela privada, *la Hohere Tochterschule,* y conseguir un puesto de profesor en un número reducido de horas. Para obtener el título de profesor de ciencias naturales, se le concedió una beca universitaria. Se le dio a Frans la oportunidad de estudiar, pero no tenía la misma pasión por el trabajo. En este trabajo, se le asignó un año de francés en una escuela de enseñanza media. En ese momento, le dio dinero para que su hijo Auguste (Gusti), que más tarde fue concertista, le encargara una obra musical.

Universidad de Wenen

Meitner comenzó a trabajar en el campo de la ciencia en 1897. En ese año, se abrió la brecha que separaba a los estudiantes de la universidad de Oostenrijk-Hongarije. A instancias de su padre, se trasladó a la docencia con Frans para ver si podía ayudarla en su propia carrera. Con la ayuda de un profesor privado local, se le encomendó la tarea de la última edición del Akademisches Gymnasium Wien para que se encargara de la formación universitaria en dos años. En este caso, se trata de la filosofía como estudio realista de la realidad. Antes de su 23° aniversario, fue una de las primeras estudiantes jóvenes de la Universidad de Wenen. Inspirado por su profesor, Ludwig Boltzmann, Meitner se dedicó en su primer año a la ciencia natural. Fue el único naturópata en ese momento, y aceptó a las mujeres como un reto. Se reunió con la investigadora y naturista Henriette von Aigentler, quien, con la ayuda de Boltzmann, se incorporó a la universidad. El 1 de febrero de 1906, Meitner obtuvo su título de doctora con honores, con una disertación sobre el calentamiento de los líquidos no homogéneos. Fue la segunda mujer que se licenció en ciencias naturales en la universidad, pero como investigadora universitaria se dedicó al trabajo no remunerado. También se unió a Marie Curie, pero ésta no tenía ningún puesto libre para Meitner.

Para ganar dinero, tuvo que hacer uso de una escuela francesa. Tras la muerte de Boltzmann, fue el ayudante de Stefan Meyer, a quien Boltzmann le encargó su trabajo. Trabajó un año para Meyer, en el que leyó mucho sobre la kernfysica. También publicó varios artículos sobre la radioactividad: "Sobre la absorción de las partículas α y β" y "Sobre la eliminación de las partículas α".

En Wenen no había ninguna carrera en activo y en una reunión con el naturópata Max Planck, profesor de la Universidad de Berlijn, se le pidió que se hiciera cargo de su carrera en Berlijn. Su plan consistía en cursar uno o varios semestres. Tenía que aprender la física teórica de Plancks, una idea muy interesante de Planck, que hasta hace poco había sido dirigida por otra mujer, Elsa Neumann. En Berlijn también se reunió con Otto Hahn.

Carrera profesional de la ciencia y la tecnología

El comienzo del siglo XX fue el momento de los grandes avances en el campo de la radioactividad. En los últimos años, Meitner trabajó intensamente en Berlijn, junto con Hahn, primero en el Instituto Químico de la Universidad de Berlijn que, además, fue dirigido por Emil Fischer y, desde 1912, en el Instituto de Química Kaiser-Wilhelm de Berlín-Dahlem. Su trabajo en Berlijn no fue para Meitner nada convincente. Junto con Hahn, tuvo que trabajar como "empleado" de Hahn, sin sueldo, en un laboratorio de la sede del Instituto de Química, donde no se encontraba en las etapas más alejadas de la casa. Para poder utilizar los servicios higiénicos, debe ir a una cafetería cercana. Hahn y Meitner coinciden: mientras que Hahn era más intuitivo, Meitner era el analítico de los dos. Su laboratorio en el Instituto Químico era muy radioactivo y los socios habían perdido la confianza en sí mismos. Un año más tarde, también se incorporaron a las universidades y Meitner se comprometió a seguir trabajando.

En 1913, Meitner obtuvo un amplio puesto en el Instituto Kaiser-Wilhelm. Dezelfde Fischer, que en 1907 se convirtió en el último empleado, le siguió dando vueltas, hasta que en 1916 se convirtió en el último de los locos, al igual que Hahn. En 1914, su nombramiento en Praga, un puesto académico de gran envergadura con la intención de mejorar su rendimiento, le dio más prestigio y un salario más alto.

En 1915, comenzó a trabajar en el Eerste Wereldoorlog como técnico de seguridad y de la ley de la Tierra. En 1916 se marchó a Berlijn. Otto Hahn pasó por su oficina como soldador y estuvo poco tiempo en el trabajo del laboratorio. En 1918, Hahn y Meitner fueron los primeros en aislar un isótopo con una media duración del elemento químico protactinio (23191Pa) y en 1921 el isótopo uranio-Z (23492U). Aunque Lise Meitner ya había realizado todo el trabajo para el descubrimiento del 23191Pa, Hahn fue el primer autor del artículo que publicó. En 1924, se le concedió una medalla de Leibniz de la Academia de Ciencias de Prusia. En 1917, Meitner también fundó su propio departamento en el Instituto Kaiser-Wilhelm, el *Departamento de Radiofísica*, y se hizo cargo de la dirección de su empresa y de las finanzas. Además, se encargó de construir su casa de estudiantes y una casa para sí mismo. Aunque no tenía su propia dirección, mantuvo un contacto permanente con Hahn. En 1919 recibió el título de profesor.

Meitner obtuvo su habilitación en octubre de 1922 con el *trabajo de Habilitación* "Die Bedeutung der Radioaktivität für kosmische Prozesse" (La importancia de la radioactividad para los procesos cosméticos), en el que se explica la radioactividad en las universidades. Este paso en la escala académica se abrió a los jóvenes desde 1920. En 1922 se produjo el efecto Auge. En 1926, Meitner se convirtió en la primera mujer de Duitsland que se incorporó oficialmente a la Universidad de Berlijn, con un salario muy reducido y sin su propio laboratorio. Meitner inició una investigación sobre los efectos de la radiación gamma y de la biotecnología, y señaló que los efectos de la biotecnología en el cerebro eran correctos. Una larga serie de experimentos llevados a cabo por Charles Drummond Ellis y Lise Meitner condujeron en 1930 a la hipótesis de la existencia del neutrino. Además de su trabajo pionero en el campo de la radioactividad, se produjo la aparición del paréntesis positrón-elektrón, su trabajo sobre las reacciones químicas y la determinación de la masa de los neutrones. Albert Einstein la calificó en este periodo como "nuestra Marie Curie".

Búsqueda de transportistas

En 1934, Lise colaboró con Otto Hahn cuando el científico italiano Enrico Fermi publicó un estudio sobre los transuranos. Para bombardear elementos con neutrones largos, produjo con su grupo de elementos un mayor atoomgetal, que a su vez se convirtió en un elemento β. Fermi descubrió que, con el uranio bombardeado con neutrones, había producido elementos con un índice de masa corporal mayor que 92.

Había dos nombres en la ciencia natural y en la psicología que llevaban a una conclusión diferente en los experimentos. El primero era que el grano se había convertido en un elemento estable de la cadena de suministro, y que podía ser utilizado en uno o dos niveles de la cadena de suministro. La otra razón es que los transbordadores se convierten en metales de construcción. Si los productos de la industria de la construcción, que aquí mismo se han presentado como metales de construcción, se han convertido en transurantes, es porque han sido creados. En los años en los que se publicó este artículo, Hahn y Meitner se refirieron a los cambios que habían decidido realizar. Meitner no puede dar una explicación teórica de la "evolución" de las transiciones.

Nazi-Duitsland en vlucht

Con la apertura del socialismo nacional en Alemania, Meitner se ha extendido a la universidad. Algunos investigadores judíos, como Fritz Haber, Leó Szilárd y su sobrino Otto Frisch, se hicieron cargo de su posición y de la ampliación de su territorio. Cuando Meitner se hizo cargo de su puesto de guardián en 1933, se quedó en Duitsland. Hay dos razones que le obligan a enfrentarse a la ola antijodista que se desató en 1933: su nacionalismo oriental, la idea de que el Instituto Kaiser-Wilhelm no era una institución de salud pública, su amistad con investigadores extranjeros, como Max Planck y Otto Hahn, y la idea de que era un investigador extranjero.

La mayoría de las veces, su estado de salud no se ha visto afectado por el lote público en el que se encuentran los Joden. Se le pidió a cada uno de los Jodenster que se encargara de la limpieza y se le asignó un número de licencias de caza y un número de permisos de trabajo. Tras la anexión (*Anschluss*) de Oostenrijk en mayo de 1938 por parte de Duitsland, también Meitner se convirtió en el líder del régimen nazi. El régimen nazi se hizo cargo de su puesto en Oostenrijk, y su cuerpo se vio afectado por más de diez marcas de sangre. Hahn le dio a Meitner un anillo de diamantes en su muñeca, para que pudiera abrirse una puerta. No lo aprovechó: con la ayuda de los funcionarios holandeses Dirk Coster, Peter Debye y Adriaan Fokker, el 13 de julio se trasladó a los Países Bajos para pasar por Dinamarca. Fokker y Coster se comprometieron durante la semana a pagar una suma de dinero para que Meitner obtuviera un puesto en la Universidad de Groninga, donde los habitantes de la zona no tienen ninguna función beta. Si bien es cierto que han pasado una parte de la última etapa de su vida, se han quedado en Duitsland con la ayuda de la calefacción holandesa. Para un viaje no había ningún visado. Para que el reloj funcionara bien, estaba muy bien equipado: las joyas, la marca de diez colores y el anillo de diamantes. (El último lo llevó a la cima de su cuello).

En Dinamarca trabajó durante mucho tiempo junto a Niels Bohr, pero a finales de agosto se trasladó a Estocolmo y se fue a Suecia. En el Instituto Nobel de Manne Siegbahn, en Estocolmo, Meitner, junto con los jóvenes que la acompañaron en su búsqueda, se encargó de la investigación de la kernfysica. En Siegbahn, se ha hecho un pequeño esfuerzo por conocer las costumbres de la sociedad civil.

Seguimiento de la evolución de la población

El descubrimiento se produjo en 1938 en el laboratorio de Irène Joliot-Curie, quien, tras un bombardeo con neutrones, descubrió un elemento con propiedades que no se podían explicar. Hahn y Strassmann dicen que se trata de un isótopo del radio. Lise, que en su momento se vio obligada a participar en el estudio de los elementos transuránicos a través de una intensa investigación, no pudo explicar la existencia de este elemento. En noviembre de 1938, durante una reunión clandestiana y geométrica en Copenhague, Meitner y Hahn se encargan de los trabajos en el laboratorio de Berlijn. Se dice que Hahn y Strassmann verificaron los resultados en París. Hahn mantuvo esta correspondencia con la familia Joodse y dijo que Strassman y él sólo habían realizado su investigación. Hahn y Strassmann empezaron también a realizar experimentos en Kopenhagen.

El acontecimiento de 1938 llevó a Meitner a la ciudad sueca de Kungälv, donde también se encontraba Otto Frisch, de Kopenhagen. Poco después, se le envió un informe a Berlijn. En su escrito, Hahn explica el hecho de que él y Strassmann, al bombardear núcleos de uranio con neutrones de baja potencia, produjeron el elemento luminoso bario, de número 56, como uno de los productos derivados, lo que no pudo explicar, ya que la utilización de un núcleo de oxígeno en condiciones teóricas fue considerada como una realidad.

Basándose en el modelo de drupal de Niels Bohr, Meitner y Frisch llegaron a la conclusión de que el núcleo se ha visto tan afectado por la invasión de neutrones que el drupal de mayor tamaño se ha convertido en dos drupales más pequeños, y fueron los primeros en descubrir cómo se puede convertir un drupal en un atoomkern: los drupales de uranio se convierten en bario y criptón y en diversos neutrones con mucha energía.

También es cierto que no puede haber ninguna sustancia naturalmente estable con un número de átomos más grande que el 92 (uranio): el efecto eléctrico de los dos protones ha dado lugar a una fuerza de choque estéril, que los otros núcleos han mantenido.

Meitner comenzó a decir que la pequeña cantidad de masa que se había desprendido de la gran energía cinética de los productos de la fisión, según el concepto de Einstein de la relación masa-energía $E = m\,c^2$. Frisch utilizó el término "splijting" (*fisión*) para referirse a este proceso. En este caso se aplicó el principio de la fisión.

Cuando en 1934 Ida Noddack, después de los experimentos de Fermi, por primera vez tuvo la idea (teóricamente no aceptada) de la fusión, Hahn y Meitner se mostraron escépticos y hasta viperinos, debido a la opinión de que el elemento masurio no había sido encontrado.Debido a la situación política de la Alemania nazi, Hahn y Meitner publicaron sus resultados. El artículo de Hahn en el Duitse *Die Naturwissenschaften* (6 de enero) describe el experimento y la obtención del bario como producto. El artículo de Meitner y Frisch titulado *"Disintegration of Uranium by Neutrons: a New Type of Nuclear Reaction" (Desintegración del uranio por neutrones: un nuevo tipo de reacción nuclear) describe la fisión* tras el fenómeno de la fisión, junto con el artículo *"Products of Fission of the Uranium Nucleus"* (*Nature*, 18 de mayo de 1939). Fue a partir de estas dos publicaciones cuando Hahn y Strassman iniciaron una nueva serie de experimentos, en los que, entre otras cosas, se demostró la importancia del criptón como producto de la fisión, y su potencial en el rubidio, el estroncio y el itrio. La historia de Meitner no fue la misma que la de la investigación experimental, ya que, desde que llegó a Suecia, la investigación se ha desarrollado a través de una intensa conversación con Hahn, y en los últimos cuatro años ha sido la protagonista del grupo experimental.

Latere carrière

Antes de la apertura de la segunda edición de la revista Wereldoorlog, se le asignó un puesto en el Laboratorio Cavendish de Cambridge. Su nombramiento le obligó a dejar de lado la idea de que debía convertirse en ayudante en Estocolmo y que no se le había concedido el permiso de

residencia. No quiso volver a emigrar de forma ilegal. En 1943, se le pidió
que trabajara en el proyecto Manhattan de Estados Unidos, pero como
pacifista convencido, Meitner tuvo que abandonar el proyecto. A pesar de
ello, los funcionarios de inteligencia de Gran Bretaña y de los Estados
Unidos le pidieron información sobre la crisis de la guerra en Duitsland, a
través de su correspondencia con Otto Hahn. Meitner no sabía nada de
los detalles de la puesta en marcha de la bomba hasta el bombardeo de
Hiroshima.

En la época de la bitácora, se marcharon a Alemania, preocupados por el
hecho de que los anteriores científicos suizos, como Planck, Heisenberg y
Von Laue, se dedicaran más a su propia carrera científica que a los
derechos de sus colegas japoneses. También una visita personal de Hahn
y Strassmann para ayudar a la fundación del Instituto Kaiser Wilhelm de
Maguncia les dejó fuera de juego. Aquí se creó la completa división de
ciencias naturales. En 1948, por primera vez, fue admitido en la
universidad de Düsseldorf para recibir un homenaje a Max Planck.

Karl Herzfeld se incorporó a la Universidad Católica de Estados Unidos en
los inviernos de 1945 y 1946 con una beca de estudios que aceptó.
Durante su estancia en los Estados Unidos, obtuvo varias becas para
estudiar en el extranjero, pero dejó de ir a Suecia. Aunque su papel en el
desarrollo técnico fue marginal, fue reconocido por la prensa
norteamericana como el "líder judío de la guerra" y como el judío que se
había unido a la lucha contra la guerra tras la muerte de Adolf Hitler.
También se le pidió que lo explicara en una película, pero lo resolvió.
"Liever loop ik naakt over Broadway", le dijo a Otto Frisch. En el año en el
que se presentó en los Estados Unidos, fue nombrada "Mujer del Año".

En 1947 fue admitido como profesor en la Universidad de Estocolmo,
donde obtuvo el título de asistente y el de ingeniero. En 1949 se convirtió
en un funcionario de Zweeds y un par de años más tarde se convirtió en
un funcionario de 75 años de edad con una pensión.

Para que su sobrino Otto Frisch ganara, Meitner se instaló en 1960 en el
Reino Unido, donde en 1968 se trasladó a Cambridge, antes de su 90º
aniversario. La obra de Otto Frisch en su obra: Una científica que nunca
perdió su humanidad

Privéleven

Lise Meitner se fue de su infancia a Wenen como un lugar de encuentro y
agradeció la gran ayuda que recibió de sus padres. Aunque Leopoldstad

era un distrito de gran tradición, no desempeñó ningún papel importante en su funcionamiento. Otto Frisch dijo más tarde que todos los parientes de los protestantes de la época se habían convertido en miembros de la sociedad civil y que todos habían sido aceptados. El idealismo era importante en la sociedad; su padre era un político reconocido. Durante su mandato, Frans se hizo cargo de la administración pública, y ahora también se ha hecho cargo del dinero para el mandato de su marido Auguste. Cuando se le priva de su trabajo en la Matura (eindexamen), se le pregunta a su marido y se le dice: "No te preocupes: sal de la habitación para estudiar".

Su personalidad fue muy apreciada, ya que no tenía conocimientos sobre la naturaleza. Sin embargo, se han hecho muy buenos amigos. Tuvo una buena amistad con Otto Hahn y su hija Edith, y pasaron juntos el fin de semana. Era el padre tanto de su hijo como de su hija, y no conocía a Hahn *como colega*. Su amistad hizo que Hahn se sintiera orgulloso de su trabajo y que no se sintiera obligado a hacerlo en el futuro.

Erkenning

Hahn recibió el Premio Nobel de Química en 1944 (otorgado en 1945), después de que Meitner fuera elegida por el Comité Nobel, ya que el papel de Hahn en el proceso de investigación fue mínimo en su visita a Duitsland. Se dio cuenta de que el desarrollo de la tecnología se había desarrollado en la ciudad de Meitner y de que el estudio químico de éste y de Strassmann le había dado las gracias. Le dio una parte del premio, pero no la hizo pública.

El Premio Nobel fue la primera vez que Bohr hizo una declaración teórica sobre la ciencia. El informe de Bohr, en el que afirmaba que esto no era así, fue presentado para el Premio Nobel de 1944. El hecho de que en los próximos años no se haya producido el cambio, es algo que no se puede ignorar. A partir de entonces, Meitner ha sido nombrada Premio Nobel durante 46 años, tanto en el campo de la ciencia como en el de la naturaleza. Ha coincidido un par de veces con Otto Hahn, un par de veces con Otto Frisch, y también ha sido galardonado con un Premio Nobel adicional. Entre los nominados se encuentran James Franck y Max Planck.

El hecho de no haber recibido el premio ha hecho que su historia sea más conocida que un evento de gran importancia, ya que su incorporación a la sociedad fue considerada como un logro de la mujer en la sociedad, que se convirtió en un icono feminista. En 1966, el premio Enrico Fermi fue otorgado junto con Hahn y Strassmann. Además, en 1949 recibió (junto con Hahn) el premio Max Planck y en 1955 fue el primer ganador *del Premio Otto-Hahn de Química y Física*, que concedió junto con Heinrich Wieland.

El prestigioso Museo Alemán tiene una exposición sobre el desarrollo de la investigación. En esta ocasión, la obra con aparatos naturales de Lise Meitner se utilizó para el desarrollo de la investigación, al igual que la obra de Otto Hahn, y la propia Meitner se convirtió en su colaboradora. La obra se convirtió en 1990 en una protesta.

En 1945 fue admitido como profesor en la Academia de Ciencias de la República Checa; en 1951 se convirtió en un profesor normal.

En 1997, el elemento meitnerio, que en 1982 había sido creado por el grupo de Peter Armbruster y Gottfried Münzenberg, fue designado oficialmente por la IUPAC. También se le asignaron dos cráteres, en Maan y en Venus.

Destacados

- Tras doctorarse en la Universidad de Viena (1906), Lise Meitner asistió a las conferencias de Max Planck en Berlín en 1907 y se unió a Hahn en la investigación sobre la radiactividad.
- Durante tres décadas de asociación, ella y Hahn fueron de los primeros en aislar el isótopo protactinio-231 (al que dieron nombre), estudiaron el isomerismo nuclear y la desintegración beta, y en la década de 1930 (junto con Strassmann) investigaron los productos del bombardeo neutrónico del uranio.
- En 1944, Hahn recibió el Premio Nobel de Química por el descubrimiento de la fisión nuclear, aunque algunos han argumentado que Meitner merecía una parte del premio.
- Durante esta época, Meitner fue invitada a trabajar en el Proyecto Manhattan (1942-1945) en Estados Unidos. Sin embargo, se opuso a la bomba atómica y rechazó la oferta.

18.   Christiane Nüsslein-Volhard (nacida en 1942)

Biólogo alemán del desarrollo y Premio Nobel

"Enseguida me encantó trabajar con moscas. Me fascinaban y me seguían en mis sueños. "

Christiane Nüsslein-Volhard (Maagdenburg, 20 de octubre de 1942) es una bióloga del Duits y Premio Nobel. En 1995 obtuvo, junto con Edward B. Lewis y Eric Wieschaus, el Premio Nobel de Fisiología y Ciencia Genética por el estudio de los genes que se han desarrollado a partir de la evolución embrionaria de la fruta, los genes homeobox. En 1991, Tevens ganó el Premio Albert Lasker de Investigación Médica Básica.

Biografía

Christiane Nüsslein-Volhard nació como la segunda de los dos hijos de Rolf Volhard, un arquitecto, y Brigitte Hass. En 1964 comenzó a estudiar bioquímica en la Universidad Eberhard-Karls de Tubinga. En 1968 comenzó a estudiar y en 1973 se especializó en biología molecular. Trabajó en las universidades de Bazel y Friburgo y en el Laboratorio

Europeo de Biología Molecular de Heidelberg, hasta que en 1981 fue nombrado director de genética del Instituto Max Planck de Tubinga.

Desde 1985, Christiane Nüsslein-Volhard es directora del Instituto Max Planck de Biología del Desarrollo de Tubinga. En la actualidad, dirige el departamento de genética. En 1986 recibió el Premio Gottfried Wilhelm Leibniz de la Sociedad Alemana de Investigación.

Werk

Junto con Wieschaus, introdujeron la "Gran Ciencia" en la biología a través de un exitoso proyecto de mutaciones. En esta ocasión se ha estudiado la evolución embrionaria de la mosca de la fruta *Drosophila melanogaster*. A partir del momento en que se llevó a cabo esta investigación, los experimentos más importantes de la biología molecular no fueron tan pequeños. Los genes que se habían obtenido durante el desarrollo embrionario fueron modificados por mutaciones voluntarias en los genes de las plantas frutales. El resultado ha sido un amplio catálogo de mutaciones que se han producido en el campo de la fisiología. Este estudio ha dado lugar a importantes conclusiones sobre la evolución. El gen homeobox desempeña un papel esencial en el desarrollo embrionario temprano de las plantas frutales; posteriormente, se ha demostrado que este gen se aplica a todas las especies.

En Nüsslein-Volhard también se ha analizado la identificación de los receptores de peaje, que desempeñan un papel importante en nuestro sistema de salud.

Desde 2001 es miembro del *Comité Ético Nacional* para la evaluación ética de las nuevas ciencias de la vida y su participación en la sociedad. En 2004, fundó la fundación Christiane Nüsslein-Volhardstichting, que, entre otras cosas, ofrece a las mujeres jóvenes con hijos un servicio de atención al cliente y un apoyo a la educación, para que puedan desarrollar su carrera profesional.

En junio de 2005 obtuvo el título de doctor de la Universidad de Oxford.

Destacados

- En la Universidad Eberhard-Karl de Tubinga, Christiane Nüsslein-Volhard se diplomó en bioquímica en 1968 y se doctoró en genética en 1973.

84

- En 1981, Nüsslein-Volhard regresó a Tubinga, donde fue directora del Instituto Max Planck de Biología del Desarrollo de 1985 a 2015.
- En Heidelberg, Nüsslein-Volhard y Wieschaus pasaron más de un año cruzando 40.000 familias de moscas de la fruta y examinando sistemáticamente su composición genética en un microscopio doble.
- Asignaron la responsabilidad del desarrollo embrionario de la mosca de la fruta a tres categorías genéticas: los genes de la brecha, que establecen el plan corporal de la cabeza a la cola; los genes de la regla del par, que determinan la segmentación del cuerpo; y los genes de la polaridad del segmento, que establecen estructuras repetitivas dentro de cada segmento.
- Christiane Nüsslein-Volhard también ha publicado varios libros, como Zebrafish: A Practical Approach (2002; escrito con Ralf Dahm) y Coming to Life: How Genes Drive Development (2006).

19.   Peggy Whitson (nacida en 1960)

Investigador bioquímico estadounidense y astronauta retirado de la NASA

*"Sin duda, animaría a los jóvenes a perseguir sus sueños.
No siempre es un camino fácil, pero vale la pena ir tras
él".*

Peggy Annette Whitson (Mount Ayr, 9 de febrero de 1960) es una
voladora estadounidense. Los 665 días que ha pasado en total en la ruina
son un récord americano.

Whitson forma parte del Grupo de Astronautas 16 de la NASA. Este grupo
de 44 astronautas comenzó su entrenamiento en 1996 y tuvo como
nombre *The Sardines*.

Su primera misión fue la STS-111 en la Estación Espacial Internacional
(ISS) con el transbordador Endeavour el 5 de junio de 2002. En total, se
han realizado tres vuelos de prueba en el mismo lugar. En total, ha
realizado diez misiones.

En 2009, Whitson fue directora de la Oficina de Astronautas de la NASA. No sólo era la primera mujer que ocupaba este puesto, sino también la primera especialista en misiones. Los demás directores eran pilotos normales. Whitson se retiró en 2012.

El 17 de noviembre de 2016, la base de operaciones Kosmodroom Bajkonoer en Kazajstán, fue enviada para una misión de tres meses en la ISS. Se trata de la primera misión conjunta (Expedición 50/51) de la NASA, la ESA y Roscosmos. Whitson se retiró en mayo de 2017, pero su vida se completó y volvió a la ISS-Expedición 52. Uiteindelijk was ze in september 2017 weer terug op Aarde. El 15 de junio de 2018, Whitson fue transferida a la NASA. A partir de 2021, se convirtió en astronauta comercial de Axiom Space y se convirtió en una tripulante de reserva de la nave Crew Dragon de SpaceX Axiom Space-1 (Ax-1) y en una tripulante de Ax-2.

Destacados

- Peggy Whitson se licenció en biología y química en el Iowa Wesleyan College de Mount Pleasant (Iowa) en 1981 y se doctoró en bioquímica en la Rice University de Houston en 1985.
- De 2009 a 2012, Whitson fue jefa de la Oficina de Astronautas, que supervisa todas las actividades de los astronautas de la NASA, incluida la selección y el entrenamiento de la tripulación. Whitson fue la primera mujer y el primer civil en ocupar ese puesto.
- El 10 de abril de 2017, Peggy Whitson se convirtió en comandante de la misión Expedición 51 de la ISS, que duró hasta el 2 de junio. Realizó cuatro paseos espaciales en los que se mantuvieron o sustituyeron componentes de la estación.
- Peggy Whitson pasó casi 666 días en el espacio durante sus tres viajes de larga duración a la ISS, lo que la convirtió en la astronauta con más experiencia de la NASA.

15 mujeres artistas

1. Beyoncé (nacida en 1981)

Cantautora y actriz estadounidense con varios premios Grammy de platino

"Si todo fuera perfecto, nunca aprenderías y nunca crecerías".

Beyoncé Giselle Knowles-Carter (Houston (Texas), 4 de septiembre de 1981) es una cantante, compositora, actriz y diseñadora de moda estadounidense. Nació en Houston, donde creció, y se convirtió en una especie de cantante y bailarín. A principios de la década de los noventa, se convirtió en el líder del grupo de música r&b Destiny's Child. Con su padre Mathew Knowles como mánager, el grupo se convirtió en uno de los más importantes del mundo. Después de un cambio en la composición del grupo, Beyoncé publicó su primer álbum, *Dangerously in Love* (2003), en el que se consagró como solista; se vendieron 11 millones de copias y recibió varios premios Grammy, entre ellos los dos sencillos *Crazy in Love* y *Baby Boy*, que ocuparon el primer lugar en los Billboard americanos.

Tras la salida de Destiny's Child en junio de 2005, Beyoncé publicó su segundo álbum en solitario, *B'Day* (2006), que incluía los éxitos *Déjà Vu*, *Irreplaceable* y *Beautiful Liar*. También se dedicó a la actuación, con un papel en *Dreamgirls* (2006), que le valió un Globo de Oro, y con participaciones en La *Pantera Rosa* (2006) y *Obsesionada (*2009*)*. Tanto su colaboración con el rapero Jay-Z como su interpretación de Etta James en la película *Cadillac Records* en 2008 se incluyen en su último álbum, *I Am... Sasha Fierce* (2008), en el que su álter ego Sasha Fierce recibió un premio de la Academia y en 2010 ganó dos premios Grammy, un récord para una artista masculina, entre ellos el de Canción del Año por *Single Ladies (Put a Ring on It)*. Beyoncé ha seguido una carrera en la que se ha encargado de la gestión de su carrera. Su último álbum, *el 4*, de 2011, fue más breve que los anteriores y se basó en los años 70 (funk), los 80 (pop) y los 90 (soul). Su primer álbum de estudio, *Beyoncé* (2013), incluye varias grabaciones y se ha convertido en una fuente de inspiración para la producción experimental y el desarrollo de nuevos temas. Beyoncé es la imagen de su propia empresa *House of Deréon*.

Beyoncé, que se define como una "feminista moderna", escribe números que abordan temas como la vida, las relaciones y la monogamia, así como la sexualidad y la solidaridad. En el podio, sus dinámicas opciones y su coreografía han sido reconocidas por el público como uno de los mejores artistas de la música pop. En los últimos diez años de su carrera ha vendido más de 100 millones de álbumes como solista, y hasta 60 millones con Destiny's Child, siendo uno de los artistas más importantes de todos los tiempos. Ha ganado 20 premios Grammy y es la mujer más famosa de la historia de los Grammy. La Recording Industry Association of America le considera el mejor artista certificado de Estados Unidos del primer decenio de 2000. En 2009, *Billboard lo convirtió en el* mejor artista masculino del primer decenio de 2000 y en el mejor artista del milenio en 2011. La revista *Time* lo incluyó tanto en 2013 como en 2014 en la lista de los 100 hombres más influyentes del mundo.

Levensloop

Beyoncé Giselle Knowles nació en Houston de la mano de Celestine Ann "Tina" Beyincé, una cocinera y propietaria de un salón de belleza, y de Mathew Knowles, que era gerente de Xerox. El nombre de Beyoncé es un homenaje a la madre de su hijo. Su hija Solange también está en peligro. Vader Mathew es un afroamericano, por lo que su madre, Tina, puede hablar en afrikáans, indio, francés y hasta 1/16 de su sangre. Su talento se vio reforzado cuando la profesora de danza Darlette Johnson le enseñó una canción que incluía las mejores notas. Al principio, Beyoncé ganó un concurso de talentos en la escuela con la interpretación de *Imagine,* de John Lennon, en el que participó con sus compañeros de clase.

En 1990, Beyoncé comenzó en la Parker Elementary School, una escuela de música de Houston, donde empezó a estudiar. También comenzó en la High School for the Performing and Visual Arts y más tarde en la Alief Elsik High School. John's United Methodist Church, donde fue solista durante dos años.

En la última década, Beyoncé y su amiga Kelly Rowland se han unido a un grupo de artistas y se han reunido con LaTavia Roberson. Junto con otras tres mujeres, formaron parte del grupo Girl's Tyme para participar en el circuito de talentos de Houston. Después de que el grupo se hiciera cargo, el productor de r&b Arne Frager les llevó a su estudio en el norte de California y les dio un puesto en *Star Search*, el mayor programa de concursos de talentos de la televisión estadounidense. Girl's Tyme no ganó nada y Beyoncé se dio cuenta más tarde de que su mentira no era buena. En 1995, Beyoncé se convirtió en gerente del grupo por decisión de su padre. A partir de ese momento, la familia de Beyoncé se unió a la ayuda y los padres se separaron. Mathew ha ampliado el grupo de origen a cuatro personas y el grupo ha sido elegido para abrirse a otros grupos de música r&b. En varias ocasiones, el grupo firmó un contrato con Elektra Records y se trasladó por un tiempo a Atlanta Records para trabajar con su primer nombre, pero la discográfica se negó a hacerlo. El resultado fue que las relaciones entre la familia se ampliaron y los hijos de Beyoncé se unieron a ella. El 5 de octubre de 1995, la empresa Grass Roots Entertainment de Dwayne Wiggins se hizo cargo del grupo. En 1996, los hermanos empezaron a grabar su primer álbum con Sony Music y a compartir las canciones. Poco después, el grupo firmó un contrato con Columbia Records.

1997-2001: Destiny's Child

En 1996, el grupo se convirtió en Destiny's Child, con una participación en la revista Jesaja. En 1997, Destiny's Child debutó en una gran campaña de publicidad con el número *Killing Time* en la banda sonora de la película *Men in Black* de 1997. Al año siguiente, el grupo consiguió su primer álbum de *Destiny's Child* y su primer gran éxito con No, *No, No.* El grupo también se hizo notar y el álbum más popular les valió tres premios Soul Train Lady of Soul: al mejor álbum de R&B/Soul del año, al mejor artista nuevo de R&B/Soul o Rap y al mejor single de R&B/Soul por *No, No, No*. Su segundo álbum, que también fue lanzado en 1999, *The Writing's on the Wall*, incluyó algunos de los números más importantes del grupo, como *Bills, Bills, Bills* (su primer número 1 en Estados Unidos), *Jumpin' Jumpin* y *Say My Name*, el último de los cuales fue el más exitoso y el más importante del grupo.

Say My Name ganó el Premio Grammy a la Mejor Interpretación de R&B por un grupo de amigos y el Premio a la Mejor Canción de R&B en la 43ª edición de los Premios Grammy. Del álbum *The Writing's on the Wall* se han vendido más de diez millones de copias. En este período, Beyoncé hizo un dúo con Marc Nelson, uno de los miembros más destacados de Boyz II Men, *After All Is Said and Done* para la banda sonora de la película *The Best Man* en 1999.

La forma en que Mathew se encarga de la gestión del grupo, fue a parar a manos de LeToya Luckett y Roberson. También han sido invitados por Farrah Franklin y Michelle Williams. Tras la ruptura, Beyoncé entró en una fase de depresión cuando los medios de comunicación, los blogs y las críticas se volvieron contra ella. A partir de ese momento, su amigo también se dio cuenta de la relación. La depresión duró varios años, durante los cuales no pudo ver ni oír hablar de su cámara de fotos. Además, Beyoncé se preocupó por su depresión, ya que Destiny's Child había ganado su primer premio Grammy, y por eso dijo que nadie se había quedado atrás. Más tarde, Beyoncé se convirtió en la dueña de la casa que había sido fundada por ella. Franklin se quedó con el grupo y sólo Beyoncé, Rowland y Williams se quedaron con él.

Destiny's Child tuvo éxito de 1997 a 2005. Sus canciones son de género r&b.

Peligrosamente enamorado

En 2003, Knowles publicó su primer álbum en solitario, *Dangerously in Love*, que fue vendido por más de medio millón de personas. Para este álbum trabajó junto a Missy Elliott, Sean Paul y Jay-Z, entre otros. El primer sencillo, *Crazy in Love*, fue un gran éxito mundial: llegó al número 1 en los Estados Unidos y al top 10 en casi todos los países. Los siguientes singles fueron incluso más exitosos: *Baby Boy* y *Naughty Girl están en el* top 10, y *Me, Myself and I* en el 14. En los Estados Unidos, todos los singles estuvieron en el top 5. Con este álbum ganaron varios Grammy en un año.

B'Day

Su segundo álbum se llama *B'Day* y se publicó el 4 de septiembre de 2006, su séptimo aniversario. El álbum se publicó en dos semanas a raíz del estreno de la película *Dreamgirls*. El álbum llegó al número 1 del Billboard 200 americano con más de 541.000 copias vendidas en la primera semana. En abril de 2007, *B'Day* volvió a salir, con el nombre de *B'Day Deluxe Edition* - esta edición tiene una lista de canciones más amplia que la primera versión del álbum. La edición de lujo (*Deluxe Edition*) contiene, entre otras, canciones españolas y un dúo con la cantante Shakira, *Beautiful Liar*.

Yo soy... Sasha Fierce

En noviembre de 2008, Knowles publicó su primer álbum en solitario *I Am... Sasha Fierce*. En una entrevista, el productor Rodney Jerkins dijo que el álbum fue inspirado en la película *Cadillac Records*, en la que Knowles fue elegida para interpretar el papel de Etta James. El álbum está disponible en dos CDs. La primera parte del álbum, "I Am...", tiene un número muy alto en el que la voz de Knowles es la protagonista. La segunda parte del álbum, "Sasha Fierce", es un éxito. También en la foto del CD se aprecia una imagen entre Knowles y Sasha Fierce; en el álbum "I Am...", la cantante luce un traje sencillo, mientras que en "Sasha Fierce" aparece con un traje de motor y con un maquillaje más intenso ante la cámara. En octubre de 2008 se publicaron los dos primeros singles del álbum: *If I Were a Boy* (de la canción "I Am...") y *Single Ladies (Put a Ring on It)* (de "Sasha Fierce"). Knowles fue también uno de los primeros artistas que lanzó dos sencillos. Los singles también se estrenaron en vídeo en Internet. En el álbum también se encuentra el número *Videophone, que se* ha grabado junto con Lady Gaga. El videoclip se estrenó en noviembre de 2009.

4

El primer single del álbum *4* fue Run *the World (Girls)* y se publicó el 21 de abril de 2011. Un día antes de que se publicara el número, *Run the*

World debutó en el número 60 del Top 100 de singles. La siguiente semana pasó al octavo puesto, el más alto. El álbum anterior se publicó el 28 de junio en los Estados Unidos. El segundo single fue *Best Thing I Never Had*.

Beyoncé

El 12 de diciembre de 2013, antes del mediodía, Knowles publicó en exclusiva a través de iTunes su primer álbum de estudio *Beyoncé (album)*, que contiene 14 canciones y 17 vídeos musicales. Desde el 20 de diciembre, el álbum está disponible en las tiendas. El primer single del álbum fue *XO*. El 24 de noviembre de 2014 salió la Edición Platino de *Beyoncé*. Se trata de una caja que incluye dos CDs y dos DVDs, además de dos nuevos singles, cuatro remezclas, HBO X10 Live y el primer *álbum de Beyoncé*.

Limonada

El 6 de abril de 2016 salió el single *Formation*, como adelanto del álbum *Lemonade*, del 23 de abril de 2016, que contiene 12 canciones. *Lemonade* es el álbum más premiado de los últimos tiempos y fue nominado a varios premios Grammy, ganando el premio al mejor álbum urbano contemporáneo y al mejor vídeo musical.

Películas

Knowles también actúa como actriz. Entre otras cosas, actuó en el último capítulo de *Austin Powers* y en 2006 en *La Pantera Rosa*. En 2006, también se estrenó *Dreamgirls en el* cine. En esta película, Knowles actuó junto a Eddie Murphy, Jamie Foxx y *la finalista de American Idol*, Jennifer Hudson. Knowles también participó en la película *Cadillac Records*, en la que interpretó el papel de la cantante de blues Etta James. Para este papel, fue contratado por la propia Etta James y le costó unos diez kilos. La película se estrenó a finales de diciembre de 2008 en Estados Unidos. En 2009 se estrenó la película *Obsesionada*, un thriller en el que Knowles aparece como Sharon. En la película de animación americana *Epic, se presenta* la madre de Queen Tara. En 2019 interpretó a Nala en el remake de acción real de El Rey León.

Privéleven

Beyoncés fue, desde el comienzo de su carrera hasta el mes de mayo de 2011, su mánager y su madre fue su esposa. Knowles es metodista y se reunió con Jay-Z el 4 de abril de 2008. El 7 de enero de 2012 nació su hija en el Hospital Lenox Hill de Nueva York.El 18 de junio de 2017 se supo que Beyoncé había creado un matrimonio.

Música y tallo

Knowles se ha unido a la música de Anita Baker y Luther Vandross, con los que más tarde hizo un dúo. Beyoncé también ha incluido en su música a artistas americanos como Prince, Aretha Franklin, Mariah Carey, Whitney Houston, Janet Jackson, Michael Jackson, Mary J. Blige, Diana Ross, Donna Summer y Tina Turner, que tamb")

ién participaron en la ceremonia de entrega de los premios Grammy en 2008.

La música de Beyoncés se ha definido como una forma moderna de r&b, pero también se ha visto afectada por otros géneros musicales como el dancepop, el pop y el soul. Además, el cantante ha publicado en España varias canciones para su segundo álbum en solitario, *B'Day, que* acaba de ser publicado. Con Destiny's Child, también se ha ganado un número en España. En su juventud, Beyoncé se convirtió en una estudiante española, pero en realidad, sólo tiene un par de palabras en español. El nombre de los números de España lo puso por teléfono Rudy Perez. Durante la ceremonia de los Oscars, se fue una vez a Francia.

En 2010 Beyoncé presentó su propio perfume, llamado Beyoncé Heat. Además, participó en un programa de televisión para los perfumes de Tommy Hilfiger y Emporio Armani. En 2011, Beyoncé Heat se convirtió en una película: Heat Rush. La última entrega de la serie fue Midnight Heat, lanzada en 2012. Después de estas semanas, no han vuelto a aparecer más.

Destacados

- Días después de una triunfante actuación como cabeza de cartel en el Festival de Glastonbury de Inglaterra, Beyoncé lanzó 4 (2011), una mezcla de baladas y temas de baile que mezclaba géneros y evocaba influencias que iban desde las canciones de antorcha de la era Motown hasta los collages de audio de la rapera M.I.A. A principios de 2013 Destiny's Child se reunió para una aparición en el descanso de la Super Bowl y lanzó una nueva canción, "Nuclear".

- Poco después, Beyoncé recogió un Grammy por su single "Love on Top".
- El single "Drunk in Love", en el que participó Jay-Z, fue premiado con varios Grammys, entre ellos el de mejor canción de R&B.

2. Lady Gaga (nacida en 1986)

Cantante, compositora, actriz y ganadora de once premios Grammy.

"Lucha y empuja más fuerte por lo que crees, te sorprenderías, eres mucho más fuerte de lo que crees".

Stefani Joanne Angelina Germanotta (Nueva York, 28 de mayo de 1986), más conocida como **Lady Gaga, es una** cantante, compositora, actriz y pianista estadounidense. En 2009 se lanzó al mercado mundial con los singles *Just dance* y *Poker face*, que fueron número 1 en muchos países. Además, ha cosechado grandes éxitos como *Paparazzi* (2009), *Bad Romance* (2009), *Telephone* (2010), *Alejandro* (2010), *Born This Way* (2011), *Applause* (2013), *Shallow* (2018) y *Rain on Me* (2020).

Gaga ha ganado varios premios Grammy, entre otros en 2010 por su álbum de debut *The Fame* (mejor álbum de baile) y en 2011 por su álbum *The Fame Monster* (mejor álbum vocal pop). Su número *Poker Face*, que fue el mejor single de 2009, fue galardonado con un Grammy a la mejor canción de baile. Poker *Face* (13 millones de copias vendidas) y *Bad Romance* (12 millones de copias vendidas) se han convertido en los singles más vendidos de todos los tiempos.

Lady Gaga se ha unido al número *Radio Ga Ga del* grupo de rock británico Queen.

Biografía

Lady Gaga nació en Nueva York el 28 de mayo de 1986. Su madre es de origen franco-canadiense. La familia de su padre es originaria de Sicilia. Es el mayor de dos hijos. Nació en 1992 y vive en el Upper West Side de Manhattan, en un barrio muy acogedor en el que el trabajo duro es parte de la clase social de la ciudad. Lady Gaga se ha convertido en una mujer de negocios.

Stefani empezó a tocar el piano durante sus primeros años de vida. En su primera etapa tuvo su primera opción.

En septiembre de 2006, Lady Gaga firmó un contrato con el sello discográfico Def Jam Recordings para la grabación de un álbum en un plazo inferior. Después, durante tres meses, la discográfica se ha retirado. Después de que Def Jam se haya retirado, Gaga ha pasado el primer año de 2006 con su familia. A partir de entonces empezó a experimentar con el alcohol y las drogas. Se presentó con la intérprete Lady Starlight en clubes nocturnos. A diferencia de Gaga, Starlight se ha convertido en una especie de "pato" para poder subir al podio. Se le pidió que se presentara en el festival Lollapalooza en agosto de 2007. Además, Gaga se encargó de la creación de los números, junto con el productor RedOne. RedOne encargó los números a Vincent Herbert, propietario de la discográfica Streamline Records. A partir de entonces, Gaga firmó un contrato con Streamline Records, pero la discográfica dejó de funcionar a finales de 2007.

2008 - 2009: El camino internacional con La Fama

En 2008, Gaga y RedOne empezaron a publicar tres números que luego se convirtieron en grandes éxitos: Just *Dance*, *Poker Face* y *LoveGame*. Just *Dance* nació en abril de 2008. Su número se alcanzó en 10 minutos. Poker *Face* y *LoveGame fueron lanzados* en una semana. A continuación, firmó un contrato con el sello discográfico Interscope Records y comenzó a trabajar oficialmente en la elaboración de su primer álbum. En octubre de 2008, participó en la gira de New Kids On The Block. También hizo números para, entre otros, las Pussycat Dolls y Britney Spears.

El 1 de diciembre de 2008, Lady Gaga apareció en The Ellen DeGeneres
Show.

El álbum de debut *The Fame* fue lanzado por Lady Gaga en 2008 junto
con el productor Nadir Khayat, o RedOne, entre otros. El álbum se publicó
el 12 de agosto de 2008. The Fame es un álbum de synthpop y dancepop con reminiscencias de la música pop de los años 80. El álbum
visualiza la vida de Gaga en el mundo, pero también la vida de otros
temas como la vida, el dinero, las drogas y la identidad propia.

El primer single del álbum, *Just Dance*, se publicó en abril de 2008. Su
número fue el número 1 en siete países. El número fue una colaboración
con el cantante estadounidense Colby O'Donis y fue galardonado con un
premio Grammy. El vídeo musical se publicó el 31 de mayo de 2008. El
segundo single *Poker Face* del mismo álbum se publicó en septiembre de
2008. El vídeo musical se grabó el 3 de octubre de 2008 en Bwin
Pokerisland en Ibiza. El número ha sido el primero en 20 países en las
listas de éxitos y ha sido galardonado con un premio Grammy. El single
fue durante 83 semanas la canción más popular de los Hot Songs
digitales de Estados Unidos. El vídeo musical se estrenó el 9 de enero de
2009. En otros países, el número de *Eh, Eh (Nothing Else I Can Say) fue
el* primero en llegar. El vídeo musical se estrenó el 10 de enero de 2009,
un día después de la publicación de "LoveGame". Después de que el
título *LoveGame se* explicara en varios países, *Paparazzi se encargó de*
su distribución en estos países.

El 6 de enero de 2009 salió el primer álbum de Lady Gaga, llamado *The
Cherrytree Sessions*. El álbum se publicó en noviembre de 2008.

En septiembre de 2009, Lady Gaga se presentó a los MTV Video Music
Awards con su primer álbum. Ganó, entre otros, el premio al mejor artista
novel y, con *Paparazzi, el premio a los* mejores *efectos especiales* y a la
mejor banda. Durante el proceso de creación de la película, se ha añadido
el número de *Paparazzi*.

2009 - 2010: El monstruo de la fama

El 5 de septiembre de 2009 se realizó una sesión de fotos para la portada
del álbum *The Fame Monster*, realizada por la propia Gaga y Haus of
Gaga, su equipo de producción.

En noviembre de 2009, Lady Gaga lanzó su segundo álbum con *The Fame Monster*, un ep con ocho números. El álbum se centra en el doble sentido de la vida que Gaga ha mantenido en su carrera musical y que le ha llevado por todo el mundo. El álbum está, según Gaga, "convertido en un monstruo". El primer sencillo del álbum fue *Bad Romance*. La canción fue un éxito en las listas de éxitos y el videoclip fue la primera película que se rodó durante más de dos millones de años. *Telephone* fue lanzado por Britney Spears. El 8 de junio de 2010 se publicó el último single, *Alejandro*. El número tuvo mucho éxito y fue el primero en los Estados Unidos. El videoclip de *Alejandro ha sido* muy apreciado y la cantante Katy Perry ha recibido muchas críticas. Además, *Dance in the Dark también fue* promocionado.

En los Premios Grammy de 2010, Lady Gaga se convirtió en la protagonista. Abrió el espectáculo con *Poker Face* y, junto con Elton John, hizo una remezcla de *Speechless* y *Your Song*. Con *Poker* Face ganaron el Grammy al mejor álbum de música y con *The Fame al* mejor álbum de música.

En febrero de 2010 Lady Gaga dominó los Brit Awards al ganar tres premios. La cantante se estrenó con la interpretación de *Telephone al* piano y también hizo una remezcla de *Dance in the Dark con* Alexander McQueen, que una semana antes se había convertido en el primer artista de su carrera.

El álbum se presentó con la gira mundial The Monster Ball Tour. El concierto de los días 21 y 22 de febrero de 2011 en el Madison Square Garden de Nueva York ganó el premio Emmy a *la mejor edición de imagen de un especial.* La gira duró medio año y ha atraído a más de 200 días a más de dos millones y medio de personas.

2010 - 2012: Born This Way

Durante la entrega de los MTV Video Music Awards, en septiembre de 2010, Lady Gaga se hizo con el título de su último álbum de estudio, *Born this way*. Lady Gaga fue la mayor ganadora de la 27ª edición de los premios. La cantante obtuvo un número récord de nominaciones y ganó muchos premios en el Nokiatheater de Los Ángeles, entre otros, el mejor vídeo de música pop, el mejor vídeo pop y la mejor coreografía. El primer single, *Born this way, se* convirtió en el primer single de la historia de la música con *Express Yourself* de Madonna. El segundo single fue *Judas*, el último *The Edge of Glory* y una semana después *Hair*. *Yoü and I* fue el primer single del álbum y fue galardonado con un Grammy en 2012. *Marry the Night* fue entonces su segundo número 1 en la lista *Billboard* Dance Club. La gira Born This Way Ball Tour incluye dos años más de conciertos, desde febrero de 2012.

A finales de 2011 mantuvo una relación con el actor Taylor Kinney, conocido por su papel de Mason Lockwood en la serie 'The Vampire Diaries'. Lady Gaga se ha unido a Taylor durante el estreno de su videoclip para *Yoü and I*.

En los MTV Video Music Awards de agosto de 2011, se unieron a *Born this way* en los premios al mejor videoclip de un artista juvenil y al mejor vídeo de una canción popular. Se presentó con *Yoü and I* como su alter ego personal *Jo Calderone*. En noviembre de 2011, en los MTV Europe Music Awards, ganaron cuatro premios: a la mejor actriz, al mayor grupo de fans, al mejor número y al mejor videoclip, con *Born this way*.

En noviembre de 2011 salió su primer EP, llamado *A Very Gaga Holiday*, tras el especial televisivo de Acción de *Gracias A Very Gaga Thanksgiving*. En el mismo mes, Lady Gaga dejó de colaborar con la coreógrafa Laurieann Gibson durante cuatro años, y Richard Jackson se hizo cargo de su trabajo.

Lady Gaga fue una de las artistas que en 2011 actuó en el 65º aniversario del presidente Bill Clinton. A principios de 2011 también participó en el concierto New Year's Rockin' Eve en Times Square, Nueva York.

En la 53ª edición de los Premios Grammy, *Born this way fue galardonado* con 3 premios. Como *Mejor Álbum*, *Mejor Álbum Vocal Pop* y *Mejor Interpretación Solista Pop*, pero todos los premios fueron para la británica Adele. También fue galardonada como *Mejor Artista Femenina Internacional* en los Brit Awards, pero este premio fue para Rihanna.

2013-2014: Artpop

El 3 de agosto de 2012, Lady Gaga lanzó su nuevo álbum. En él trabajó junto al productor Fernando Garibay. El álbum se publicó en 2013. El primer single fue *Applause*. El número se publicó en primera instancia el 19 de agosto de 2013, junto con el videoclip. El segundo single fue *Do what u want*, una colaboración con R. Kelly. El último single se llama

G.U.Y.. El álbum se llama *Artpop*. Para promocionar el álbum, Gaga realizó una gira mundial con "ArtRave: The Artpop Ball", que se celebró 79 veces en todos los países. La gira también incluyó espectáculos que la cantante había anunciado durante su anterior gira.

2016-2017: Joanne , Super Bowl en "FiveFootTwo"

En diciembre de 2014, Gaga informó de que había comenzado a trabajar en su primer álbum de estudio y de que se había reunido con el productor RedOne. En la edición del 87 de los Oscar, participó en el estreno de Sonrisas y lágrimas con un popurrí de canciones de la película. Durante la ceremonia de apertura de los Juegos Europeos 2015 en Bakoe, Azerbayán, interpretó el número *Imagine* de John Lennon. El 2 de octubre de 2015 fue el primer artista que consiguió 7 millones de descargas en los Estados Unidos con los números *Poker Face* y *Bad Romance*. En 2015, Gaga fue nombrada *ganadora de los Billboards* del año. En la conferencia de los Globos de Oro, Gaga anunció que el álbum llegaría en 2016, titulado *Joanne, en el que* también participaron Mark Ronson, Kevin Parker, BloodPop, Florence Welch, Beck, Father John Misty y Hillary Lindsay. El álbum se publicó el 21 de octubre de 2016. El primer single de *Joanne* fue *Perfect Illusion*, que se publicó el 9 de septiembre de 2016, y la segunda promoción, *Million Reasons,* se publicó el 6 de octubre de 2016. El álbum *Joanne* es un homenaje a su madre que sufre de lupus. El álbum está dedicado a la familia y a la vida. Gaga promocionó su álbum con una gira de diez días de duración: The Dive Bar Tour. Lady Gaga recibió por su álbum dos nominaciones a los premios Grammy por *Million Reasons* y el álbum.

Tras el estreno de *Perfect Illusion*, la NFL se dio cuenta de que Gaga tenía que hacer un espectáculo en el descanso de la Super Bowl LI. El espectáculo se ha vendido en los Estados Unidos por más de 150 millones de dólares, lo que supone el mejor espectáculo de medio tiempo vendido desde que Katy Perry lo hiciera en 2015. Se sabe que Gaga ha estado de gira por todo el mundo. El 8 de septiembre de 2017 se presentó un documental de Gaga en todo el mundo: Five Foot Two. Este documental ofrece una mirada a la creación del álbum Joanne, la promoción del álbum, un "detrás de escena" de la repetición del espectáculo del medio tiempo del Super Bowl y cómo se enfrenta a su gente. Por este documental ha sido nominado al Premio NME a la mejor película musical.

2018-heden: Ha nacido una estrella

En mayo de 2018 estrenó Lady Gaga una versión de Elton John, llamada *Your song*. En octubre de 2018 aparece como protagonista en la película *Ha nacido una estrella*, junto a Bradley Cooper, que es su intérprete. La película fue un éxito rotundo. Lady Gaga ha sido nominada al Oscar a la mejor canción original y al mejor papel femenino. La música también ha sido nominada a los premios Grammy, entre ellos el de "Disco del Año" y "Canción del Año". Además, ha recibido el premio Critics' Choice a la mejor actriz y al mejor número de origen. El single *Shallow fue* el mejor single del álbum, y ocupó el número 1 en más de diez países. *Shallow* fue en 2019 el número más premiado, ganando entre otros un Oscar, dos Grammy, un Globo de Oro y un premio BAFTA.

En enero de 2021, durante la toma de posesión de Joe Biden como presidente, cantará el himno de Estados Unidos, el *Star-Spangled Banner*.

Trabajo con otros artistas

Lady Gaga trabajó en el single *The Greatest Thing* de Cher y en *3-Way (The Golden Rule) del* álbum The Lonely Island de Justin Timberlake. Lady Gaga también participó en el álbum *The Block* de New Kids on the Block, en el que también participó en *Full Service* y *Big Girl Now*. En 2011, Gaga, junto con el cantante de jazz Tony Bennett, interpretó el tema *The Lady is a Tramp* en su álbum *Duets II*. Fue el segundo sencillo del álbum. Con él, Lady Gaga hizo el álbum de jazz *Cheek To Cheek*. El 29 de julio de 2014 se lanzó el primer single de este álbum, *Anything goes*. El álbum obtuvo el primer puesto en la lista de éxitos de canciones digitales de Billboard Jazz.

Acteerwerk

Lady Gaga actuó en la película de Robert Rodríguez *Machete Kills*, en la que interpretó el papel de La Chameleón; la película se estrenó el 13 de septiembre de 2013 en el bioscoop. En 2014 se estrenó la película *Sin City: Una dama para matar* de Robert Rodríguez y Frank Miller. Lady Gaga interpreta el personaje de Bertha. En octubre de 2015, Gaga interpretó el papel en la primera temporada de la serie de terror de FOX American Horror Story titulada *Hotel*. Aquí interpretó el papel de *La*

Condesa, la protagonista de este hotel. Por este papel recibió en enero de 2016 un Globo de Oro. En 2018, se convirtió en la primera actriz de la película Ha nacido una estrella, junto a Bradley Cooper. En la entrega de los Oscar de 2019 fue galardonada tanto en la categoría de mejor actriz de cine como en la de mejor película de origen. El último lo ganó.

Estilo y estilo de vida

Lady Gaga se ha convertido en una obra de arte de alto nivel. Su trayectoria artística se debe a que ha sido una inspiración para el artista Andy Warhol. A raíz de su extravagante trabajo, se vio envuelto en actos de la nueva ola en el año 1980. En febrero de 2010 fue galardonado en los premios NME Shockwaves como el mejor y el peor artista.

Tatoeages

En la parte superior de su página web, ha publicado un fragmento de una obra de Rainer Maria Rilke:

Si quieres que tu hijo se quede en la cima de su
vida, debes saber que tienes que
escribir, si es que quieres hacerlo.

Bajo el fragmento de Rilke se encuentra "Little Monsters", la canción con la que Lady Gaga se presenta ante sus fans. También ha hecho que su eslabón de la cadena se convierta en un objeto de culto. En su cumpleaños, también se ha hecho un tatuaje, que se ha convertido en una especie de hilo musical con rojo. En su página web se ha tatuado el nombre de su álbum "Born this Way". En su portada tiene un bloc de notas con el tema "Tokyo Love". Además, tiene un corazón con la palabra "Dad".

Sólo hay tatuajes en la parte superior de la cama para que su madre también pueda ver el "buen gusto" de su hija.

Destacados

- Lady Gaga, de nombre Stefani Joanne Angelina Germanotta, nació en el seno de una familia italoamericana en Nueva York.

- Su segundo álbum, The Fame Monster, salió a la venta en noviembre de 2009 (fue concebido originalmente como un disco extra) y casi instantáneamente produjo otro éxito, "Bad Romance".
- El tercer álbum de Lady Gaga, Born This Way (2011), encontró que la artista se remontó a épocas musicales anteriores en busca de inspiración.
- Además de grabar música, Lady Gaga hizo apariciones ocasionales en el cine, sobre todo en Machete Kills (2013) y Sin City: A Dame to Kill For (2014). Por su actuación en la serie antológica, Lady Gaga recibió un premio Globo de Oro.
- Lady Gaga cosechó elogios de la crítica y una nominación al Oscar por su primer papel protagonista, una cándida cantautora emergente en el remake de 2018 de la película Ha nacido una estrella.

3. Céline Dion (nacida en 1968)

Cantante canadiense y uno de los artistas más vendidos de todos los tiempos

"Es el momento en que crees que no puedes, que puedes"

Céline Marie Claudette Dion (Charlemagne (Quebec), 30 de mayo de 1968) es una cantante canadiense.

Dion nació en Charlemagne, Quebec (Canadá), como el mayor de sus hijos. A los 12 años de edad, su madre se puso en contacto con el mánager René Angélil, quien le pidió que abriera una cuenta en su casa para financiar su carrera. En 1981, Dion publicó su primer álbum (*La Voix du bon Dieu*). Luego se fue a Quebec a trabajar. El año siguiente ganó la medalla de oro en el Festival Mundial de la Canción de Tokio. En los años en los que se produjo la victoria, Dion publicó más álbumes con canciones francesas, que se basaban en el desarrollo de su juventud. En 1987 se publicó en Canadá el álbum *Incognito*, el primer álbum pop de Dion.

En 1988 se presentó en el Festival de Eurovisión, que ganó con la canción *Ne Partez Pas Sans Moi*. Gracias a su victoria, Dion se hizo famoso en Europa. A partir de 1988 se publicó el primer álbum de Dion, *Unison*, que se publicó en 1990. El sello discográfico Sony Music se encargó de que Dion siguiera en la televisión con el repertorio inglés. El resultado es que se ve. El single *Where Does My Heart Beat Now se situó* en el top 5 del Billboard Hot 100 americano y el álbum se convirtió en un disco de plata.

En 1991 Dion fue contratado por los estudios Walt Disney para participar en la banda sonora de la película *La Bella y la Bestia*. Junto a su compañero Peabo Bryson, Dion interpretó la canción principal de esta película de Disney y a principios de 1991 se convirtió en un gran éxito. El dúo también recibió un premio de la Academia por parte de Dion y Bryson. A principios de 1992, *Celine Dion* publicó su segundo álbum en inglés. Con los singles *If You Asked Me To*, *Love Can Move Mountains* y *Nothing Broken But My Heart,* la cantante se convirtió en una de las más exitosas.

Definitivamente, la puerta está abierta

A partir de 1993 se publicó *The Colour Of My Love*, el último álbum de Dions con material inglés. En América del Norte, el primer sencillo *The Power of Love* (oorpronkelijk opgenomen door Jennifer Rush) tuvo un gran éxito. El single se mantuvo durante unos días en el número 1 del Billboard Hot 100 americano. En Europa, el single *Think Twice tuvo* un gran éxito. El álbum dio a Dion un impulso definitivo en todos los países del mundo. A pesar del éxito de su obra inglesa, se convirtió en un nuevo paso hacia la base: era un canadiense con raíces francesas. En 1994, Jean-Jacques Goldman escribió 12 canciones francesas para los extranjeros que se incluyeron en el álbum *D'Eux*. La placa comenzó en el 95 y trajo el éxito *Pour que tu m'aimes encore* voort. El álbum se convirtió en el álbum francés más vendido de todos los tiempos, con más de 9 millones de copias vendidas.

En su primer álbum en inglés, *Falling into You*, de 1996, Dion hizo varias versiones de diferentes artistas. En mayo de 1996, Falling into *You se* vendió oficialmente y se vendieron miles de ejemplares. Dion se convirtió en un éxito con números como *Because You Loved Me* y *It's All Coming Back To Me Now*. Se han vendido 32 millones de ejemplares del álbum. Se ha convertido en uno de los discos más importantes de un artista de la música. Con este álbum, Dion se fue de gira. Después de que la gira anterior le llevara a varios países europeos, con la gira 'Falling into You Tour' volvió a todo el mundo. Se han organizado más de 100 conciertos en 17 países diferentes. Los nombres de la gira se incluyen en la cinta VHS *Live In Memphis*. La banda de pop irlandesa The Corrs se encuentra en el programa de la gira europea. Con 100 conciertos y un millar de ventas de CDs, Dion se convirtió en un "superestrella". *Falling into You* le valió a Dion varios premios, entre ellos dos Grammy americanos.

Éxito

Su nombre en la ceremonia de apertura de los Juegos Olímpicos de 1996 en Atlanta fue visto por 3,5 millones de personas en la televisión. A principios de 1997 se publicó el siguiente álbum en inglés, *Let's Talk About Love*, que se presentó en Londres, Los Ángeles y Nueva York. Artistas como Barbra Streisand, Luciano Pavarotti, Bee Gees, Carole King, George Martin y Diana King se encargan de las diferentes canciones. *Tell Him*, un dúo de Dion y Streisand, fue el primer éxito de la película. *My Heart Will Go On*, otro sencillo y también la canción principal de la película Titanic, se convirtió en un gran éxito. Se convirtió en el mejor single de Dions. En todo el mundo, la canción se convirtió en el número 1, y en este número, Dion recibió numerosos premios, entre ellos un Oscar y varios Grammy. Ha vendido más de 31 millones de ejemplares de este álbum y es el segundo más vendido de su carrera.

En septiembre de 1998 se publicó *S'il Suffisait d'Aimer*, un álbum francés con varias composiciones de Jean-Jacques Goldman. El primer álbum inglés de Dions, *These Are Special Times,* con el éxito *I'm Your Angel* (a dúo con R. Kelly), se publicó a finales de 1998 y alcanzó los 15 millones de copias. También se han publicado los últimos álbumes de la gira mundial de Dion. En junio de 1999, Dion actuó en el Amsterdam ArenA. Este concierto es para el estadio hasta el día de mañana el evento con más espectadores (68.083). Un álbum de verano que incluye los mayores éxitos de Dions en los festivales hasta ahora y nuevas canciones desde 1999 con el nombre de *All The Way... A Decade Of Song*. El primer single, *That's The Way It Is*, fue un gran éxito. Se vendieron 20 millones de ejemplares de este álbum. A partir del año 2000, Dion alcanzó un récord de 140 millones de copias vendidas en todo el mundo. Su estatus de "superdiva" se vio reforzado en abril de 1998 con el concierto benéfico "Divas Live" para la cadena de televisión VH1, en colaboración con sus colegas Mariah Carey, Shania Twain, Gloria Estefan y Aretha Franklin.

Pausa en el regreso

En un momento dado, Dion tuvo que pasar mucho tiempo para que le dieran una oportunidad. Los extranjeros se enriquecen con la familia y los amigos, pero también tienen una oportunidad de crecer. Con unos cuantos conciertos, su éxito se ha hecho esperar. En 1999, el hijo de Dions, René Kanker, fue declarado culpable. El hombre de la familia quiso que su hombre se quedara con las medicinas. Uiteindelijk genas René van de ziekte. El 25 de enero de 2001, Dion se marchó a Florida a un zoológico: René-Charles Dion-Angélil. Aunque había decidido tomarse un respiro de dos años, Dion también tuvo un par de oportunidades en ese periodo. En un concierto benéfico para recaudar fondos para las víctimas de los atentados del 11 de septiembre de 2001, Dion cantó *God Bless America*.

En mayo de 2002, dos años después de su anterior álbum, se publicó un nuevo álbum en inglés con el nombre de *A New Day Has Come*. Singles como *I'm Alive*, *A New Day Has Come* y *Goodbye's (The Saddest Word)* fueron éxitos de ventas. El álbum supuso 12 millones de copias en el mercado, lo que demuestra que Dion no era tan "caliente" como antes, y que había conseguido un regreso muy exitoso. Con la versión del álbum, se supo que desde 2003 la cantante tenía su propio espectáculo en Las Vegas. Este espectáculo, llamado *A New Day... Live in Las Vegas*, comenzó en mayo de 2003 en el Caesars Palace. Especialmente para este espectáculo, y también para Dion, se construyó un espacio de ocio, "The Colosseum", un edificio en forma de Coliseo de Roma. En un primer momento, Dion ofreció 600 espectáculos en tres años, pero tras el gran éxito, el espectáculo se prolongó durante medio año más. Al final de la gira, el 15 de diciembre de 2007, el cajero participó en un total de 750 espectáculos. El espectáculo -dirigido por Franco Dragone- contiene los mayores éxitos de Dions, acompañados de decorados, bailes y efectos visuales.

Desde el inicio del espectáculo en 2003, aparece *One Heart*, el décimo álbum de Dions. Se vendieron 8 millones de ejemplares y contiene éxitos como *I Drove All Night*, *One Heart* y *Have You Ever Been In Love*. Dion tuvo éxito en 2003 con un nuevo álbum francés: *1 Fille & 4 Types, del que se* vendieron 2,5 millones de copias. En junio de 2004, Dion presentó en Las Vegas el álbum en directo *A New Day... Live in Las Vegas*. A principios de 2004, Dion lanzó, en colaboración con la fotógrafa Anne Geddes, el proyecto *Miracle*, un álbum con canciones sobre la infancia que se publicó, además de un libro con numerosas fotos de Dion con diversos bebés. 3,5 millones de ejemplares fueron distribuidos en este CD en el banco de imágenes. El primer álbum en francés de Dion, *On Ne Change Pas*, se publicó en 2005.

El 21 de mayo de 2007 se publicó el álbum francés *D'elles*. Siete de los últimos números se publicaron en diciembre de 2006 en Montreal. El primer sencillo del álbum, *S'il N'en Restait Qu'une (Je Serais Celle-Là)*, se emitió en la radio francesa el 14 de febrero de 2007. El videoclip del número se estrenó a principios de enero y principios de febrero de 2007 en Nueva York. En esta misma semana, Dion también se ha hecho cargo del número *Sing*. La canción, que fue creada por 23 artistas, fue una iniciativa de Annie Lennox, que la utilizó en la lucha contra el sida y la tuberculosis en África. El número aparece en el álbum de Lennox *Songs Of Mass Destruction*.

Dion anunció a finales de octubre de 2015 que trabajaba en un álbum de música francesa.

Tournees

El 12 de noviembre de 2007 llegó a las tiendas un nuevo álbum en inglés, *Taking Chances*. En octubre de 2007 se realizó una gira de promoción de este álbum y del álbum *D'elles*, que se publicó a finales de 2007. El 15 de diciembre de 2007 se celebró el último concierto en Las Vegas, que fue la última vez que se celebró. De este concierto, que se celebró en la semana del 15 al 21 de enero de 2007, se publicó un DVD el 11 de diciembre de 2007.

El 14 de febrero de 2008, Dion inició una gira mundial para salir de Las Vegas por primera vez desde 1999. La gira pasó de Canadá a Japón y al sur de África. El nuevo single del álbum *Taking Chances se convirtió en un* éxito en Estados Unidos. Otros singles promocionales que se publicaron a mediados de 2008 fueron *Eyes On Me* y *Alone*. En total se han vendido 6,5 millones de ejemplares de este álbum.

Terugkeer naar Caesar's Palace

En 2011, Céline llegó al Caesar's Palace con la intención de hacer 70 conciertos al año. El estreno fue el 15 de mayo de 2011, y en agosto de 2014 Dion anunció todos sus conciertos previstos y los interrumpió en directo. Esto es para que el hombre de su familia se sienta cómodo.

En la segunda edición de 2015, Dion estuvo en el Caesar's Palace.

Privéleven

En 1994, se reunió con su antiguo manager René Angélil (1942-2016), que había estado trabajando durante varios años. El 25 de enero de 2001, el padre se convirtió en un niño; el 23 de octubre de 2010, Dion se convirtió en un niño, incluso en un niño. El 14 de enero de 2016, Angélil se convirtió en el responsable de la limpieza de la casa. Dion vive en Henderson (Nevada).

Destacados

- Céline Dion, cuyo nombre completo es Céline Marie Claudette Dion, es la menor de 14 hermanos criados en un pequeño pueblo cerca de Montreal.
- Grabó numerosos álbumes de éxito tanto en francés como en inglés y recibió varios premios prestigiosos.
- A principios del siglo XXI, Dion hizo un paréntesis en su carrera para centrarse en su familia.
- Volvió con los álbumes A New Day Has Come (2002) y One Heart (2003), que coqueteaban con el pop bailable además de su habitual estilo contemporáneo para adultos.
- A pesar de que Dion ya no era la fuerza cultural dominante que había sido una década antes, en 2007 se informó de que las ventas mundiales de sus álbumes habían superado los 200 millones.

4. Kate Bush (nacida en 1958)

Cantante, músico, cantautor y productor británico

"Mozart no tenía Pro Tools, pero hizo un buen trabajo".

Catherine (Kate) Bush CBE (Bexleyheath (Londres), 30 de julio de 1958) es una cantante, compositora y productora británica. Su padre era inglés y su madre irlandesa. A los 16 años, David Gilmour de Pink Floyd comenzó a trabajar para EMI.

Su estilo experimental y su técnica de sonido independiente hacen que sea aceptado por sus colegas músicos y también por un grupo de fans no demasiado grande, pero sí muy grande. Esto se debe a que sus álbumes están abiertos desde hace mucho tiempo, ya que para la creación de un álbum necesita poco tiempo; para *Aerial,* sólo dos años.

Biografía

Bush debutó en 1978 con su éxito *Cumbres Borrascosas*, inspirado en el famoso libro de Emily Brontë. El número se mantuvo en el Reino Unido durante cuatro semanas en el primer plano de las listas de éxitos.

Su primer álbum, *The Kick Inside,* se publicó tanto artística como comercialmente. La placa, producida por David Gilmour, contiene éxitos como *Them heavy people* y *The man with the child in his eyes*. David Gilmour se convirtió en su mentor y consejero, ya que le ayudó tanto financiera como económicamente durante la grabación de sus primeras maquetas y su posterior promoción por parte de su propia compañía discográfica, EMI. A través de los popcritici, Gilmour se ha convertido en un músico que ha participado en todos los temas.

Bush comenzó hace poco una gira, *The Tour Of Life*, en 1978-1979. Su estilo de vida, tan mimético, le hizo ganar muchas oportunidades. Desde 1979 no ha vuelto a hacer la gira en 2014, 35 años después.

Sus últimos álbumes, como *Lionheart* y *Never for Ever,* tuvieron menos éxito comercial que su debut, pero tampoco fueron éxitos *Babooshka* y *Army dreamers*. Los últimos éxitos fueron, entre otros, *Cloudbusting* y *Running up that hill*. Para el videoclip de *Cloudbusting,* Bush se hizo un hueco y Donald Sutherland habló de su padre. En ese mismo año, Bush tuvo un éxito junto a Peter Gabriel con el número *Don't Give Up*. En 1986 también hizo un dúo con la banda de Schotse Big Country (*The Seer*).

En 1989 publicó su álbum *The sensual world*, que fue el más vendido en Estados Unidos. Tras el álbum *The Red Shoes* (1993), Bush se trasladó a un terreno en los Países Bajos, donde trabajó con su álbum *Aerial* (2005), que fue el número de *King of the Mountain,* un gran éxito. El 18 de enero de 2002, Bush subió por primera vez al podio como invitado especial de David Gilmour en un concierto en el Royal Festival Hall.

En 2007 se realizó un documental sobre Kate Bush con el título *Come Back Kate*, en el que los fans de la banda se reunían con los extranjeros. Aunque su segundo álbum no ha sido tan popular, Kate Bush ha sido muy respetada por sus colegas músicos. Tori Amos, Björk y Sinéad O'Connor han afirmado en entrevistas que Kate Bush les ha inspirado.

El 16 de mayo de 2011 se publicó un álbum recopilatorio titulado *Director's Cut*. En esta edición, Bush ha vuelto a publicar sus anteriores álbumes, *The Sensual World* y *The Red Shoes, y ha realizado* nuevas ediciones y remasterizaciones. En la actualidad, Kate Bush es muy popular.

El 21 de noviembre de 2011 se publicó el álbum *50 Words For Snow*, en el que participaron, entre otros, el hijo de Bush, Albert (Bertie), Elton John y Stephen Fry.

En agosto de 2012, las autoridades indicaron que Bush había participado en la ceremonia de los Juegos Olímpicos del 12 de agosto. Esto fue un acontecimiento especial, ya que Bush fue el primero en hacerlo. No se trata de un acto de gran importancia, sino de la posibilidad de que sus números sean publicados. En la ceremonia, se ha hecho más hincapié en el reciente remake de R.U.T.H.. No se puede decir lo mismo de la otra parte. Por lo tanto, Kate, la organizadora del concurso de tragamonedas, se ha dado cuenta de que el diseño de la nueva versión es de pago.

En enero de 2013, Bush fue nombrado Comandante de la Orden del Reino Unido, por sus contribuciones a la música.

En mayo de 2014, Bush publicó en su página web, bajo el nombre de *Before the Dawn, la* primera vez en 35 años que se celebraban conciertos en el teatro Hammersmith Apollo de Londres. Unos días más tarde, no se presentaron más veces. Las 22 actuaciones no se han realizado en ningún lugar del mundo. El 26 de agosto de 2014, Kate dio su primer concierto en 35 años. Las opciones fueron un gran éxito. En la semana siguiente a la primera presentación, ocho álbumes de Kate Bush se encontraban en el Top 40 del Reino Unido. Esto no lo había conseguido ninguna otra mujer.

Destacados

- Kate Bush, de nombre Catherine Bush, era la hija menor de una familia de artistas.
- Tras dirigir y protagonizar The Line, the Cross & the Curve (1993), un cortometraje con canciones de The Red Shoes, Bush se tomó un descanso de 12 años de la música.
- Reapareció con el atmosférico Aerial (2005), un disco doble impregnado de temas de domesticidad y mundo natural que le valió algunas de las críticas más favorables de su carrera.
- En 2014 Bush volvió a los escenarios por primera vez en 35 años. Sus 22 conciertos fueron espectáculos escénicos, con marionetas, ilusionistas y bailarines, y fueron seguidos por la grabación en directo de tres discos Before the Dawn (2016).

- Bush fue nombrado Comandante de la Orden del Imperio Británico (CBE) en 2013.

5. Aretha Franklin (1942-2018)

Cantante estadounidense y primera mujer incluida en el Salón de la Fama del Rock and Roll

"A veces, lo que buscas ya está ahí".

Aretha Louise Franklin (Memphis (Tennessee), 25 de mayo de 1942 - Detroit (Michigan), 16 de agosto de 2018) fue una cantante estadounidense de gospel, soul y r&b. El primer lugar en la lista de los 100 mejores músicos (m/v) de todos los tiempos de la revista musical estadounidense *Rolling Stone*.

Levensloop

Como amable, Aretha Franklin se reunió con sus hijas, Carolyn y Erma, en el cementerio bautista donde su padre era el líder. Su primera actuación la realizó cuando tenía 14 años. Fue contratado por John Hammond y obtuvo un contrato con Columbia Records. Al principio de su carrera, interpretó un par de canciones que se hicieron populares, entre ellas la que Al Jolson lanzó en 1918, *Rock-a-bye Your Baby with a Dixie Melody*. En 1968, Aretha Franklin dio un legendario concierto en el Concertgebouw de Ámsterdam. Fue el primer concierto de su gira por los Estados Unidos. En esta ocasión, también se presentaron *Satisfaction*, *Dr. Feelgood* y *A Natural Woman*.

Tras su paso por Columbia Records, firmó un contrato con Atlantic Records. Su productor fue Jerry Wexler, con el que hizo un par de canciones r&b muy interesantes, como *I Never Loved a Man (The Way I Love You)*. El estilo de esta canción tenía mucho más "alma" que su obra anterior. A principios de la década de los 90, Aretha Franklin fue bautizada como "La Reina del Soul", ya que era muy conocida y se convirtió en un modelo para la comunidad afroamericana.

Aretha Franklin tuvo muchos éxitos en el top 10, además de versiones de otros artistas, como The Beatles (*Eleanor Rigby*), The Band (*The Weight*), Simon & Garfunkel (*Bridge Over Troubled Water*), Sam Cooke y The Drifters. Otros éxitos importantes fueron *Chain of Fools*, *A Natural Woman*, *Think*, *Baby I Love You*, *The House That Jack Built*, *I Say a Little Prayer* y *Respect*. *Spanish Harlem* estuvo en el Daverende Dertig una semana en el primer plano.

A principios de año, su carrera comenzó con una versión del éxito de los Doobie Brothers *What a Fool Believes*. En la actualidad, también aparece en la clásica película musical de John Belushi *The Blues Brothers*. Hasta entonces, no había pasado ni un solo año antes de que se produjeran los éxitos, pero también lo hizo con el gigantesco éxito *I Knew You Were Waiting (for Me)*, un dúo con George Michael que estuvo un par de semanas en el número 1 del Top 40 y del Nationale Hitparade. El número fue conseguido por Simon Climie de Climie/Fisher. En 1994, cantó *A Deeper Love* para el bioscoopkraker *Sister Act*.

El 3 de enero de 1987 fue la primera persona que entró en el Salón de la Fama del Rock and Roll. En 1999 recibió el mayor premio de arte estadounidense, la Medalla Nacional de las Artes. El 20 de enero de 2009, Franklin cantó *My Country, 'Tis of Thee* durante la toma de posesión de Barack Obama como 44º presidente de los Estados Unidos. En 2010, Franklin fue elegido por la revista musical estadounidense *Rolling Stone como el* mejor cantante de todos los tiempos. En 2012 fue incluida en el Salón de la Fama de la Música Gospel.

El 17 de octubre de 2014 salió su 38º álbum de estudio *Aretha Franklin Sings the Great Diva Classics*. Este álbum contiene canciones de otras grandes artistas. El primer sencillo publicado de este álbum fue una versión de *Rolling in the Deep* de Adele. En febrero de 2017, Franklin dijo que se había reunido con la versión de su último álbum en septiembre.

Privé

Franklin lleva dos años trabajando. Dispone de cuatro zonas, con tres personas diferentes.

Gezondheid

En diciembre de 2010 se supo que los guardianes se habían ido. Se le dio la razón a los asesores. En respuesta a las especulaciones de los medios de comunicación, en agosto de 2013, los guardianes se dieron por vencidos y se negaron a abandonar su negocio. La ziekte siguió siendo una más. El 13 de agosto de 2018 se supo que había recibido su tratamiento paliativo y que estaba en reposo. El 16 de agosto de 2018, Franklin fue despedido. Tenía 76 años.

Destacados

- A finales de los años 70, la música disco encogió el estilo de Aretha Franklin y erosionó su popularidad.
- En 1982, con la ayuda del cantante, compositor y productor Luther Vandross, Franklin volvió a la cima con un nuevo sello, Arista, y un nuevo éxito de baile, "Jump to It", seguido de "Freeway of Love" (1985).
- En 1987, Aretha Franklin se convirtió en la primera mujer incluida en el Salón de la Fama del Rock and Roll. Además, recibió el Kennedy Center Honor en 1994, la Medalla Nacional de las Artes en 1999 y la Medalla Presidencial de la Libertad en 2005.
- En 2018 se estrenó el documental Amazing Grace, que relata su grabación del álbum de 1972.

6. Margaret Bourke-White (1904-1971)

Fotógrafa estadounidense y primera mujer autorizada a trabajar en zonas de combate

"La belleza del pasado pertenece al pasado".

Margaret Bourke-White (nacida **Margaret White**) (Nueva York, 14 de junio de 1904 - Stamford, Connecticut, 27 de agosto de 1971) fue una fotógrafa estadounidense. Fue el primer director de fotografía de la historia de Estados Unidos como coronel y, desde el principio del Tweede Wereldoorlog, fotógrafo de la lucha americana. Una de sus fotos, *Los muertos vivientes de Buchenwald*, es una de las más bellas del siglo XX.

Leven

Margaret Bourke-White era la hija de la católica Minnie Bourke y del no practicante Jood Joseph White y vivía en el Bronx, Nueva York. Bourke-

White tenía una hija mayor, Ruth, y un hermano menor, Roger. En su juventud, no fue necesario que mis hijos fueran a un colegio.

Fotografía de arquitectura e industrial

Tras sus estudios en 1927, Bourke-White abrió su primer estudio fotográfico en Cleveland, Ohio, y comenzó su carrera como arquitecto y fotógrafo industrial. Sus imágenes de instalaciones industriales aportaron una nueva y muy apreciada imagen fotográfica de la rápida evolución económica de los Estados Unidos.

Fotoperiodista

Bourke-White crea imágenes de revistas de prestigio. En 1930, sus fotografías de brujas y de cuadros forman parte de la portada de la primera edición de *la* revista *Fortune, de* la que Bourke-White era editora. En 1931 abrió su estudio fotográfico en el edificio Chrysler de Nueva York.

En 1930, en la época de la industrialización, Bourke-White viajó por primera vez a la Unión Soviética. Esto se debe a los gigantescos proyectos industriales (fábricas y centrales eléctricas), pero también a los trabajadores más jóvenes. En los últimos años, Bourke-White realizó, entre otras cosas, reportajes fotográficos sobre IG Farben y las fábricas de Hamburgo, así como sobre las instalaciones de la ciudad industrial soviética de Magnitogorsk, en Siberia Occidental.

En el primer número de la revista *Life* de noviembre de 1936, en la que Bourke-White era uno de los autores, aparecen sus fotos en la portada de la presa del lago Fort Peck en los Estados Unidos. Junto con Walker Evans y W. Eugene Smith, Bourke-White es una de las pioneras de los reportajes fotográficos.

Gracias a su extravagante nivel de vida y a su enérgica participación en los medios de comunicación, Bourke-White se convirtió en un modelo de mujer moderna y emprendedora.

En 1937, Bourke-White publicó, junto con el escritor Erskine Caldwell, un libro sobre la situación de los trabajadores del campo en la zona del desierto, que se vieron obligados a vivir en períodos de extrema pobreza. Su foto *You Have Seen Their Faces (Has visto sus caras)* se considera una de sus obras más importantes. En 1939 se reunió con Caldwell y en 1942 lo hizo. En 1938 empezó a viajar por Europa y trabajó en un reportaje fotográfico sobre la crisis de los Sudetes en Tsjecho-Slowakije.

Tweede Wereldoorlog

En 1941 llegó a Moscú para *la revista Life*. Durante la invasión suiza de la Unión Soviética, fue el único fotoperiodista occidental en la ciudad y documentó las luchas suizas en la capital de la Unión Soviética. Fue el primer corresponsal de prensa de la legión americana, además de en Inglaterra, África del Norte e Italia. Como fotógrafo de la lucha americana, Bourke-White se reunió con el general George S. Patton en Duitsland y participó en la inauguración del campo de concentración de Buchenwald y del campo de trabajo de Leipzig-Thekla. Su fotografía Los *muertos vivientes de Buchenwald* en 1945 es una de las mejores e indudables fotografías de la década de los 20.

Bourke-White ha tenido a su lado a Franklin Roosevelt, Joseph Stalin, Winston Churchill y Marlon Brando.

Naoorlogse jaren

En la primavera de 1945, Bourke-White se encargó de documentar la historia de la lucha con fotos de la ciudad de Duitse. En 1946 fotografió para Life uno de sus mejores trabajos: Mahatma Gandhi en la rueda de molino. En la misma época, Margaret Bourke-White documentó el desarrollo de la India británica y, más tarde, el de Corea. También visitó el sur de África durante la época del apartheid.

A mediados del año 1950, Bourke-White comenzó a hablar de Parkinson y a pensar en su obra. Su autobiografía, publicada en 1963, se convirtió en uno de los libros más vendidos del New York Times. Bourke-White murió en 1971 a causa de la muerte de Parkinson.

En 1955, Edward Steichen seleccionó una de las mejores fotos de Bourke-White para la exposición de *la familia del hombre.*

Destacados

- Margaret Bourke-White, cuyo nombre original es Margaret White, comenzó su carrera en 1927 como fotógrafa industrial y de arquitectura, pronto se ganó una reputación de originalidad y en 1929 el editor Henry Luce la contrató para su nueva revista Fortune.
- Tras la Segunda Guerra Mundial, Bourke-White viajó a la India para fotografiar a Mohandas Gandhi y registrar la migración masiva provocada por la división del subcontinente indio en la India hindú y el Pakistán musulmán.
- Durante la guerra de Corea trabajó como corresponsal de guerra y viajó con las tropas surcoreanas.
- Aquejada de la enfermedad de Parkinson en 1952, Bourke-White continuó fotografiando y escribiendo y publicó varios libros sobre su obra, así como su autobiografía, Portrait of Myself (1963).

7. Dorothea Lange (1895-1965)

Fotógrafo documentalista estadounidense

"La cámara es un instrumento que enseña a ver sin cámara".

Dorothea Lange (Hoboken (Nueva Jersey), 26 de mayo de 1895 - 11 de octubre de 1965) fue una fotógrafa estadounidense muy conocida por su trabajo documental en el marco de la Farm Security Administration (Administración de Seguridad Agrícola) sobre los efectos de la Gran Depresión.

Biografía

Lange nació como Dorothea Nutzhorn en Hoboken, Nueva Jersey. A los 7 años de edad contrajo la polio, una enfermedad que en ese momento no había sido tratada. Se le atribuyó un defecto de nacimiento. Su padre les dejó a él y a su madre en la calle cuando tenían 12 años, para que se pusieran de acuerdo con su madre. Tras varios años como ayudante de varios fotógrafos, en 1918 abrió en San Francisco un estudio de fotografía, que fue un éxito. En 1920 se reunió con el fotógrafo Maynard Dixon, con el que creó dos zoonos. A principios de 1935, comenzó a trabajar como fotógrafo para la Administración de Reasentamiento de la población estadounidense, que posteriormente se denominó Administración de Seguridad Agrícola. Su trabajo era la extensión de los efectos de la Depresión en la tierra firme de Estados Unidos. Una forma de fotografía social. En este sentido, trabajó junto con el economista Paul Schuster Taylor, que en 1935 se convirtió en un representante de Dixon.

Las fotos que Lange y sus colegas han creado para la FSA son gratuitas y están disponibles en periódicos y revistas americanas.

Su foto más conocida es la titulada *"Madre emigrante"* de 1936, en la que Florence Owens Thompson aparece con tres de sus hijos. La identidad de la señora Thompson se mantuvo hasta 1978.

En el Segundo Mundo, Lange, bajo la dirección de la Autoridad de Reubicación de Guerra, se ocupó de la ampliación de las condiciones en las que se encontraban los japoneses en la invasión de Pearl Harbor. En la segunda edición del Wereldoorlog se encargó de la fotografía en el Instituto de Arte de San Francisco. Después de un largo periodo de tiempo en el que se han realizado diversas actividades, en 1965 se convirtió en fotógrafo.

Destacados

- Dorothea Lange estudió fotografía en la Universidad de Columbia, en Nueva York, con Clarence H. White, miembro del grupo Photo-Secession.
- En 1918, Lange decidió viajar por todo el mundo, ganando dinero mientras vendía sus fotografías. Al llegar a San Francisco se le acabó el dinero, así que se instaló allí y consiguió un trabajo en un estudio fotográfico.
- Durante la Gran Depresión, Lange comenzó a fotografiar a los hombres desempleados que vagaban por las calles de San Francisco.
- La primera exposición de Lange tuvo lugar en 1934, y a partir de entonces su reputación como hábil fotógrafa documentalista quedó firmemente establecida.

8. Leni Riefenstahl (1902-2003)

Directora de cine, actriz, productora y fotógrafa alemana

"Me fascinaban los efectos que se podían conseguir con el montaje. La sala de montaje se convirtió en un taller de magia para mí".

Berta Helene Amalie (Leni) Riefenstahl (Berlijn, 22 de agosto de 1902 - Pöcking, 8 de septiembre de 2003) fue una directora de cine y fotógrafa del Reino Unido. Comenzó su carrera como bailarina y actriz, pero también fue conocida como directora de cine.

Leni Riefenstahl nació en Wedding, una ciudad de Berlijn, conocida como la "colonia de los misdadores y de los trabajadores", como hija de un empresario. En su juventud, fue a través de él que se le dio la bienvenida. Su padre se ha convertido en un hombre de negocios. En su trabajo, las actividades se centran también en *la cultura visual*, el deporte y el contacto con la naturaleza. La visión de la vida humana se refleja en sus películas *Der heilige Berg* y *Die weiße Hölle am Piz Palü*.

Filmregisseur

Las películas de Riefenstahl son conocidas por sus innovaciones cinematográficas (de cámara), como las de los partidos de Neurenberg (*Der Sieg des Glaubens* en 1933 y *Triumph des Willens* y *Tag der Freiheit - Unsere Wehrmacht* en 1935). Fueron creados bajo la dirección del ministro de propaganda Joseph Goebbels y difunden la ideología nazi.

También la película Olympische Spelen in Berlijn (*Olimpia* en 1936) presenta innovaciones técnicas como el paso de la cámara por los raíles de la cabina del jefe de filas. Esta película fue realizada por el Comité Olímpico Internacional.

Otra técnica novedosa: los dúos olímpicos se filman con objetos de gran tamaño (como la tabla de dúos). El fotógrafo, que hasta ahora no había sido capaz de hacerlo por medio de una cámara de vídeo, se ha convertido en una imagen completamente diferente del mundo. Olympia es aún más perfecta desde el punto de vista técnico: cámara avanzada, montaje sugerente, uso de la cámara lenta y fotografía submarina activa. La combinación perfecta de imagen y música se mantiene, y en la segunda parte se refuerza la estética del hombre deportista, además de las secuencias de la primavera para los niños.

Triunfo de las voluntades

La película *Triumph des Willens* de 1935, sobre un día de fiesta del NSDAP en el año anterior, no es puramente documental, ya que el director de cine ha creado una serie de escenas entre los distintos elementos del día de fiesta para explicar esta situación: que en 1934, en Duitsland, Hitler estaba de acuerdo con las palabras que se le habían dado: "Aquí estamos, estamos listos, traemos a Alemania a la nueva era. ¡Alemania!" Y también como un mensaje: "¡Un pueblo!, ¡un reino!, ¡un Führer!", donde se mezclan el líder, el líder y Hitler. No se trata de un hecho académico, sino que, además, una gran parte de la historia se ha convertido en un gran reto para los nuevos líderes políticos. La popularidad del NSDAP y de las SA se extendió hasta la Noche de las Mesas Negras de 1934, un paso más allá (véase Willem Melching y Marcel Stuivenga en *Ooggetuigen van het Derde Rijk*).

La apertura, en la que el relato del viaje en el que Hitler aterrizó en un minuto, es una historia que se repite. El "Redder des Vaderlands" se ha convertido en una obra de arte en el hemisferio. También es interesante el decoupage de las diferentes imágenes en el estadio de Speers, en el que el "Duitse Jeugd" se ha unido a la llegada del Führer.

Esta película se proyectó en todas las escuelas suizas en el siglo pasado. Hitler y Goebbels, junto con otras palabras, se mostraron muy orgullosos de la "Maquina de los Caballeros".

Olympia

La película *Olympia* de 1938, sobre las Olimpiadas de Berlijnse de 1936, consta de dos partes:

1. La Fiesta de los Völker
2. La fiesta de la felicidad

Las cualidades artísticas de estas películas no se han tenido en cuenta; algunas de ellas *han sido* calificadas negativamente por su carácter de propaganda nazi. Se trata de la historia de las campañas de propaganda de los gobiernos con los medios de comunicación y de las noticias del Führer. Por lo tanto, no se ha dado cuenta de que el régimen no ha sido capaz de crear los documentos y de que los elementos estéticos no han sido eliminados. Diez años después, *Olympia se dio cuenta de que estaba* en conflicto con el régimen, ya que no se había ganado la confianza de los deportistas suecos.

Es evidente que el mundo del deporte de Riefenstahl es muy versátil, muy seguro. Los deportistas de Riefenstahl no tienen emociones, no tienen miedo a la televisión, no tienen miedo a la vida. Son sus amigos los que han visto el cine. Las manos de un jugador de baloncesto, los brazos de un jugador de fútbol, los brazos de un jugador de baloncesto que hace una jugada en el campo de juego y que también se convierte en un jugador de golf en la guerra. Este es el punto de partida de la cinematografía.

La última crítica

Las películas de Riefenstahls tienen un estigma: la controversia por el hecho de que los documentales sobre los nazis hayan sido creados y que, como el arquitecto Albert Speer, su talento se refiera a la evolución de Hitler y su régimen (1933-1945). En un proceso de semanas, fue despojado de la responsabilidad de la medalla de oro del nazismo y se convirtió en el primer *Mitläuferin de la* historia. A lo largo de su vida, se ha ido perdiendo toda la información y no se ha encontrado nada. No obstante, se sabe que los jóvenes de la época de las reuniones de concentración se encargaron de que aparecieran en su película *"Tiefland"*. También fue la razón por la que los personajes se han visto obligados a seguir su camino. Y aunque más tarde se supo que la mayoría de estos "actores" se encontraban en el campo de concentración de Dachau, no se puede decir lo mismo.

En la actualidad, no ha recibido más financiación para sus proyectos cinematográficos y ha realizado un gran trabajo como fotógrafo.

Más tarde, gracias a la colaboración con el fotógrafo británico George Rodger, creó las Noeba's en Soedan, que publicó por primera vez en 1974. Revistas como *Life* y *National Geographic* se interesaron por su trabajo fotográfico. En su ensayo, Susan Sontag hizo una crítica muy interesante sobre el *fascinante fascismo* de la nueva obra de Riefenstah. Sontag compara la imagen de los afrodescendientes de Riefenstahl con la terrible historia de los nazis, y la comparación de la *cultura de la piel de* los nubios con la de los *ariscos de* Hitlers. Según Sontag, la visión de Riefenstahl no ha sido modificada desde entonces.

La protección de los derechos de propiedad intelectual

En los años 70 del siglo pasado, Riefenstahl adquirió un gran protagonismo en los Estados Unidos entre los artistas pop y las feministas americanas. También Mick Jagger se ha visto favorecido por su fotografía.

Destacados

- Leni Riefenstahl estudió pintura y ballet en Berlín, y de 1923 a 1926 apareció en programas de danza por toda Europa.
- Riefenstahl comenzó su carrera cinematográfica como actriz de "películas de montaña" -un tipo de película alemana en la que la naturaleza, especialmente el paisaje montañoso, desempeña un papel importante- y acabó convirtiéndose en directora de este género.

- En 1931 creó una compañía, Leni Riefenstahl-Produktion, y al año siguiente escribió, dirigió, produjo y protagonizó Das blaue Licht (1932; La luz azul).
- Las películas de Riefenstahl fueron aclamadas por sus ricas partituras, por la belleza cinematográfica de las escenas del amanecer, las montañas y la vida rural alemana, y por su brillante montaje.
- Gran parte de la vida posterior de Riefenstahl se dedicó a la fotografía, y Korallengärten (1978; Jardines de coral) y Wunder unter Wasser (1990; Maravillas bajo el agua) son colecciones de sus fotografías submarinas; en 2002 se estrenó un documental sobre la vida marina, Impressionen unter Wasser (Impresiones bajo el agua).

9. Käthe Kollwitz (1867-1945)

Artista alemana conocida por sus dibujos y grabados

---

*"Si cada uno reconoce y cumple su ciclo de obligaciones,
surge la autenticidad"*

Käthe Kollwitz (Koningsbergen, 8 de julio de 1867 - Moritzburg, 22 de abril de 1945), nacida como Käthe Schmidt, fue una artista gráfica y dibujante suiza.

Levensloop

Käthe fue directora y dibujante del semanario *Simplicissimus* y se reunió con el artista socialdemócrata Karl Kollwitz, que murió el 19 de julio de 1940. Era padre de dos hijos, Hans Kollwitz y Peter Kollwitz.

La primera edición de la obra de Käthes fue abierta por el director de la compañía, Rudolf Mauer.

Después de su salida de Mauer, se fue un año a Berlijn (1884-1885) para estudiar en la escuela de Karl Stauffer-Bern.

En su época de estudiante, Kollwitz se convirtió en un gran defensor de la democracia social, la libertad de expresión y el nuevo naturalismo en la literatura. Esta importancia es una marca distintiva de su trayectoria profesional, que comenzó en 1889, cuando se dedicó a la creación de arte.

Después de su muerte en 1891, se reunió con su hombre, el artista Karl Kollwitz, en una escuela de arte de Berlijn, donde Karl tenía una práctica médica para mejorar las armas. Debido a las diferencias sociales y a la relación entre el padre y el hijo, se convirtió en el centro de atención de sus pensamientos. También se han utilizado las técnicas gráficas, que son las que mejor se adaptan a las necesidades de su trabajo.

En 1899, se unió a la Berliner Sezession, un movimiento separatista en el que los artistas se oponían a los objetivos de una asociación mejorada y a la creación de nuevos ideales o de un nuevo público. Unos años más tarde, viajó a París para participar en el proyecto de arte contemporáneo.

En 1904, se trasladó a París, donde llevó a cabo su primer trabajo en el campo de la artesanía.

En 1907, se instaló en la Villa Romana, donde se instaló durante un año en la villa más antigua de Florencia.

En los años 1914-1918, comenzó a ser un héroe. El 23 de octubre de 1914, su hijo de 17 años, Peter Kollwitz, que era mosquetero de la legión suiza, murió en una batalla en Diksmuide (Holanda). En abril de 1915, Käthe comenzó a planificar por primera vez la creación de una obra de arte para su hijo Peter y en 1919 continuó con la venta de libros, como en las publicaciones y en la revista "Der Krieg". Su incesante búsqueda de la identidad se traduce en una gran transformación del lenguaje y en una tendencia a la monumentalidad abstracta y estilizada.

En 1929, Käthe Kollwitz, como primera mujer, fue elegida para ocupar el primer puesto en el concurso "Pour le Mérite für Wissenschaften und Künste" (Premio al Mérito de las Ciencias y las Artes).

El 23 de julio de 1931 se publicaron las imágenes de "El granjero" en *la calle Roggeveld* entre Zarren y Esen, cerca de Diksmuide.

En 1956, Peter, junto con 1538 compañeros, se trasladó al "Deutscher Soldatenfriedhof Vladslo", en el edificio de los preceptos de Vladslo. En esta plaza militar de la Duitse, más de 25.000 soldados de la Eerste Wereldoorlog han pasado por la última etapa de su historia. En este momento, también se está llevando a cabo el proyecto para que, como en el caso de Esen, se pueda realizar el trabajo de campo. Se trata de un relato de un gran desconocido. El padre, el mismo padre de Peters, no se deja engañar por los sentimientos de sus hijos, aunque sí por los de su familia. La madre, Käthe Kollwitz, es la única que se ha quedado sin nada. En esta obra, los protagonistas no son sólo los hijos de Peter, sino todos los que se reúnen con ellos en el frente de la guerra.

Willem Vermandere ha incluido el tema "Vladslo" en el inicio de la campaña.

El 22 de abril de 1945, Käthe Kollwitz murió en Moritzburg a los 77 años.

Stijl

Kollwitz realizó talentosos dibujos, pinturas, litografías y fotografías, y, al principio de su carrera, también realizó algunos dibujos en olivo. En el pasado, su primera obra fue la más importante.

A partir de los diversos temas familiares y personales, que se basan en un enfoque realista, se han creado los primeros temas. Éstas se desarrollan a partir de temas detallados, en ciclos históricos (por ejemplo, "El camino de los dioses" y "El camino de la vida"). Bajo el impulso de la obra del pintor noruego Edvard Munch, sus obras se convirtieron en figuras suaves y brillantes. Más tarde, convirtió el realismo en una expresión propia.

Werk

En 1933, su obra se convirtió en un "entartet" y fue aprobada por los nacionalsocialistas de la Academia de Bellas Artes, donde desde 1928 era el director de la sección de arte gráfico. También fue nombrado miembro de la organización Pour le Mérite. En 1936, creó una exposición y, a partir de ese momento, sólo se dedicó a la investigación y al desarrollo. En su obra tardía, la relación entre el hombre y la mujer ocupa un lugar central.

Destacados

- Käthe Kollwitz, cuyo nombre original era Käthe Schmidt, creció en una familia de clase media liberal y estudió pintura en Berlín (1884-1885) y en Múnich (1888-1889).
- Impresionada por los grabados de su compañero Max Klinger, Käthe se dedicó principalmente al arte gráfico a partir de 1890, produciendo grabados, litografías, xilografías y dibujos.
- La muerte de su hijo menor en combate en 1914 la afectó profundamente, y expresó su dolor en otro ciclo de grabados que tratan los temas de una madre que protege a sus hijos y de una madre con un hijo muerto.
- De 1924 a 1932, Kollwitz también trabajó en un monumento de granito para su hijo, que representaba a su marido y a ella misma como padres afligidos. En 1932 se erigió como monumento conmemorativo en un cementerio cerca de Ypres, Bélgica.
- La última gran serie de litografías de Kollwitz, Muerte (1934-1936), trata ese tema trágico con formas descarnadas y monumentales que transmiten una sensación de dramatismo.

10.   Doris Lessing (1919 - 2013)

Escritor británico y premio Nobel

"Lo que yo tenía que los demás no tenían era la capacidad de mantenerse".

Doris Lessing, la madre: Doris **May Tayler** (Kermanshah (Perzië), 22 de octubre de 1919 - Londres, 17 de noviembre de 2013), fue una escritora británica, galardonada en 2007 con el Premio Nobel de Literatura. Su obra se centra en los problemas políticos y humanos, pero también es autobiográfica y describe sus experiencias juveniles en África.

Biografía

Doris Lessing nació como hija de un oficial británico y de un funcionario. Su padre se fue en 1924 a Rodas (ahora Zimbabue), donde Doris Lessing ganó hasta 1949. Fue a la escuela de lagere y a la antigua escuela en la que estuvo durante varios años.

En 1937, Lessing viajó a Salisbury, donde era telefonista; allí se encontró con su primer hombre, Frank Wisdom. Se casó con dos hijos antes de que, en 1943, se marchara con ellos.

En el "club del libro comunista", Gottfried Lessing, su segundo hombre, le contó lo mucho que le gustaba y lo mucho que le gustaba. En 1949, también se le recuerda que es un tema de actualidad.

Lessing viajó en 1949 con su hijo a Londres, donde se publicó su primer libro, *"El pez gordo"*. En 1962, se incorporó a *Het Gouden Boek*.

La literatura de ficción de Lessings se ha desarrollado principalmente en tres fases. El compromiso comunista (1944-1956 y más tarde en *El buen terrorista*), en el que se plantean ideas radicales sobre los problemas sociales, la temática psicológica (1956-1969) y, por último, la soefitemática (Canopusserie).

El jurado del Premio Nobel de Literatura 2007 ha concedido su galardón a Doris Lessing y ha destacado "a la protagonista de la historia de la vida, que con su escepticismo, su fuerza de voluntad y su visión de futuro, ha logrado un avance decisivo en el mundo de la música". El 10 de diciembre de 2007, el autor no recibió el premio en Estocolmo. La entrega se realizó en Londres.

Feminisme

Doris Lessing fue reconocida como una prominente feminista - antes de la publicación de su obra *Het gouden boek*. Lo que más le importa es que se trata de una buena escabechina en el brazo:

Lo que las feministas de mi país quieren es algo que no han hecho, porque es religioso. Quieren que me quede con las ganas. Lo que más me gustaría que me dijeran es: 'Ja, mijn zusters, ik sta zij aan zij met jullie in je strijd richting de gouden dagenraad waar al die beestachtige kerels er niet meer zullen zijn'. ¿Será que las personas que se dedican a las actividades de ocio no son tan simples como las que se dedican a los hombres y a las mujeres? Jazeker, dat willen ze. Ik betreur het ten zeerste, dat ik tot deze slotsom moest komen.

Destacados

- En sus primeros años de adulta, Doris Lessing fue una comunista activa.
- En 1994 Lessing publicó el primer volumen de una autobiografía, Under My Skin; un segundo volumen, Walking in the Shade, apareció en 1997.
- Su primer libro publicado, The Grass Is Singing (1950), trata de un granjero blanco y su esposa y su sirviente africano en Rodesia.
- Entre sus obras más importantes se encuentra la serie Children of Violence (1952-1969), una secuencia de cinco novelas centrada en Martha Quest, que crece en el sur de África y se instala en Inglaterra.
- Doris Lessing recibió el Premio Nobel de Literatura en 2007.

11. J. K. Rowling (nacida en 1965)

Autora británica que creó la serie de Harry Potter

Joanne (Jo) Rowling (Yate bij Bristol, 31 de julio de 1965) es una escritora británica. Es conocida por ser la autora de la *fantasía de Harry Potter*. Los *libros de Harry Potter* son muy solicitados y ganan muchos premios, ya que se venden más de 500 millones de ejemplares. Los libros son la base de la *serie de películas de Harry Potter*, en la que Rowling participó como productora en dos de las ocho entregas. Los propietarios de Rowlings son Peter Rowling y Anne Volant Rowling.

Rowling se llama **J.K. Rowling**, aunque la "K" es el nombre de su madre Kathleen. En su trabajo, Rowling no tiene un segundo nombre. La "K" se ha convertido en el nombre de la autora de *los libros de Harry Potter, que ha* dicho que los niños no pueden leer libros escritos por una mujer. Sólo se puede utilizar la priméra vez que se hace esto. Enkel de 'J' vond ze te weinig, dus werd er een initiaal bij bedacht.

137

Una parte de sus últimos libros se basa en el seudónimo de **Robert Galbraith**.

Biografía

En 1986, Rowling estudió en la Universidad de Exeter, en la especialidad de Cultura Francesa y Clásica, donde realizó diversos cursos. En 1991 viajó a Portugal para escribir en inglés. Allí se reunió con el periodista de televisión Jorge Arantes, con el que se reunió. En 1993 nació su primera hija, Jessica. La joven se fue a Edimburgo con su hija. Allí escribieron dos libros para niños, pero no se les dio la oportunidad de estudiar en una universidad.

Rowling y su segundo hombre, Neil Murray, se casaron en 2003. Dos años más tarde, en 2005, se convierte en su pareja.

En 2003 se supo que Rowling era más rica que la escritora británica, y un día se convirtió en la más rica del país, al vender 500 millones de ejemplares de los siete (o más) 69 libros publicados, que costaron más de 8 millones de dólares.

Rowling fue nombrada en 2010 "Mujer más influyente de Gran Bretaña" por las revistas especializadas. Ha sido una filántropa de prestigio y ha participado, entre otras cosas, en la dirección del Grupo de Alto Nivel para la Infancia. También colaboró con organizaciones como Comic Relief, One Parent Families y la Multiple Sclerosis Society of Great Britain. En 2011, *Forbes* anunció que la fortuna de Rowlings ascendía a 1 millón de dólares; un año más tarde, la editorial anunció que su fortuna ascendía a 160 millones de dólares, lo que se debe a la reducción que se ha producido en los ingresos de Groot-Brittannië y a sus donaciones. En 2016, su facturación fue de 584 millones de dólares.

En 2011 se realizó una película sobre la vida de Rowling, titulada *Magic Beyond Words: La historia de J.K. Rowling*.

El 12 de diciembre de 2017, Rowling fue nombrada jefa de la Orden de los Reyes. Zij ontving de bijbehorende versierselen uit de handen van prins William.

Harry Potter

En 1990, Rowling realizó un viaje de ida y vuelta de Manchester a Londres durante cuatro horas para contar la historia de Harry Potter. En los siguientes siete años, los libros se convirtieron en una serie de más de diez años. La primera parte fue escrita por dos autores, y en 1997 fue publicada por la editorial Bloomsbury. Su agente literario, Christopher Little, vendió el libro más tarde a la editorial estadounidense Scholastic, que pagó a Rowling una suma de 105.000 dólares (más de 77.000 euros).

En 1999, los libros empezaron a aparecer en los primeros lugares de las tiendas de libros, tanto en los Estados Unidos como en el Reino Unido. Los últimos cuatro libros de la semana son los más populares de la historia. En todo el mundo se han vendido más de 500 millones de ejemplares.

En las versiones del segundo *libro de Potter, Harry Potter y las Reliquias de la Vida*, Rowling dijo que la vida era más fácil y que debía tener una larga historia de amor. En 2008 se publicó *el libro de Harry Potter De Vertelsels van Baker de Bard*. Rowling también ofreció a los fans una *enciclopedia de Harry Potter, pero* no publicó más información sobre el tema. En 2012, la enciclopedia se convirtió en una realidad.

En 2010, en una entrevista con Oprah Winfrey, dijo que no tenía muchas ideas en la cabeza para un último libro de Harry Potter. También es el proyecto del libro de *Harry Potter y el de la clase de los Vervloek*. Para otro proyecto, llamado Pottermore, se creó un sitio web. A través de este sitio web se puede acceder a un canal de YouTube que se ha abierto hasta el 23 de junio de 2011 a las 13:00 horas. En este momento, el autor se da cuenta de lo que significa el nuevo proyecto. Su agente se complace en afirmar que no se trata de un nuevo *libro de Harry Potter*, sino de un juego de ordenador en línea, que para muchos será un éxito en 2012.

El 12 de septiembre de 2013, Rowling anunció que haría una película derivada basada en el mundo de Harry Potter. El protagonista será Newt Scamander, el autor de *Fabeldieren y Waar Ze Te Vinden*. La película será *"Fantastic Beasts and Where to Find Them"*. También hay una segunda película En abril de 2015 se anunció que el actor Eddie Redmayne sería el protagonista de la película.

El 30 de julio de 2016 se estrenó en el Palace Theatre del West End la película *Harry Potter y su hijo*. El guión de la obra se basó en una *historia de Harry Potter de* J.K. Rowling y se refiere a los años posteriores al primer libro.

Robert Galbraith

En 2012, Rowling publicó su primer libro para clientes, *The Casual Vacancy* (*Una buena racha*), además de su propio nombre, que la convirtió (junto con el escritor Robert Galbraith) en una detective de la tradición de Agatha Christie, Ruth Rendell, Margery Allingham y P.D. James, con el nombre de Cormoran Strike. Los libros también se convierten en rompecabezas, en los que el lector se ve obligado a pasar por encima de los obstáculos y a saber cómo es el protagonista. En 2013 se publicó el libro de detectives *La llamada del cuco* (*Koekoeksjong*). Este libro es el comienzo de una nueva serie. Rowling escribió esta serie con un seudónimo para entender cómo era el trabajo de un escritor principiante. Sin embargo, cuando Rowling se convirtió en la escritora de Galbraith, la noticia se hizo más explosiva. La historia es una combinación de la historia de su marido, Robert F. Kennedy, y de la historia que él mismo había creado para su pequeña hija (Ella Galbraith).

El protagonista de la serie, Cormoran Strike, es un soldado de guerra que, junto con un hombre de guerra, ha llegado a Afganistán y ha creado un gabinete de detectives. Strike es el hijo de una anciana, pero tiene a su padre a punto de morir. Rowling cree que esta historia le da la oportunidad de escribir de forma objetiva sobre el mundo de la violencia.

Su oficina de detectives no ha tenido mucho éxito, ya que en *Koekoeksjong ha* puesto en práctica un modo de vida muy diferente, que se ha desarrollado en el mundo de la alta sociedad londinense. Lo hace en colaboración con Robin Ellacott, a quien ha convertido en secretaria, pero que se ha convertido en una valiente cazadora.

En *Zijderups hay* una realidad y un motivo de preocupación, esta vez en el mundo de los negocios. Además, la relación entre Strike y Robin, que se convierte en un problema entre Robin y su esposa, se ha convertido en una realidad.

La última entrega de la serie, *Career of Evil*, se publicó en 2015. Robin Ellacott ha creado un paquete de un asesino para el autor de su obra, Cormoran Strike. Cuando el paquete se ha convertido en un regalo para una mujer, Strike puede ver a cuatro personas que se han unido a él.

Destacados

- Tras licenciarse en la Universidad de Exeter en 1986, Rowling comenzó a trabajar para Amnistía Internacional en Londres, donde empezó a escribir las aventuras de Harry Potter.
- El primer libro de la serie de Harry Potter, Harry Potter y la piedra filosofal (1997; también publicado como Harry Potter y la piedra filosofal), se publicó bajo el nombre de J.K. Rowling.
- En 2016 se publicó una versión en libro del guión, que se anunció como la octava historia de la serie de Harry Potter.
- En mayo de 2020, durante la pandemia de COVID-19, Rowling comenzó a publicar gratuitamente en Internet un nuevo libro para niños, The Ickabog, que luego se publicó en noviembre.

12. Margaret Atwood (nacida en 1939)

Escritor canadiense

---

*"La voz es un don humano; hay que cuidarla y utilizarla,
para pronunciar un discurso lo más humano posible. La
impotencia y el silencio van juntos".*

Margaret Eleanor Atwood OC (Ottawa, 18 de noviembre de 1939) es
una de las escritoras canadienses más importantes de la época. Es
escritora, escritora romántica, crítica literaria, activista feminista y política.
Tiene experiencia tanto a nivel nacional como internacional.

Leven

Margaret Atwood nació en Ottawa, Ontario, y es la segunda de los tres
hijos de Carl Atwood, un entomólogo, y de Margaret Killiam, una escritora.
Debido a que su padre se dedicó a la investigación en las ciudades
canadienses, pasó gran parte de su juventud en las ciudades del norte de
Ontario, y se desplazó entre Ottawa, Sault St. Fue una lectora entusiasta
y comenzó a escribir a los 16 años.

A partir de 1957 estudió en la Universidad Victoria de Toronto y se
licenció en Filosofía y Letras y en Francés. A partir de 1961 estudió en el

142

Radcliffe College de Harvard, con una beca Woodrow Wilson, después de haber recibido el premio E.J. Pratt por su obra poética titulada *Doble Perséfone*. Obtuvo su maestría en 1962 y continuó estudiando en Harvard. A partir de entonces, ha estudiado en varias universidades.

En la búsqueda de su primer hombre, Jim Polk, se encontró con Graeme Gibson, con el que se fue a Alliston y con el que en 1976 tuvo una hija. También se encuentra Margaret Atwood en Toronto y en la Isla Pelee de Ontario.

Werk

Margaret Atwood ha escrito libros de diferentes temas y en diferentes géneros y tradiciones. Ha sido reconocida como una escritora feminista, y en su obra destacan los temas de género. Su obra se centra, entre otras cosas, en la identidad canadiense, las relaciones entre Canadá y los Estados Unidos y Europa, las relaciones humanas, las historias de la vida, el desarrollo de la cultura de la mujer en el arte y la relación de la mujer con el hombre.

Su obra crítica más destacada es el libro *Survival: A Thematic Guide to Canadian Literature* (1972), en el que se señala el interés por la literatura canadiense.

Atwood fue vicepresidenta del Sindicato de Escritores de Canadá y, de 1984 a 1986, consejera de PEN International, un grupo de presión internacional al que pertenecen los escritores que se dedican a la política. En abril de 2006, participó en el festival anual de PEN World Voices en Nueva York, organizado por Salman Rushdie, y se convirtió en presidente de PEN America. Además de Atwood, también participaron David Grossman, Toni Morrison, Jeanette Winterson, Anne Provoost y Orhan Pamuk.

Fue nombrado Senior Fellow del Massey College de la Universidad de Toronto y tiene varios doctorados (entre otros, de la Universidad de Oxford, la Universidad de Cambridge y la Sorbona). En 2001 fue incluido en el Paseo de la Fama de Canadá.

En 2017, se han concedido los premios del Duitse Boekhandel y del Tsjechische Frans Kafkaprijs.

Política

Atwood es partidaria de varias ideas sobre el feminismo y la política medioambiental. Aunque es partidaria de los conservadores canadienses, se ha convertido en una *conservadora roja*. Ha realizado boicots culturales contra Israel.

En 2018, Atwood dijo que la Guerra de las Galaxias había inspirado los acontecimientos del 11 de septiembre de 2001.

Destacados

- En los primeros poemarios de Margaret Atwood, Double Persephone (1961), The Circle Game (1964, revisado en 1966) y The Animals in That Country (1968), Atwood reflexiona sobre el comportamiento humano, celebra el mundo natural y condena el materialismo.
- En 2019 se publicó The Testaments, una secuela de The Handmaid's Tale, con gran éxito de crítica y fue coequiper (con Girl, Woman, Other, de Bernardine Evaristo) del Premio Booker.
- Entre sus obras de no ficción se encuentran Negotiating with the Dead: A Writer on Writing (2002), que surgió de una serie de conferencias que impartió en la Universidad de Cambridge; Payback (2008; película 2012), un apasionado ensayo que trata la deuda - tanto personal como gubernamental- como una cuestión cultural más que política o económica; y In Other Worlds: SF and the Human Imagination (2011), en el que ilumina su relación con la ciencia ficción.
- Gano el Premio PEN Pinter en 2016 por el espíritu de activismo político que enhebra su vida y sus obras.

13.   Agatha Christie (1890-1976)

Novelista y dramaturgo inglés de novelas policíacas

*"Lo imposible no podría haber ocurrido, por lo tanto lo
imposible debe ser posible a pesar de las apariencias".*

Dame Agatha Mary Clarissa Miller (Torquay, 15 de septiembre de 1890
- Wallingford, 12 de enero de 1976) fue una escritora británica que se
convirtió en una de las autoras más exitosas de todos los tiempos. Sus
obras fueron publicadas en diez minutos, 108 talentos, que representan
más de 3 millones de dólares en todo el mundo.

La obra de Agatha Christies consta de 66 libros de detectives, 20 libros de
tono, 4 libros de no-ficción, 6 novelas con el seudónimo de Mary
Westmacott y más de 150 obras de arte. Hay más de 200 películas sobre

la obra de Christies y sobre la vida de su autor en el mundo de la literatura y de la escritura.

Es la madre de, entre otros, Hércules Poirot, Miss Marple, Tommy y Tuppence y el Sr. Harley Quin.

Levensloop

Agatha Mary Clarissa Miller nació el 15 de septiembre de 1890 en Torquay, un pueblo del suroeste de Inglaterra. Es la segunda hija y la última hija del estadounidense Frederick Alvah Miller y de la británica Clarissa Boehmer. Diez y quince años antes nacieron en la familia Margaret (Madge) y su hermano Louis (Monty). El padre de Agatha ha sido forzado por su padre (un empleado en el sector de la hostelería). Ahora se encuentra en los Estados Unidos, donde trabaja como ayudante. La familia Miller, de clase media-alta, construyó en 1881 una villa llamada Ashfield, en las afueras de Torquay. Se trata de una gran casa en la que Agatha habla mucho y en la que hay una serie de actividades. Agatha es hija de un joven de la familia. Es una mujer rústica y muy tranquila. Su familia y su hermano son muy mayores y en el pueblo viven muchos niños. Además, habla mucho y está muy unido a su madre, que es muy fuerte.

Agatha no va a la escuela. Su madre no lo ve claro. Zij and Madge geven Agatha thuisonderwijs and leren haar piano- and mandolinespelen. Agatha no escribe ni lee desde la última vez que lo hace, pero se queda con los libros que ha escrito durante sus cuatro años de vida. En 1896, la historia de los problemas de salud del líder Frederick en el sur de Francia. Esta ruta es conocida por su clima cálido y su lucha contra la pobreza. Los Millers se han ido de vacaciones. Agatha aprende aquí un par de historias francesas. En 1901, su padre muere de una grave enfermedad.

Tras la muerte de su padre, Frederick, la familia se enfrenta a más problemas financieros. Zus Madge está inmersa en un proceso de desintegración y su hermano Monty se convierte en el abogado de VS. Durante 12 años, Agatha escribe sus primeras historias y cuentos. Algunos de ellos se publican en revistas regionales. En el invierno de 1905, su marido, Ashfield, se va a buscar un poco de tinta y se va con Agatha a París. Agatha se va de vacaciones. Su madre se va a Torquay hace dos meses y Agatha se queda dos años en París. Durante este tiempo, no se ha convertido en una pianista profesional ni en una jugadora. Su madre, Madge, que también escribe, cree que Agatha no debe seguir escribiendo una novela de aventuras. Agatha gana la batalla unos años más tarde.

La madre de Agatha se enfrenta a problemas de salud. A principios de 1907, Ashfield se va con Agatha a pasar el invierno en la popular (y divertida) ciudad británica de Caïro. El clima cálido y cálido hace que la madre de Agatha se sienta bien. Tras su llegada a Torquay, Agatha vive su vida social: con sus amigas va a fiestas, pasea por el paseo marítimo a lo largo de la playa, se divierte, va al teatro y hace música. En estos días, ha escrito algunas de las mejores historias. Lo hace con sus clientes, pero siempre está presente.

El mejor momento y el mejor debut

En 1912, Agatha recoge las vivencias de su viaje a Caïro en su primera novela -*Nieve en el* desierto- y se la entrega al conocido autor Eden Phillpotts, que se encuentra entre los Millers en la ciudad. Phillpotts cree que Agatha tiene "talento para el diálogo", pero le aconseja que deje de escribir su obra y que siga escribiendo. En 1914, se encuentra con el legendario Archibald Christie ("Archie") en una fiesta, y ambos se encuentran con una gran cantidad de problemas. Archie hace en diez meses un viaje de estudios que acepta. La primera bitácora del mundo comienza pronto y Archie se va a Francia a trabajar para la RAF. Al final del periodo de tiempo, Archie se traslada a Inglaterra y se aprovecha de esta situación para ir a Kerstavond. En el norte de Francia, Archie se va a Francia. Agatha empieza a trabajar como empleada y más tarde como auxiliar de farmacia en un hospital militar de Torquay. Aquí es donde se hace cargo de los conocimientos de diversos tipos de personas.

En el otoño, Agatha y Archie viajan a Londres. Archie se dedica a trabajar en el mundo de las finanzas. En 1919 nace Rosalind, la primera hija de Agatha. Tres obras -*Himno del Mundo, Sheila la Oscura* y *Un* Paso- son las primeras obras de Agatha que se publicaron profesionalmente. Las obras se dirigen a *The Poetry Review* y a *Poetry of Today*.

Agatha aprendió a ser detective y a ser la primera Sherlock Holmes de Sir Arthur Conan Doyle, quien, junto con su amigo Watson, se encargó de la misión. Esto inspiró a Agatha. En 1916, su primer libro de aventuras fue escrito por su madre: *El misterioso asunto de Styles*. En ese momento, se reunió con su marido en el primer matrimonio. El detective Hércules Poirot es el protagonista de esta historia. Los nuevos soldados belgas que ha visto y los numerosos pueblos belgas que se han instalado en Torquay han servido de inspiración para que el detective se convierta en belga. La figura de Hastings no es la misma que la de Watson en la novela de Sherlock Holmes. El manuscrito fue publicado en varias ocasiones y en 1920 una editorial (The Bodley Head) le dio la oportunidad de publicar su obra. El libro está muy bien diseñado. Agatha ha firmado un contrato para la publicación de varios libros.

En 1922, un conocido suyo (Ernest Belcher) le pidió que realizara un viaje por todo el mundo para la Exposición del Imperio Británico, y que se encargara de la promoción de las colonias británicas. La exposición duró menos de un año y fue el resultado de la promoción de la gran exposición que tuvo lugar en Londres en 1924 y 1925. Agatha se reúne con su hombre y se siente atraída por este mundo. *El camino de los sueños* -un libro de cuentos- fue publicado por Geoffrey Bles. Se trata de la última obra de la mano de Christies que ha sido editada por esta editorial londinense.

Los Christies se marchan a Londres, donde Archie trabaja en el mundo de las finanzas. Se instalan en varios apartamentos y se trasladan a Sunningdale, donde se encuentra su gran campo de golf. No se trata de una victoria de *Styles*, sino de la casa de campo que se encuentra en el centro de la historia de Christies. El *asesinato de Roger Ackroyd* fue publicado en 1926. Christie se convirtió en el líder de la obra y el alcance en el mundo de la escritura fue tan grande que el autor se convirtió en el líder del prestigioso *Club de Detección*, un grupo de la crème de la crème de los escritores.

Verdwijning

En abril de 1926 muere la madre de Agatha. Cuatro meses más tarde, Archie se da cuenta de que va a buscar a Nancy Neele, una amiga del Mayor Belcher, para que le ayude. El amor de su madre y la última relación con Archie hacen que Christie se convierta en un desastre mental. El 8 de diciembre de 1926, se despidió. Su coche (con todo y un coche de alquiler) fue el último en llegar a un lugar de encuentro en Guildford. Christie fue llevada a un hotel de Harrogate unos días después, donde se le ingresó tras la visita de su marido. La política y la sociedad civil de su país se han unido al autor de la obra. Christie se encuentra en su casa, donde no tiene ningún contacto con el mundo exterior. Los resultados de esta investigación son muy frecuentes y se refieren siempre a las teorías y los problemas más complejos. Una campaña publicitaria y los reportajes sobre la guerra son algunas de las cosas que se han hecho. Christie no se ha preocupado por este asunto. Su familia ha sido siempre muy exigente con la teoría de los derechos humanos. El autor, Jared Cade, ha escrito un libro muy completo sobre este periodo. Para la hija de Agatha, este libro es una muestra de la necesidad. También se ha hecho un trabajo con los libros. Algunos de los antiguos personajes de Agatha Christie también se han visto reflejados en las páginas del libro de Cades.

Tweede huwelijk

Agatha y Archie se conocen en 1928. Agatha se convierte en escritora de la obra de Christie, tras la visita de su padre. *La coartada* es el primer libro de tono que se ha escrito en los planos. Agatha se da cuenta de que no debe escribir para tener un mensaje, pero que su vida cotidiana sólo le permite escribir lo que le falta. La escritura se hace esperar y Agatha se emociona aún más por la llegada del lejano año 1926. Se va de viaje y, durante una cena con un camarero, le sugiere que vaya a Bagdad para visitar las obras y descubrir la cultura de la ciudadela. Lo hace y regresa con el Orient Express vía Estambul a Irak. Allí se encuentra con el arqueólogo Leonard Woolley. Éste le ayuda a comenzar el año 1930 y a seguir el camino de la explotación. Se necesita esta ayuda y en febrero de 1930 llega Max Mallowan, un joven arqueólogo de varios años que trabaja como ayudante de Woolley. Lleva a Agatha y a otros gastos a los talleres de investigación de la zona. Crece una banda de amigos. Más tarde, en Inglaterra, Max hace un viaje de estudios que Agatha acepta. Se encuentran el 11 de septiembre de 1930.

En 1931, Agatha se instala en Wallingford *Winterbrook House*. Se encuentra cerca de Oxford, donde Max trabaja, y no puede ver Londres. Max se encuentra en el campo de la investigación en Tell Arpachiyah, en Mosoel. En 1936 se vendieron más de 10.000 ejemplares de *Muerte en las nubes*, y Christie se convirtió en el primer autor superventas. El año pasado escribió el libro de tono *Akhnaton*. Esta obra no se ha vuelto a publicar. En el período comprendido entre 1930 y 1945, Agatha tuvo un período de escritura enormemente productivo y en esta época escribió sus más exitosos y mejores detectives. Ha realizado muchas de sus investigaciones en el Midden-Oosten, como en Moord op de Nijl.

Su tienda en Torquay es un lugar de paso, pero la sensación de que se ha ido no es la mejor. Torquay se está llenando de gente y la sensación es mayor. Agatha ha comprado su casa de campo en Ashfield. En 1938, Greenway House se convirtió en un edificio y una casa de campo. Esta casa, situada en el bosque, sobre el río Dart, fue un ejemplo de cómo se puede vivir. La hija de Rosalind aparece en el Tweede Wereldoorlog 1941 con Hubert Pritchard. Max va a Caïro como experto en árabe del *Departamento de Guerra británico*. Agatha se va a la playa como enfermera en el hospital.

En este período, Agatha ha creado el *telón: El último caso de Poirot* y *Asesinato en la cama* (la última de Miss Marples). Ambos libros se encuentran en un archivo y no han sido publicados por la autora. En 1943 nació su hijo Mathew. Bajo el seudónimo de Mary Westmacott escribe Agatha *Absent in the Spring*; esto en apenas diez días y sin ningún tipo de óxido. El hijo de Agatha - y también el del hijo de Mathew - se escabulle en el bosque. En mayo, Max viaja a Inglaterra. Su hijo tiene que entrar en *Greenway House*. Koningin Mary le pide a Agatha Christie, con motivo de su cumpleaños, que escriba un libro para *la BBC Radio*. *La Ratonera* es el evento.

Agatha lleva a Max a Nimrud (Irak). Noemt su geïmproviseerde onderkomen *Beit Agatha* (Agatha's huis). Su hija Rosalind se reúne con Anthony Hicks. Un columnista del *Sunday Times londinense le da el* nombre de Mary Westmacott. Agatha se incorporó a la *Royal Society of Literature*. En 1950 se une al empresario teatral Peter Saunders y le entrega los primeros capítulos de su autobiografía en papel. *La Ratonera se estrenó* en 1952 por primera vez en Londres.

Erkenning

Agatha ganó en 1954 el *Grand Master Prize* de *la Mystery Writers of America*. Al mismo tiempo, Agatha Christie Limited se convirtió en propietaria, y en 1956 se le concedió el título de "Comandante del Imperio Británico". El autor también fue nombrado director de *The Detection Club* (la organización a la que se incorporó por primera vez tras el *asesinato de Roger Ackroyd*). Max se va a Nimrud para hacer un trabajo de investigación. La Universidad de Exeter otorgó a Agatha Christie el título de doctora en letras en 1961.

En 1962, el ex hombre Archibald Christie se hace cargo de su autobiografía en 1965 y Max publica su obra gráfica *Nimrud y sus restos*. Max también fue nombrado presidente. Su nombre es Agatha, "Lady Mallowan". Agatha se ha convertido en "Dama Comandante del Imperio Británico". Se le llama Dame Agatha Mallowan, o Dame Agatha Christie, y se le ponen las letras "DBE" en su nombre.Madame Tussaud creó en 1972 una imagen de Agatha Christie.

En 1974, se convierte en el primer presidente de la República. El 12 de enero de 1976 se traslada a Wallingford, Oxfordshire.

En su casa, en su casa, en su casa, en su casa, en su casa, en su casa, en su casa.

La autobiografía de Agatha aparece en los libros. También las *memorias de* Mallowan aparecen en muchos libros. Max Mallowan murió en 1978. *Partners in Crime* (una serie de televisión de temporada) se encuentra en el catálogo. Las primeras interpretaciones de Joan Hickson como Miss Marple se dirigen a una nueva publicación, y David Suchet vuelve a aparecer en 1989 como Hércules Poirot en la televisión de Poirot. El *centenario de Agatha Christie se celebra de* forma masiva. La *Sociedad Agatha Christie ha* sido creada. Los títulos más recientes son *Black Coffee* (obra de Charles Osborne de 1997) y *Unexpected Guest* (Charles Osborne, 1999).

Estilos y tecnologías de la información

Casi todos los libros de Agatha Christie son historias de aventuras, escritas en el medio y largo plazo británico. El detective se encuentra a menudo en la oscuridad, o se deja llevar por una mujer que ha sido traicionada. El detective sigue con todos los detalles y analiza la situación en la que se encuentran todos los obstáculos, para que el detective pueda analizar la situación y resolver el misterio por sí mismo. A menudo, la mitad del camino o la mitad del tiempo de la vida es una de las cosas que hay que ver, ya que la identidad del protagonista se ha perdido y se ha perdido. En algunas novelas, como *En el fondo está la sangre* y *Tien pequeñas negaciones*, hay más opciones de ocio. El detective ha organizado un taller con todos los personajes y se ha hecho un seguimiento de los mismos, para que todos los temas sean tratados en más de una página. Los motivos son muy ingeniosos, y a menudo se trata de una forma de engaño. Los personajes son conocidos por su fuerte
151

sentimiento y su fuerte suspense psicológico. Dos veces, el protagonista se convierte en el más destacado de la historia.

En seis ocasiones, Christie se refiere a la dirección (y en la última, a la misión implícita): *Testigo de Cargo*, El *Hombre del Traje Marrón*, *Asesinato en el Expreso de Oriente*, *Cortina* y *El Invitado Inesperado*. En algunos casos, el director no se dedica a la investigación, sino que se queda en el pasado (cuando el personaje se vuelve más "simpático"), como en *La muerte llega al final*, *Y entonces no hubo nadie*, *Muerte en el Nilo*, *Testigo mudo*, El *asesinato de Roger Ackroyd*, *La casa torcida*, *Cita con la muerte*, *El hueco*, *Némesis* y *El adversario secreto*. En algunos casos, el detective desempeña un papel importante.

Destacados

- Agatha Christie, en su totalidad Dame Agatha Mary Clarissa Christie, de soltera Miller, fue educada en casa por su madre.
- Christie comenzó a escribir ficción detectivesca mientras trabajaba como enfermera durante la Primera Guerra Mundial. Su primera novela, The Mysterious Affair at Styles (1920), presentó a Hércules Poirot, su excéntrico y egoísta detective belga; Poirot reapareció en unas 25 novelas y muchos relatos cortos antes de volver a Styles, donde, en Curtain (1975), murió.
- El primer gran reconocimiento de Christie llegó con El asesinato de Roger Ackroyd (1926), a la que siguieron unas 75 novelas que solían figurar en las listas de best-sellers y se publicaban por entregas en revistas populares de Inglaterra y Estados Unidos.
- Otras adaptaciones cinematográficas notables fueron Y entonces no hubo ninguno (1939; película 1945), Asesinato en el Expreso de Oriente (1933; película 1974 y 2017), Muerte en el Nilo (1937; película 1978) y El espejo roto de lado a lado (1952; película [El espejo roto] 1980).

14.   Alexandra Danilova (1903-1997)

Bailarina rusa conocida por su vivacidad y talento teatral

Aleksandra Dionisievna Danilova (en ruso: Александра Дионисиевна Данилова) (Peterhof, 20 de noviembre de 1903 - Ciudad de Nueva York, 13 de julio de 1997) fue una bailarina y bailarina rusa que posteriormente se convirtió en nacionalista americana.

Leven

Danilova comenzó a bailar en el Mariinskitheater de San Petersburgo. En 1921 también se incorporó al "cuerpo de baile" del Mariinskiballet. Junto con el bailarín y coreógrafo George Balanchine (con el que mantenía una relación muy estrecha) se trasladó a Rusia en 1924 y fue solista en los Ballets Rusos de Sergej Diaghilevs. Tras la muerte de Diaghilevs, pasó mucho tiempo en el Ballet Ruso de Montecarlo.

Danilova ha sido una de las protagonistas de todos los grandes ballets clásicos y ha trabajado con grandes coreógrafos como Marius Petipa y Michel Fokine. Se le encomendó la interpretación de *Swanhilda* en Coppélia y de *Odile* en Zwanenmeer. Su última actuación fue en 1951.

Tras su carrera como bailarín, emigró a los Estados Unidos y trabajó como coreógrafo, entre otros, en la Metropolitan Opera y como bailarín en la School of American Ballet. También participó en musicales y películas, entre ellas "The Turning Point" de Herbert Ross.

Danilova falleció en 1997 en Nueva York, a los 93 años de edad.

Destacados

- Alexandra Danilova asistió a las escuelas de ballet imperial ruso y estatal soviético de Leningrado, donde estudió con Agrippina Vaganova y llegó a ser solista en el Teatro Mariinsky (antiguo Kirov).
- Danilova actuó como artista invitada con varias compañías de ballet, entre ellas el Sadler's Wells Ballet, y con su propia compañía (Great Moments of Ballet, 1954-56) realizó giras por Japón, Filipinas y Sudáfrica.
- Alexandra Danilova destacó tanto por su amplio repertorio, que abarca desde papeles románticos hasta abstractos de Balanchine, como por la individualidad de sus caracterizaciones, en particular la bailarina callejera de Le Beau Danube, la vendedora de guantes de Gaîté Parisienne, Odette de El lago de los cisnes y Swanilda de Coppélia.
- También actuó en comedias musicales (Oh Captain!, 1958), dio clases y realizó giras de conferencias.
- Alexandra Danilova desempeñó un pequeño pero importante papel en la película The Turning Point (1977).

15.   Josephine Baker (1906 - 1975)

Bailarina francesa nacida en Estados Unidos, famosa por sus actuaciones teatrales

"Debes obtener una educación. Debes ir a la escuela, y debes aprender a protegerte. Y debes aprender a protegerte con la pluma, y no con la pistola".

Josephine Baker o **Joséphine Baker**, artista de *Freda Josephine McDonald* (Saint Louis (Missouri), 3 de junio de 1906 - París, 12 de abril de 1975), fue una bailarina, actriz y actriz estadounidense-francesa.

Leven

Josephine Baker se ha puesto la ropa de abrigo. Como tipo, se le dio la bienvenida a varias familias para que viviera su segunda mitad como esposa. Se ha dedicado a la búsqueda de personas que se dedican a la agricultura. A su edad, actuó en el Vaudeville de Saint Louis. Se trasladó a Nueva York y debutó en Broadway dos años después. También actuó en Europa y América del Sur, en París por primera vez en 1925, entre otras cosas en el Folies Bergère. En esta época, también estuvo presente en el podio y se le atribuyó el protagonismo de su obra de teatro y de sus bailes eróticos. En este caso, se trata de un juego de azar.

En 1937, se unió a la nacionalidad francesa con el francés Jean Lion y se convirtió definitivamente en el rey de Francia. En el Tweede Wereldoorlog, trabajó para la Resistencia gracias a su posición, con el fin de realizar acciones de protesta. Más tarde, se unió a la Cruz Roja, a la Asociación de Voluntarios de la República Francesa y a la Asociación de Veteranos. En diciembre de 1957, también fue nombrado jefe de la Legioen van Eer.

Baker se ha convertido en un referente para los derechos de los afroamericanos. También se dedicó a la creación de salas de reuniones. En 1951, se le asignó un club en Nueva York. Grace Kelly, que se encontraba en el centro de la ciudad, se reunió con todos sus amigos y no volvió a salir. Baker y Kelly son ahora buenos amigos. En 1963, se reunieron con Martin Luther King en la Marcha de Washington, donde fue el único representante de la sociedad civil. Tras la marcha de Martin Luther King, se le pidió que se quedara en su lugar. Le agradeció que su familia se uniera a la causa para que su hijo se sintiera mejor.

El 12 de abril de 1975, cuatro días después del estreno de una exitosa revista, Baker se fue a la cama. Había sufrido una hemorragia. Comenzó en el Cimetière de Monaco en Monte Carlo. En el Château des Milandes se exponen las historias, los cuentos y las historias de su vida.

Privéleven

En 1941, se le concedió un permiso de residencia, por lo que su marido tuvo que ser expulsado. Más tarde, adoptó a medio pariente en todos los rincones del mundo; sus parientes se convirtieron en parientes de la tribu arc-en-ciel. Durante un tiempo se reunió con sus hijos en el Castillo de Milandes, en Castelnaud-la-Chapelle, en la Dordoña.

Joséphine Baker era una mujer muy bella. Conviviendo con otros hombres, mantuvo su propia vida de pareja, así como las relaciones con las mujeres. En este sentido, no se ha ofrecido ningún tipo de información pública sobre su personalidad. Sus primeras amistades fueron, entre otras, la escritora francesa Colette y Frida Kahlo. Uno de sus hijos, Jean-Claude Baker, describe en su biografía a su madre y a sus cuatro hijos: Clara Smith, Evelyn Sheppard, Bessie Allison y Mildred Smallwood, que siempre estuvieron en el circuito durante sus primeros años en el podio de los Estados Unidos.

A pesar de su propia identidad y de su lucha contra el racismo (con el nombre de su nombre a través de las acciones de la lucha afroamericana contra las hamburguesas americanas), se enfrentó a viajes homofóbicos; se llevó a uno de sus hijos, Jarry Bouillon Baker, a su padre, porque era homosexual. A raíz de esto, le dijo que su hermano se había "enterado".

Destacados

- Entre los 8 y los 10 años, Josephine Baker no iba a la escuela y ayudaba a mantener a su familia. De niña, Baker desarrolló un gusto por lo extravagante que más tarde la haría famosa.
- En 1923, Baker se unió al coro de una compañía de carretera que representaba la comedia musical Shuffle Along y luego se trasladó a la ciudad de Nueva York, donde avanzó de forma constante en el espectáculo Chocolate Dandies en Broadway y en el espectáculo de pista del Plantation Club.
- En 1925, Baker viajó a París para bailar en el Théâtre des Champs-Élysées en La Revue Nègre e introdujo su danza salvaje en Francia.
- Josephine Baker cantó profesionalmente por primera vez en 1930, debutó en la pantalla como cantante cuatro años más tarde en Zouzou, e hizo varias películas más antes de que la Segunda Guerra Mundial frenara su carrera.
- Su vida fue dramatizada en la película para televisión The Josephine Baker Story (1991) y se presentó en el documental Joséphine Baker.

18 mujeres luchadoras por la libertad

1. Malala Yousafzai (nacida en 1997)

Defensor de la educación pakistaní

"Un niño, un profesor, un libro, un bolígrafo pueden cambiar el mundo".

Malala Yousafzai (Mingora, 12 de julio de 1997) es una activista infantil pakistaní. En 2014 fue galardonada con el Premio Nobel de la Paz, junto con Kailash Satyarthi.

Levensloop

Malala Yousafzai, hija de un anciano, es conocida por su lucha para que sus hijos vayan a la escuela. En 2009 se dio a conocer por primera vez al publicar, bajo el seudónimo de *Gul Makai* (coreano), un blog en el sitio web de la BBC. En forma de un cuaderno de bitácora, habla de la situación de los talibanes en la región de Swatvallei, donde, desde que los talibanes se retiraron en 2007, muchas personas fueron asesinadas en la escuela y muchas otras fueron asesinadas.

Cuando el 9 de octubre de 2012 se fue en el autobús de la escuela, un talibán le pidió que le diera un golpe de timón y que le pusiera un kogel en la cabeza y en la espalda. Los talibanes se han reunido en una iglesia de

Rawalpindi para ver el perro en su cabeza. Los talibanes no quieren que se pierda.

El 15 de octubre fue trasladado a Inglaterra, donde recibió un tratamiento especializado en el Hospital Queen Elizabeth de Birmingham. También aquí fue más atacado por los talibanes. Su padre le dio una oportunidad para que su hijo se marchara al Reino Unido.

En enero de 2013 se trasladó a la universidad, pero a principios de febrero se marchó a Birmingham. Una parte de su programa se preparó con una prótesis de titanio que, gracias a la tecnología 3D, se adaptó a la forma de su casco. Se le ha implantado una cóclea en el estribo. El 8 de febrero, la casa de la familia se abre.

Malala estudió en la Universidad de Oxford.

Educación internacional

En 2011, Malala fue galardonada con el *Premio Internacional de la Infancia*. Este mismo año, el gobierno pakistaní le concedió el Premio *Nacional de la Juventud*. Más tarde, este premio se convirtió en el Premio Nacional de la *Paz Malala*.

El 10 de noviembre de 2012, las Naciones Unidas se comprometieron a *celebrar el Día de Malala*, en el que las Naciones Unidas se comprometen a apoyar a 32 millones de niños y 29 millones de jóvenes de todo el mundo que no tienen derecho a la educación. Una petición en Internet, que desde octubre de 2012 se ha hecho para que en 2013 se reconozca el Premio Nobel de la Paz, ha sido aceptada por más de 250.000 personas.

En el número de *Time* del 29 de abril de 2013, Malala fue nombrada una de las 100 personas más destacadas del mundo. Su foto está en la portada de la revista. El 12 de julio de 2013, en su cumpleaños, Malala se reunió con 500 jóvenes en la República Bolivariana de Venezuela. Por esta razón, este día se convirtió en el "Día de Malala". El 6 de septiembre de 2013 se celebró en la Ridderzaal de La Haya el Premio Internacional de la Infancia 2013 en honor a Malala. Con el apoyo de la organización holandesa KidsRights, se fue a los Países Bajos. La ganadora del Premio Nobel de la Paz 2011, Tawakkul Karman, entregó el premio con el nombre de KidsRights. El 20 de noviembre de 2013, Malala recibió en

Straatsburg, en el Parlamento Europeo, *el Premio Sacharov a la Libertad de Expresión.* Es la primera ganadora de este premio hasta la fecha.

El 24 de mayo de 2014 recibió en Middelburg el Premio Cuatro Libertades de la Juventud, otorgado por Blof en colaboración con la familia Roosevelt y la casa familiar. El 10 de octubre de 2014 se le concedió el Premio Nobel de la Paz 2014. A los 17 años fue el primer ganador de un Premio Nobel. En julio de 2014 viajó a Nigeria, donde se llevó a más de 200 escuelas que en abril fueron atacadas por Boko Haram.

En abril de 2015, la NASA creó un planetoide entre Marte y Júpiter en dirección a Malala con el nombre oficial de "316201 Malala". La nave tiene una anchura de cuatro kilómetros y tarda unos cinco años y medio en llegar a la zona.

Destacados

- Malala Yousafzai ganó la atención mundial cuando sobrevivió a un intento de asesinato a los 15 años.
- En octubre de 2011 fue nominada por el activista de derechos humanos Desmond Tutu para el Premio Internacional de la Paz para Niños.
- En 2014, Yousafzai y Kailash Satyarthi fueron galardonados conjuntamente con el Premio Nobel de la Paz en reconocimiento a sus esfuerzos en favor de los derechos de los niños.
- En julio de 2015, con el apoyo del Fondo Malala, abrió una escuela de niñas en Líbano para los refugiados de la guerra civil siria.
- Habló de su trabajo con los refugiados así como de su propio desplazamiento en We Are Displaced (2019).

2. Angela Davis (nacida en 1944)

Activista político y autor afroamericano

"En una sociedad racista, no basta con no ser racista, hay que ser antirracista".

Angela Yvonne Davis (Birmingham (Alabama), 26 de enero de 1944) es una filósofa feminista estadounidense, escritora, activista y profesora. Durante varios decenios ha impartido clases en universidades de los Estados Unidos, Europa, África, Caribe y la antigua Unión Soviética. Además, ha publicado un gran número de artículos, ensayos y libros.

Persoonlijk

Angela Davis nació el 26 de enero de 1944 en Birmingham, Alabama. Su madre, Sallye Bell Davis, desempeñó un importante papel en el Southern Negro Youth Congress, que se unió al partido comunista de Estados Unidos. Durante la época en que Davis y su hijo se casaron, sus padres se unieron a las filas comunistas y se hicieron amigos de los líderes negros del Partido Comunista. Su entorno ha dejado a Davis muy tocado: él mismo no puede decir que no tiene una relación muy estrecha con el partido.

Davis se fue a una escuela básica de negros y se fue a una "escuela media" en Birmingham. También se fue a Nueva York a la progresiva Elisabeth Irwin High School, donde Davis comenzó a interesarse por el marxismo.

La presencia de Davis en un estado aislado es una muestra de la segregación y el racismo. Birmingham fue a principios de los años uno de los lugares más transitados de Estados Unidos. Davis vivía con sus padres y hermanos en un barrio de la ciudad, que también se llamaba "Dynamite Hill". Las mujeres afroamericanas se vieron afectadas por el Ku Klux Klan con dinamismo y violencia, por lo que el lugar se convirtió en un lugar de culto, y Birmingham en un lugar de culto "Bombingham". Davis también ha sufrido la discriminación y conoce a las personas que fueron víctimas de los bombardeos del Ku Klux Klan en Birmingham en 1963.

Angela Davis se reunió de 1980 a 1983 con Hilton Braithwaite. En 1997 apareció en la revista *Out* como lesbiana.

Loopbaan

Davis trabajó en 1969 y 1970 como profesor de filosofía en la Universidad de California en Los Ángeles, pero se vio afectado por su asociación con el Partido Comunista de los Estados Unidos y su "estilo oprimido".

A través de su banda con los Soledad Brothers, Davis se vio obligado a hacer frente a la falta de seguridad tras la llegada y la muerte del presidente Harold Haley en 1970. Davis se encargó de los trabajos en los que participaron tres afroamericanos (George Jackson, Fleeta Drumgo y John Clutchette). Durante su estancia, Haley fue despedido. Davis tiene por tanto un tiempo de espera, pero es muy diferente. Uno de los motivos principales de la dedicación de Davis fue su relación con uno de sus tres compañeros, George Jackson. Éste era el líder del Partido de las Panteras Negras, del que Davis fue durante un tiempo portavoz.

A principios de los 80, Davis fue profesor de la Universidad Estatal de San Francisco. De 1991 a 2008 fue profesora en la Universidad de California - Santa Cruz y en la Universidad de Rutgers. En Santa Cruz pasó un tiempo como directora del departamento de *Estudios Feministas*. Una de sus especialidades es la formación penitenciaria. Se convirtió en doctora del Instituto de Estudios Integrales de California en 2016.

En 1980 y 1984 fue elegido para la vicepresidencia de los Estados Unidos por el Partido Comunista de los Estados Unidos, como *compañero de fórmula* de Gus Hall. El dúo obtuvo el 0,05% (1980) y el 0,04% (1984) de los votos. El partido comunista ha involucrado a Davis en la lucha por las hamburguesas de los niños, en el Partido de las Panteras Negras y en las protestas contra el Vietcong. Davis es uno de los miembros del Premio Internacional Lenin de 1979, creado por la Unión Soviética. En 1991, Davis se convirtió en miembro del Partido Comunista y fundó los Comités de Correspondencia para la Democracia y el Socialismo. Davis sigue participando en el activismo comunista y feminista.

En septiembre de 2018, el Instituto de Derechos Civiles de Birmingham le concedió el Premio Fred L. Shuttlesworth de Derechos Humanos. En enero de 2019, se anunció que el premio no se otorgaría como parte de la gala, ya que Davis no cumplió con todos los criterios. El alcalde de Birmingham (Alabama), Randall Woodfin, se refirió a este asunto. Según él, se trata de una y otra vez de "los movimientos de protesta que se han producido dentro de la comunidad judía y de sus ciudadanos". Angela Davis se ha puesto a favor de los derechos de los palestinos y del movimiento BDS. En la Institución ha sido reproducida. En noviembre, la presidenta de la BCRI, Andrea Taylor, dijo que "es necesario considerar el precio de un campo mundial de derechos humanos".

Activismo feminista

Angela Davis ha dedicado una gran parte de su trabajo a la investigación y a la escritura sobre la mujer y el feminismo, y también sobre la discriminación de la mujer negra. Se trata de que el movimiento de las mujeres no se oponga a los derechos de las mujeres negras, pero también de que el movimiento feminista no se oponga a las mujeres negras. Para ello, se unió al Partido Comunista. En una entrevista posterior, dijo lo siguiente: *también había muchas organizaciones seksisticas en el movimiento obrero. En el Comité Coordinador Estudiantil No Violento (SNCC), se reunieron las fuerzas de seguridad, pero cuando llegó el momento de que la organización se hiciera pública en las conferencias y reuniones de trabajo, los hombres se retiraron y se quedaron con su trabajo. Nos pareció que esto era muy bueno*

Junto con Kimberly Crenshaw, que en 1989 adoptó el término de interseccionalidad, Davis fue una de las pioneras del feminismo de vanguardia.

Davis escribió en 1981 *Women, Race and Class (Mujeres, raza y clase)*, en el que abordó la intersección entre el movimiento de las mujeres, el movimiento de los negros y el movimiento de la clase. El libro es una recopilación de varios ensayos que describen la historia y el progreso del movimiento americano de la inmigración. También se aborda la esclavitud en América. Este es el último libro de Davis y ofrece un análisis interseccional del feminismo marxista sobre el género, la raza y la clase. En el marco del feminismo marxista, la interseccionalidad es el punto de partida para analizar la interacción entre los distintos aspectos de la identidad como resultado de un proceso sistemático y estructurado, y en el caso de Davis, cómo interactúan los aspectos de género, raza y clase como resultado de un proceso sistemático.

La combinación de los factores de género, raza y clase en la vida de las mujeres negras es en la obra de Davis un elemento importante. Davis puede ser considerada una de las impulsoras del feminismo negro. El feminismo negro, según Davis, se ha convertido en una propuesta teórica y práctica para demostrar que el comportamiento, la conducta y la clase son inseparables en el mundo social en el que vivimos. En los primeros años del feminismo negro, las mujeres negras no se sintieron muy identificadas con el movimiento negro y el movimiento de las mujeres, lo que fue confirmado por Davis.

Angela Davis ha criticado mucho el feminismo (ingenioso). Afirma que cuando se habla del feminismo en los Estados Unidos, se debe tener en cuenta que es algo que han creado las mujeres blancas. "Mujeres como Ida B. Wells, mujeres como Mary Church Terrell, mujeres como Anna Julia Cooper, son fundamentales para el proyecto feminista que más se acerca a la interseccionalidad". Durante una visita a la Biblioteca Copley en 2019, Davis afirma que las sufragistas blancas, gracias a su inspiración en el activismo antiesclavista, no han dejado de protestar contra las sufragistas negras, y que las mujeres blancas no son más que hombres blancos.

Davis señala que los problemas del racismo, el seksismo y el clasismo deben ser resueltos, ya que estos factores no siempre son los mismos en la lucha contra el racismo: las mujeres negras se ven afectadas por la lucha contra el racismo y el racismo femenino, y en la lucha contra el racismo de las mujeres negras se discrimina la clase económica.

"Elk feminisme dat ons zal helpen om de wereld van vandaag te transformeren, moet in staat zijn om perspectieven op te nemen die de witte suprematie uitdagen" (Davis, 2019).

Destacados

- Angela Davis, cuyo nombre completo es Angela Yvonne Davis, (nacida el 26 de enero de 1944 en Birmingham, Alabama, Estados Unidos), activista negra estadounidense militante que adquirió fama internacional durante su encarcelamiento y juicio por cargos de conspiración en 1970-1972.
- Debido a sus opiniones políticas y a pesar de un excelente historial como instructora en el campus de la universidad en Los Ángeles, la Junta de Regentes de California se negó en 1970 a renovar su nombramiento como profesora de filosofía.
- En 1991, sin embargo, Davis se convirtió en profesor de historia de la conciencia en la Universidad de California, Santa Cruz.
- En 1974 publicó Angela Davis: An Autobiography (reeditado en 1988).

3. Mae Jemison (nacida en 1956)

Médico estadounidense y astronauta de la NASA

"Nunca te limites por la imaginación limitada de los demás; nunca limites a los demás por tu propia imaginación limitada".

Mae Carol Jemison (Decatur, 17 de octubre de 1956) es una voluntaria estadounidense. Fue la primera mujer afroamericana de la historia. En 1993 se incorporó a la NASA y se convirtió en astronauta.

Jemison forma parte del *Grupo de Astronautas 12 de la NASA*. Este grupo de 15 astronautas comenzó su formación en junio de 1987 y se convirtió en astronauta en agosto de 1988. La primera y única misión de Jemis fue la STS-47 con el transbordador espacial Endeavour y tuvo lugar el 12 de septiembre de 1992. Durante la misión se llevaron a cabo varios experimentos en el módulo Spacelab.

Después de su carrera en la NASA, Jemison fue profesora de estudios militares en el Dartmouth College, donde investigó las causas y los efectos de la guerra civil, y también fundó el *Instituto Jemison para el Avance de la Tecnología en los Países en Desarrollo*. Por ello, *el Grupo Jemison se encargó de* desarrollar la tecnología para mejorar la calidad de vida en los países en vías de desarrollo. Jemison también actúa en favor de los derechos de las mujeres y los niños. En 1994, Mae Jemison puso en marcha el *programa Earth We Share* para niños, en el que se incluye una labor social y educativa con su misión educativa.

Información personal

Nació el 17 de octubre en Decatur, Alabama, pero su ciudad natal es Chicago, Illinois. Sus aficiones son el ocio, el arte gráfico, la fotografía, la pintura, el esquí, el arte africano y el deporte. Charlie y Dorothy Jemison nacieron en Chicago.

Opleiding

Estudió en 1973 en la *Morgan Park High School* de Chicago. En 1977 estudió en la Universidad de Stanford con una *licenciatura* en ciencias y como ingeniero químico, y en 1981 se doctoró en medicina en la Universidad de Cornell.

Destacados

- Mae Jemison, cuyo nombre completo es Mae Carol Jemison, (nacida el 17 de octubre de 1956 en Decatur, Alabama, Estados Unidos), médica estadounidense y primera mujer afroamericana en convertirse en astronauta.
- En 1977, Jemison ingresó en la Facultad de Medicina de la Universidad de Cornell, en Ithaca (Nueva York), donde se interesó por la medicina internacional.
- Se licenció en medicina en 1981 y, tras un breve periodo como médico generalista en un grupo médico de Los Ángeles, se convirtió en oficial médico del Cuerpo de Paz en África Occidental.
- En 1992 pasó más de una semana orbitando la Tierra en el transbordador espacial Endeavour. En aquel momento era la única mujer afroamericana astronauta.

4. Rosa L. Parks (1913-2005)

Activista de los derechos civiles afroamericanos

"Nunca hay que tener miedo de lo que se hace cuando es correcto".

Rosa Louise Parks-McCauley (Tuskegee (Alabama), 4 de febrero de 1913 - Detroit (Michigan), 24 de octubre de 2005) fue una activista estadounidense de la lucha contra la pobreza. Se le conoce por su fallecimiento en 1955, cuando abandonó su puesto de trabajo en la reserva de alimentos para los negros. Esto ocurrió cuando la primera parte del autobús fue reservada para los blancos.

Biografía

Parks nació en Tuskegee, Alabama. Trabajó la mayor parte de su vida como ministro. A principios de los años 50, participó en el movimiento de lucha contra la pobreza en África. También trabajó como secretaria de la NAACP en Montgomery. El 1 de diciembre de 1955, se embarcó en un autobús en el que se encontraba un pasajero blanco para que el "pasajero blanco" se levantara, a pesar de la humedad que había en Alabama. La política se ha impuesto y Parks ha cobrado un billete de 10 dólares (más 4 dólares de gastos de viaje). Para que se pudiera hacer más, se le dio un cambio y en febrero de 1956 se le pidió que se le diera la vuelta a la orilla abierta.

Martin Luther King luchó por la paz y comenzó el gran "Montgomery-busboycot", en el que la línea de autobuses se vio afectada por el fracaso y la necesidad de proteger a los blancos y a los niños en los autobuses. Esto hizo que aumentaran las protestas contra la segregación racial. En este sentido, la protesta de Rosa Parks en la Cámara de Comercio de los Estados Unidos fue una de las más importantes, ya que se mantuvo en la línea y la separación de blancos y negros se hizo evidente.

Gracias a su actuación, fue contratado y también con su padre, por lo que a principios de los años 60 se fue a Detroit, donde se mudó con su padre. Entre 1965 y 1968 trabajó como empleado de John Conyers, director de la Casa de los Afroamericanos. En 2004, un informe médico reveló que Parks sufría de demencia. Un año más tarde, a los 92 años de edad, falleció en su casa.

Destacados

- Cuando tenía dos años, poco después del nacimiento de su hermano menor, Sylvester, sus padres decidieron separarse. Desde entonces, los niños se distanciaron de su padre y se trasladaron con su madre a vivir a la granja de sus abuelos maternos en Pine Level, Alabama, a las afueras de Montgomery.
- En 1932, a la edad de 19 años, Rosa se casó con Raymond Parks, un barbero y activista de los derechos civiles, que la animó a volver a la escuela secundaria y obtener un diploma.
- En 1987 cofundó el Instituto Rosa y Raymond Parks para el Autodesarrollo, con el fin de proporcionar formación profesional a los jóvenes y ofrecer a los adolescentes la oportunidad de conocer la historia del movimiento por los derechos civiles.

5. Nellie Bly (1867-1922)

Periodista, industrial, inventor y trabajador benéfico estadounidense

"La energía correctamente aplicada y dirigida logrará cualquier cosa".

Nellie Bly (Cochran's Mills, Pennsylvania, 5 de mayo de 1864 - Nueva York, 27 de enero de 1922) fue el seudónimo de la periodista estadounidense **Elizabeth Jane Cochrane**. Fue una escritora de novelas muy conocida por su viaje por el mundo en 72 días (más rápido que el viaje por el mundo en varios días del escritor de ficción Phileas Fogg de Julio Verne) y por un viaje en el que se le diagnosticó una enfermedad para poder estudiar una clínica psiquiátrica. Fue un pionero en su campo y comenzó a trabajar en un nuevo tipo de periodismo de investigación. Además de su trabajo como escritor, también fue industrial y se convirtió en un trabajador en activo.

La noche de los sueños

Nació con el nombre de **Elizabeth Jane Cochran** en Cochran's Mills, en la ciudad de Pittsburgh, Burrell Township, en el condado de Armstrong, Pennsylvania. Su padre, Michael Cochran, era un agricultor y molinero muy activo que vivía con Mary Jane. Cochran hizo que sus hijos tuvieran que luchar contra el trabajo duro y la violencia a causa de la falta de dinero y de la necesidad de la tierra de la que procedía su familia. Como joven madre, fue nombrada "Pinky", ya que tenía el pelo más corto. En su juventud, se hizo a sí mismo un gran trabajo, dejó que su hijo se marchara y se marchó a **Cochrane**. Se fue a una escuela de idiomas, pero al cabo de un tiempo tuvo que dejar de hacerlo por falta de dinero.

En 1880, Elizabeth llega con su familia a Pittsburgh. Una antigua columna misógina, titulada *"Para qué sirven las chicas"* (*Waar meisjes goed voor zijn*), en el *Pittsburgh Dispatch,* la invita a escribir una réplica antigua con el seudónimo "Chica huérfana solitaria" ("Eenzaam weesmeisje"). El escritor George Madden se mostró entusiasmado por su pasión y entusiasmo y publicó un anuncio en el que se le pedía a la autora que se uniera a la obra. Cuando Elizabeth se dirigió al director de la revista, se convirtió en un autor que escribía, en especial bajo el seudónimo de "La huérfana solitaria". En su primer artículo para *el Dispatch*, titulado "El rompecabezas de las chicas" ("De meisjespuzzel"), Madden se embarcó en una aventura. Se convierte en su seudónimo "Nellie Bly", que se basa en el título del famoso cuento "Nelly Bly" de Stephen Foster. Por lo general, él sabe que su seudónimo también es "Nelly Bly", pero su autor lo escribe por teléfono como "Nellie" y esa frase se ha convertido en realidad.

Como escritor, Bly ha trabajado en el *Dispatch* en el lote de artistas y ha escrito una serie de artículos periodísticos sobre los fabricantes de ropa, pero por medio de la redacción, se ha centrado en las páginas web de las mujeres para hablar de la moda, la cultura y el estilo, temas típicos que los periodistas de las mujeres han querido abordar. Cuando se incorporó a este trabajo, se puso en sus manos y se fue a México para trabajar como corresponsal en el extranjero. Aunque tenía 21 años, ya tenía un largo viaje de medio año sobre la vida cotidiana y el trabajo de los mexicanos. Sus reportajes fueron publicados en 1888 en un libro titulado *Seis meses en México*. En un reportaje protestó contra el comportamiento de un periodista local que criticaba al gobierno mexicano, al dictado de Porfirio Díaz. Cuando las autoridades mexicanas se enteraron del reportaje de Bly, se fueron a su país. Esto le permitió a Díaz convertirse en un hombre de negocios que el pueblo mexicano aceptó y que la gente aceptó.

Informe sobre la situación de la enfermedad en el país

Después de que se le diera la vuelta al teatro y al arte, en 1887 Bly se marchó al *Pittsburgh Dispatch* y se fue a Nueva York. Cuando se le pagó el sueldo durante cuatro meses, comenzó a trabajar en el periódico de Joseph Pulitzers, el *New York World*. Se trata de una investigación encubierta en la que se investiga la enfermedad de las mujeres en el *manicomio* (Krankzinnigengesticht voor Vrouwen) de Blackwell's Island.

Bly se ha quedado un día largo para la espiga en el nado de los pacientes psiquiátricos. El siguiente día, se alojó en una pensión para trabajadores. Se fue a la cama y le dijo a los pensionistas que estaba en su lugar para que le dieran la bienvenida. Así, los voluntarios se han ido de la política. Se han hecho cargo del banco de la justicia y se han hecho cargo de la gestión. También se ha hecho de la misma manera que en el caso de los servicios de salud. El presidente ha declarado que debe ser expulsado.

Fue investigado por varios autores, que siempre dijeron que era un gesto psicológico. "Beslist dement", zei er één, "ik beschouw dit als een hopeloze zaak. Debe ser consciente de que alguien le quiere". La dirección del hospital psiquiátrico Bellevue lo calificó como "un gesto de preocupación". El hecho de que el "hombre débil" sea una persona que no se siente bien, es una de las razones por las que la persona no se siente bien: "¿Cómo es esa mujer de la que se habla?", dijo *The Sun. The New York Times habla de la* "bella mujer" con una "sonrisa salvaje y alegre en su rostro" y de su mensaje de esperanza: "No lo quiero más, no lo quiero más".

Tras su paso por el hospital, Bly se ha dedicado a conocer las condiciones de vida cotidianas. Los pacientes se alimentan de papilla de agua, se alimentan de agua de mar, se alimentan de lo que no es más que agua de mar y se alimentan de agua potable. Los pacientes que pueden formar un grupo, se unen a las personas. Las zejas se han de usar para que una gran parte del día en las orillas de la playa se pueda disfrutar de un ambiente poco caluroso. En los alrededores de los restaurantes, se ha perdido todo el tiempo y se ha perdido el tiempo en la casa. Un malestar fue que las mañanas con agua de mar sobre el paciente fueron leeggoten. Los operadores se mostraron muy atentos y beligerantes, y les mostraron a los pacientes su cara y se quedaron dormidos mientras no se les quitaba nada. Bly raakte er door contacten met andere patiënten van overtuigd dat sommigen geestelijk net zo gezond waren als zijzelf. Sobre sus experiencias en el campo de la educación, dice:

¿Existe algún tipo de mercado que ofrezca más posibilidades de éxito que este? Aquí se ha creado una clase de ropa para que se pueda crear. Ik willen dat deskundige artsen die mij om mijn daden veroordelen, hetgeen hun kunde heeft bewezen, een volkomen geestelijk en lichamelijk gezonde vrouw onder hun hoede zouden nemen, laten zwijgen, dwingen om haar van zes uur 's ochtends tot acht uur 's avonds op banken met rechte rugleuningen te zitten, que no se desvíe o se mueva durante su estancia, que no se vaya y que no se moje del mundo o de lo que le rodea, que no se vaya y que no se mueva, y que no se vaya, y que no se mueva, y que no se mueva del sitio en el que está. Dos meses después, el hombre se ha convertido en un hombre y un psicópata.

...Mi tanden klapperden y mijn ledematen waren ...verdoofd door de kou. Plots kreeg ik drie emmers ijskoud water ...waarvan een in mijn ogen, neus en mond.

Durante diez días, Bly se convirtió en el protagonista de *The World*. Su relato, publicado en forma de libro bajo el título Diez días *en un manicomio* (*Tien dagen in een gekkenhuis*), despertó muchas sensaciones y dejó de lado su gran tradición. Las artes plásticas y otros profesionales de la salud investigaron de forma generalizada cómo se puede producir la muerte de los niños en el hogar. Un gran jurado realizó una investigación sobre los hechos en el juicio, en la que Bly fue advertido. En el informe del jurado se han analizado los argumentos que el periodista ha presentado. El Departamento de Asuntos Jurídicos e Instituciones Penitenciarias aumentó su presupuesto para el tratamiento de la enfermedad en 850.000 dólares. También se ha comprobado que las inspecciones de los trabajadores son más numerosas y que todos los hombres que no están en la cárcel deben estar en ella.

Wereldreis

En 1888, Bly se convirtió en redactor jefe del *New York World para hacer* un recorrido por el mundo y explorar la ficción de los *Reis para que el mundo se convirtiera en un* hecho en los últimos días. Un año más tarde, el 14 de noviembre de 1889 a las 9:40 de la mañana, a bordo del *Augusta Victoria*, un barco de la línea Hamburgo-América, comenzó su viaje de 40,071 kilómetros.

Llevábamos en la maleta el dinero que habíamos traído, una silla de ruedas, una bolsa de papel higiénico y una pequeña cesta con sus artículos de aseo. Depositó la mayor parte de su dinero (un total de 200 libras esterlinas en billetes y monedas inglesas, aunque no en moneda americana) en una cuenta que había comprado para su viaje.

El periódico neoyorquino *Cosmopolitan* patrocinó a su propia escritora, Elizabeth Bisland, para que hablara tanto de la época de Phileas Fogg como de la de Bly. Bisland se dedica a la búsqueda del mundo. Para que el interés por la historia fuera mayor, *The World* organizó una "Jornada Nellie Bly-Gokweds", en la que se reunieron los lectores para que la historia de Bly se desvaneciera en la segunda guerra mundial. El premio era un viaje gratuito a Europa, pero se pagó en efectivo para que el viaje terminara.

Durante su estancia, Bly pasó por Inglaterra, Francia (donde vivió Julio Verne en Amiens), Brindisi, el canal de Suez, Colombo (Ceilán), los asentamientos del estrecho de Penang y Singapur, Hong Kong y Japón. El desarrollo de redes de cableado eficientes y la telegrafía eléctrica han permitido que Bly se encargue de la comunicación de los pedidos, ya que los pedidos de larga duración con el correo regular deben ser enviados en menos de una semana.

Bly reisde with stoomschepen and het bestaande spoorwegennet, hetgeen af and toe vertragingen veroorzaakte, vooral in het Aziatische deel van haar reis. Con estas oposiciones, se ha trasladado a China y a Singapur.

Después de su viaje por el Pacífico, el 21 de enero llegó a San Francisco en *el Oceanic de la* White Star Line, dos días después de lo previsto. Sin embargo, *The World-eigenaar* Pulitzer fletó un tren privado, que se convirtió en el *Miss Nellie Bly Special*, para que su viaje llegara a Nueva Jersey el 25 de enero de 1890 a las 15:51 horas.

"Tweeënzeventig dagen, zes uur, elf minuten en veertien seconden na haar vertrek uit Hoboken" was Bly terug in New York. La edad de los niños se ha reducido a la mitad. Bisland no tardó en cruzar el océano

Atlántico y se marchó a Nueva York un día después. Al igual que Bly, se le ocurrió un viaje y se le dio la bienvenida a una isla grande y oscura (*Botnia*) en lugar de una isla pequeña (*Etruria*). El disco de Bly fue un récord mundial, aunque unos meses más tarde fue modificado por George Francis Train, que lo hizo en 67 días. A partir de 1913, Andre Jaeger-Schmidt, Henry Frederick y John Henry Mears superaron el récord, mientras que el último de ellos lo consiguió en 36 días.

Latere jaren

En 1895, Nellie Bly encontró al fabricante de productos de hierro Robert Seaman, que había cumplido 40 años. Se dedicó al periodismo y fue la directora de la *Iron Clad Manufacturing Co.* que fabricaba contenedores de madera, como fusiles y carros de combate. En 1904 se hizo cargo de su hombre. En ese mismo año, Iron *Clad comenzó* a fabricar el recipiente de acero, cuyo modelo se utilizaba para el almacenamiento de 55 galones, algo que no siempre se utilizaba en los Estados Unidos. Si bien es cierto que Nellie Bly ha creado su propia cuba, hay que tener en cuenta que el propietario Henry Wehrhahn ha creado su propia cuba en el pasado (patentes estadounidenses 808.327 y 808.413). Nellie Bly también fue una usuaria, ya que obtuvo la patente estadounidense 697.553 para un nuevo autobús de pasajeros y la patente estadounidense 703.711 para un autobús de pasajeros, junto con su compañera Elizabeth Cochrane Seaman. Durante un tiempo, fue uno de los fabricantes más antiguos de los Estados Unidos, pero el control de la producción por parte de sus trabajadores le llevó a la quiebra.

Fue el autor de la portada de Europa durante el Eerste Wereldoorlog, la primera portada de la Marcha Sufragista de 1913. Su lema para la campaña fue "Las sufragistas son superiores a los hombres" ("Las sufragistas son superiores a los hombres"), pero en su campaña también se refirió a la "lucha contra la violencia" que se produjo hasta 1920.

En 1916, un padre le pidió a Nelly que le diera un bebé para que lo adoptara alguien. El tipo era único y fácil de llevar, ya que era medio japonés. Los últimos años los pasó en una escuela que fue fundada por la *Iglesia de Todas las Naciones* en Manhattan.

Cuando Bly se marchó de su casa, su hija Beatrice Brown le pidió que se ocupara de su hijo -y de otros bebés que le interesaban-. Su interés por la educación puede ser el resultado de su gran inspiración para mejorar las organizaciones sociales de su época.

Nació en 1922, a los 57 años de edad, en una larga estancia en el Hospital San Marcos de Nueva York. Tiene una tumba en el cementerio de Woodlawn, en el Bronx.

Destacados

- Nellie Bly, seudónimo de Elizabeth Cochrane, comenzó su carrera en 1885 en su Pensilvania natal como reportera del Pittsburgh Dispatch, al que había enviado una airada carta al director en respuesta a un artículo que el periódico había publicado titulado "Para qué sirven las chicas" (no mucho, según el artículo).
- Sus primeros artículos, sobre las condiciones de las chicas trabajadoras en Pittsburgh, la vida en los barrios bajos y otros temas similares, la marcaron como una reportera de ingenio y preocupación.
- El libro de Nellie Bly: La vuelta al mundo en setenta y dos días (1890) fue un gran éxito popular, y el nombre de Nellie Bly se convirtió en sinónimo de reportera estrella.

6. Marie Curie (1867-1934)

Primera mujer en ganar un Premio Nobel

"No hay que temer nada en la vida, sólo hay que entenderlo. Ahora es el momento de entender más, para poder temer menos".

Maria Salomea (Marie) Skłodowska-Curie (Varsovia, 7 de noviembre de 1867 - Passy, 4 de julio de 1934) fue una científica y naturista de Pools-Frans. Fue un pionero de la radioactividad, recibió dos premios Nobel y desarrolló los elementos polonio y radio. En su segundo país, Francia, se le conoce como Marie Curie y se le conoce como Madame Curie, que es también el título de su biografía, escrita por su hija Ève.

Levensloop

Maria Skłodowska nació el 7 de noviembre de 1867 en la parte rusa de Polonia. Era la hija de los dos hijos de Władysław Skłodowski (1832-1902) y Bronisława Boguska (1836-1878). Los dos padres eran miembros de familias de la época que se habían trasladado a la ciudadela. Su hijo falleció a causa de la muerte de su esposa Zofia en 1876 y, dos años más tarde, a causa de la tuberculosis de su madre.

A los 15 años obtuvo el examen cum laude de la escuela media, pero poco después sufrió una depresión y su padre lo llevó a la casa de la familia, donde pasó un año con su familia. Después de las clases de ruso en el malogrado mes de enero de 1863, se trasladó a Polonia. En las universidades, la voz rusa fue sustituida por la de Pools, y las personas que se desplazaron a la ciudad se vieron obligadas a hacerlo. En 1883, Maria Skłodowska no se incorporó a la Universidad de Varsovia (que ya no es del Reino Unido). Para participar en los costes de la educación de su hijo (después de que su padre hubiera abandonado el país), trabajó como profesora. En la actualidad, se ha trasladado a la Universidad de Varsovia, una de las universidades más antiguas del mundo en la que los jóvenes de la zona rusa pueden estudiar.

Parijs

Con su madre, Bronisława (Bronia), Maria se hace cargo de la casa: Bronia se va a París para estudiar medicina, mientras que Maria trabaja como enfermera. Con sus hijos, se va a la ciudad de Francia a estudiar la carrera de medicina. Cuando Bronia se convierte en artista, María se va a París y su marido la ayuda a estudiar. De 1886 a 1889, Maria trabajó como gobernante de la familia Żorawski, que se convirtió en el padre de Kazimierz Żorawski. La familia no está dispuesta a hacer una visita a su hijo con una mujer sin dinero. Se ha convertido en gobernante hasta que ha hecho un nuevo viaje a la familia Fuchs en Sopot, en el distrito de Oostzeekust.

En 1891 fue a París para estudiar psicología, ciencias naturales y química en la Sorbona con Gabriel Lippmann y el médico Paul Appell. En el año 1893, Maria Skłodowska se licenció en Ciencias Naturales como la mejor de su generación, y al año siguiente se licenció en Ciencias Sociales. A partir de 1894, Lippmann, en colaboración con *la Sociedad de Fomento de la Industria Nacional* (Genootschap ter bevordering van de nationale industrie), realizó un estudio sobre los efectos magnéticos de la madera. Para su investigación contó con un buen equipo de instrumentos y, a través del profesor Józef Kowalski, se puso en contacto con el naturista Pierre Curie, que en la École de Physique et Chimie investigaba el magnetismo. El 26 de julio de 1895 se reunió con él (bajo la dirección de Pierre Curie).

Radioactiviteit

En 1897, Marie Curie comenzó a investigar el magnetismo de la madera dura. Para su promoción, comenzó a investigar el verschijnsel ontdekte Becquerel de uraniumstralen. Más tarde, Marie descubrió que estas cadenas eran una característica de los atoomkern y le dio el nombre de radioactividad.

El 25 de junio de 1903 publicó en la Sorbona su obra *Recherches sur les Substances Radioactives*, la primera obra de medicina natural escrita por una mujer. Obtuvo su título de doctor con una calificación *muy honorable*. En ese mismo año, Marie y Pierre Curie obtuvieron el Premio Nobel de Ciencias Naturales "por su investigación sobre los fenómenos de la radiación que Henri Becquerel había desarrollado". Becquerel recibe la otra parte del premio. Tras la concesión del Premio Nobel, Pierre Curie fue nombrado director del laboratorio de ciencias naturales de la Sorbona.

Aunque Marie Curie se convirtió en la más antigua de las academias y en la más antigua de las ciencias naturales, nadie se dio cuenta de la importancia de sus trabajos. También el eminente físico Lord Kelvin, antiguo amigo de Pierre Curie, hizo pública su teoría de la radioactividad. En un escrito abierto del 9 de agosto de 1906 en *The London Times*, escribió, aunque más tarde se supo, que el radio no era un elemento, sino más bien una mezcla de sangre y helio. A raíz de esta crítica, Curie, con la ayuda de su colega André-Louis Debierne, en 1910, se puso a buscar el radio como (otro) elemento en la tabla de Mendelejev.

Tras la muerte de su hijo Pierre Curie, el 11 de mayo de 1906, la facultad de la Sorbona le otorgó el título de profesor a Marie Curie. A continuación, fue nombrado lector. Fue el primer profesor universitario de la Sorbona. En 1910, Curie escribió el *Tratado de Radioactividad* (Verhandeling over radioactiviteit), en el que se explicaban los conocimientos que había adquirido sobre la radioactividad. En ese mismo año, se aisló el radio. Por lo tanto, también se definió el valor de la radioactividad, el curie, que fue creado por él y por Pierre.

Langevin-affaire

En 1911, durante la visita a la Academia Francesa de las Ciencias, no se le dio una nueva oportunidad. En una gran campaña de protesta contra la expulsión, los conservadores y los católicos consideraron a la joven Curie como una atea de la banda que, gracias a su afición a la piscina, no podía ser una francesa más. También se especuló con que Curie era Joods. En su lugar se encontraba Édouard Branly, naturalista y pionero de la telegrafía de bolsillo. Pasados 50 años, una alumna de Curie, Marguerite Perey, se convirtió en la primera mujer de la Academia.

En el año 1911, el año de su segundo Premio Nobel, Curie se incorporó al laboratorio de biología molecular de la Dra. Heike Kamerlingh Onnes. El objetivo de su investigación fue el efecto de la baja temperatura en la radioactividad. El aparato de radiocomunicación que aquí se muestra se encuentra en la sede del Rijksmuseum Boerhaave. En ese mismo año, participó junto con el naturalista francés Paul Langevin en el Eerste Solvay Conferentie de Bruselas. Su relación con el fetichista, aunque no tan conocido, Langevin se ha convertido en un gran apoyo para la opinión pública de la persona. En su visita a Parijs, una mujer de la tercera edad se ha encargado de la investigación. Para que la agresión verbal y fisiológica se haga realidad, se unió a la lucha de sus padres con la escritora Camille Marbo y con su hijo, el periodista Émile Borel, que también se enfrentó a ella. Se hundió durante mucho tiempo en una depresión y dejó de lado a Skłodowska. En el mismo año, Albert Einstein escribió un informe en el que explicaba la forma en la que se le había tratado en Francia durante el proceso de selección para la Academia y su relación con Paul Langevin.

Oorlogsjaren

Tras la apertura de la primera bitácora del mundo, Curie se dirigió en la primavera de 1914 a la sede de la Academia de Bellas Artes de la República Checa, Frans Daels, y, junto con su antiguo defensor, el ministro francés de Asuntos Exteriores, Alexandre Miller, al frente de los asuntos exteriores de la República Checa. Con la ayuda de las "ambulancias radiológicas" (autobuses dotados de una dinamo y un aparato de rayos X, más tarde denominados "los pequeños Curies"), Curie, junto con su esposa Irène, y con la ayuda del soldado francés Rode Kruis, se trasladan a los hospitales del interior del país.

Después de que en 1930 su esposa Irène se hiciera cargo de la dirección del Instituto del Radio, Curie pasó a ser su director. Murió en 1934 en el sanatorio francés Sancellemoz a los 66 años de edad por una leucemia, que se agravó cuando su trabajo le provocó una enorme estralingsdosis. La enfermedad se produjo después de la muerte del hombre en Sceaux.

En 1995, los fondos de Pierre y Marie Curie fueron transferidos al Panteón.

Werk

Maria Skłodowska se dedicó a la investigación de la metaalbardería, su única investigación en la que la radioactividad no desempeñaba ningún papel. En diciembre de 1895, su asociación con Wilhelm Röntgen se convirtió en una prueba de radioactividad. Poco después, el francés Henri Becquerel anunció que los minerales que contienen uranio también son una fuente de energía. Para investigar si otros materiales tienen el mismo carácter, Marie probó todas las sustancias similares que podía encontrar. Se descubrió que el torio, que es el elemento más débil del uranio, era también muy fuerte.

Los materiales radiactivos más comunes, con el nombre de uranio, son también el uraninio o la paja. El pentaclorofenol es más radiactivo que el uranio y el torio que se han producido, mientras que no se conocen otros elementos radiactivos. La conclusión lógica era que debían producirse esporas de una sustancia radiactiva diferente, que produjera mucha más fuerza que el uranio. Por otra parte, la sustancia radiactiva de la piel era una de las más difíciles de encontrar en cualquier análisis químico, y también lo era gracias al electrómetro de Pierre Curie.

Desde la escuela primaria, Marie se encargó de trasladar a la escuela, en un espacio abierto y cálido, un primitivo laboratorio. Pierre y Marie Curie utilizaron diversas técnicas químicas de fabricación en el laboratorio y se quedaron sólo con el residuo que les proporcionaba la mejor actividad de las cadenas. Durante varios años de trabajo onofóbico, se han añadido dos nuevos elementos químicos.

El primer elemento era el polonio, que se encontraba en el país de María, y el segundo, el radio, debido a la intensa radioactividad del elemento. Marie se dio cuenta de que el polonio era mucho menos resistente que el radio. En 1903 recibió el premio Davy y en 1904 la medalla Matteucci. En 1914 se creó el Instituto del Radio de París por su trabajo.

Nobelprijzen

Junto con Becquerel, Curie recibió en 1903 el Premio Nobel de Ciencias Naturales. Gracias a la gran capacidad de reacción de Marie, Marie y Pierre Curie no recibieron el premio a título personal.

Ocho años más tarde, Marie Curie fue galardonada con el Premio Nobel de Química, que se otorgó esta vez "por su trabajo en la investigación de la Química mediante el descubrimiento de los elementos radio y polonio, el aislamiento del radio y el estudio de las características de este elemento tan singular".

Marie Curie fue la primera mujer que obtuvo un Premio Nobel en la historia y una de las cuatro personas que obtuvieron dos Premios Nobel (los otros fueron Linus Pauling, John Bardeen y Frederick Sanger) y una de las dos personas que obtuvieron Premios Nobel en dos disciplinas (Linus Pauling fue el otro).

Postume erkenning

Curie fue, en 1995, la primera mujer que, a raíz de sus propias experiencias, fue admitida en el Panteón de Parijs. Durante un periodo de hiperinflación, la cuota de mercado del banco Poolse fue de 20.000 złoty. Junto con su hombre, se vio afectado por el billete de 500 francos franceses; además, en 1997, se creó un nuevo grupo de 500 francos, con una ampliación de la moneda Curie y un billete de papel con la marca *Ra 226,0*, que se convirtió en la isotope 22688Ra. En esta isotope se basa la intensidad de la radioactividad, la curie. Por otra parte, el valor de la *curie no se basa* en la fisiología, sino que se basa en el becquerel. También el elemento curio (Cm) se encuentra en la parte inferior.

A partir de 1995, el archivo con todas las notas y documentos de Marie y Pierre Curie fue creado por sus fundadores en la *Biblioteca Nacional de París*. Debido a que estos documentos están continuamente en contacto con el material radioactivo del laboratorio de Curie, se han vuelto muy difíciles de encontrar. Esto no significa que la radioactividad sea un problema, sino que los investigadores que quieran utilizarla deberán presentar un documento en el que se explique que se trata de un riesgo para su propia salud.

Destacados

- Marie Curie fue una física francesa de origen polaco, famosa por sus trabajos sobre la radiactividad y dos veces ganadora del Premio Nobel.
- Junto con Henri Becquerel y su marido, Pierre Curie, recibió el Premio Nobel de Física en 1903.
- Fue la única ganadora del Premio Nobel de Química de 1911.
- Marie Curie fue la primera mujer en ganar un Premio Nobel, y es la única mujer que ha ganado el premio en dos campos diferentes.

7. Sacagawea (1788?-1812?)

Intérprete y guía nativo americano

"Increíble las cosas que encuentras cuando te molestas en buscarlas".

Sacagawea (Condado de Lemhi, alrededor de 1788 - Fort Lisa (Nebraska), diciembre de 1812), también llamada *Sacajawea* y *Sakakawea*, fue una mujer india de la etnia Shoshone. Su hombre y él fueron enviados a Fort Mandan para la expedición de Lewis y Clark. Esta expedición se llevó a cabo como una tarea y una ayuda para la creación de la zona occidental de los Estados Unidos. Fue en los Estados Unidos un símbolo de la ciudadanía, y desde el año 2000 se ha convertido en una de las principales fuentes de ingresos de los Estados Unidos.

Biografía

Sacagawea nació como Shoshone. Cuando tenía más de dos años, fue invitada por los líderes de la nueva tribu Hidatsa. Un año más tarde, se reunió con el oficial francés Toussaint Charbonneau. En 1804, su hombre fue contratado por Meriwether Lewis y William Clark para su expedición, en la que también participó Sacagawea. A principios de 1805, el hombre

se hizo cargo del Gran Océano. En septiembre de 1806 la expedición
llegó a Saint Louis.

Después de la expedición, Sacagawea se fue con su hombre a casa de
los Hidatsa durante diez años. En este momento, se encuentran con los
colonos. En 1812, en Fort Lisa (Nebraska), en el estado de Missouri, se le
entregó un permiso para que tuviera más de 25 años de edad. También
se sabe que fue trasladado a los Shoshone en la reserva de Wind River,
donde fue trasladado en 1884.

Destacados

- Sacagawea, también escrito Sacajawea, se traduce como "Mujer
  Pájaro".
- Esclavizada y llevada a sus aldeas de tierra del río Knife, cerca de la
  actual Bismarck, Dakota del Norte, fue comprada por el comerciante
  de pieles franco-canadiense Toussaint Charbonneau y se convirtió en
  una de sus esposas plurales hacia 1804.
- Sacagawea no era la guía de la expedición, como algunos la han
  descrito erróneamente; no obstante, reconoció puntos de referencia
  en el suroeste de Montana e informó a Clark de que el paso de
  Bozeman era la mejor ruta entre los ríos Missouri y Yellowstone en
  su viaje de regreso.

8. Ruby Bridges (nacida en 1954)

Activista estadounidense de los derechos civiles

"El racismo es una enfermedad de adultos, y deberíamos
dejar de utilizar a nuestros hijos para propagarla".

Ruby Nell Bridges (8 de septiembre de 1954) fue la primera alumna negra de la William Frantz Public School de Nueva Orleans, una escuela básica con alumnas blancas.

Biografía

Ruby Nell Bridges nació en Tylertown, Mississippi, como la primera hija de Aborn y Lucille Bridges. Cuando Ruby cumplió los cuatro años de edad, se trasladó a Nueva Orleans, Luisiana. Su padre se fue a la escoria como empleado en una estación de servicio, y su madre trabajó para ayudar a la familia en su hogar.

El origen de la segregación en la Unión Europea

En 1960, las escuelas de Nueva Orleans se llenaron de niños negros. También es necesario que los niños negros se integren en las escuelas blancas. Una prueba de que los niños negros no son los únicos que deben ser tratados. Ruby se somete a esta prueba, junto con otros cinco niños, de los cuales dos van a la escuela, tres van a Mc Donaugh y Ruby va a la escuela pública William Frantz. El padre de Ruby se esfuerza por llevar a su hija a la escuela, pero su madre la considera una gran ayuda para todos los niños negros y le pide que la ayude.

El primer día de escuela

Se ha detectado el nivel gerencial en todos los ámbitos posibles. Por ello, Ruby comenzó a estudiar en su nueva escuela. El 14 de noviembre de 1960, Ruby se convierte en la escuela pública William Frantz, y junto con su madre, acompañada por los mariscales estadounidenses, va por primera vez a William Frantz. En la escuela, un grupo de personas les oprimió con consignas racistas. Más tarde, Ruby se da cuenta de que el pueblo y el rumor se han ido a Mardi Gras, y de que todas las manifestaciones que han surgido a raíz de su miedo han sido rechazadas, pero Ruby no se ha ido a su casa. Junto con su madre, pasa todos los días en el despacho del director de la escuela.

Desde el momento en que Ruby se convirtió en lectora de la escuela William Frantz, los niños blancos se han convertido en masa de la escuela. Todos los lectores se dirigen a una lectora negra, Barbara Henry (de origen bostoniano, Massachusetts). A partir del segundo día, se dirigen a Ruby, que ese mismo año será su única lectora.

La protesta y la acción

La inmensa protesta no llega a la escuela. Una mujer se llevó a Ruby, pero no se acercó a la escuela y sólo pudo ver lo que había hecho. Se encuentra bajo la escolta de los mariscales estadounidenses.

Los acontecimientos para la familia no se han hecho esperar. La madre de Ruby ha sido asesinada. La familia de la que procede su tinta no ha dejado de lado sus preocupaciones. Sus padres, que habían fallecido hace 25 años en una fábrica de Mississippi, se vieron obligados a abandonar la casa.

Algunos ancianos de raza blanca se dirigen a la protesta y dejan a sus hijos en la escuela primaria. El padre de Ruby se lleva un premio como hijo. El padre de Ruby se convierte en su hijo, y los hijos de la familia de la niña o de los niños de la escuela, en su casa.El profesor Robert Coles ayuda a Ruby a pasar su primer año en William Frantz. Cada semana le da a Ruby una oportunidad y le explica cómo ha llegado a la escuela. Escribe un libro para que los niños conozcan la historia de Ruby: "La historia de Ruby Bridges". Al principio de la escuela se produjo la protesta y en septiembre de la nueva escuela fue totalmente revocada. Ruby se reunió con otros niños en la escuela, entre ellos algunos niños mayores. El período de transición de la integración escolar de los niños negros en la alfombra fue muy largo.

Gezin

Ruby se reunió en 1984 con Malcolm Hall y tuvieron cuatro hijos. Ruby trabajó durante varios años como empresaria, pero después de la muerte de sus hijos se convirtió en propietaria de una casa a tiempo completo.

William Frantz

Cuando Ruby, en 1993, se marchó con su hermano mayor a la escuela, los niños de la familia se fueron a la escuela. Se necesita más voluntad para estar en la escuela. A través del libro de la escritora Coles, Barbara Henry Ruby se convirtió en la protagonista. Durante varios años se pusieron en contacto con ella. La escuela pública William Frantz fue destruida por el huracán Katrina en 2005. La Escuela Ruby Bridges de Servicios a la Comunidad y Justicia Social se encuentra en el corazón de la escuela y se centra en los problemas de la cultura que se están produciendo.

La Fundación Ruby Bridges

Esta fundación fue creada en 1999 por Ruby. La misión de la fundación es promover la tolerancia y el respeto por todo lo demás. Y esto es lo que dice: "el racismo es un peligro para la gente y tenemos que dejar que nuestros hijos se acostumbren a él".

Destacados

- Ruby Bridges, en su totalidad Ruby Nell Bridges, era la mayor de ocho hijos, nacida en la pobreza en el estado de Mississippi.
- De los seis estudiantes afroamericanos designados para integrar la escuela, Bridges fue el único que se matriculó.

- El 14 de noviembre de 1960, su primer día, fue escoltada a la escuela por cuatro alguaciles federales.
- Bridges pasó todo el día en el despacho del director mientras los padres furiosos entraban en la escuela para llevarse a sus hijos.

9. Greta Thunberg (nacida en 2003)

Activista climático sueco

Greta Thunberg (Estocolmo, 3 de enero de 2003) es una activista climática sueca.

Nos hemos dado cuenta de que nos han pedido que nos vayamos al Parlamento sueco el 9 de septiembre de 2018 y que hagamos una protesta en el puesto del Parlamento sueco para luchar por el cambio climático. Na de verkiezingen staakte ze iedere vrijdag. En noviembre de 2018, en un artículo de opinión en *The Guardian,* afirmó que la política de la República de Corea debe seguir adelante.

Inspiratie

En una entrevista con Amy Goodman de *Democracy Now!* y más tarde en su página de Facebook, Thunberg dijo que la idea de una toma de contacto con la escuela para la primera vez que se optó por la escuela Stoneman Douglas High School el 14 de febrero de 2018, cuando un número de niños no fueron a la escuela. Poco antes de que en mayo de 2018 se publicara un artículo en *el Svenska Dagbladet*, Bo Thorén, del grupo *Fossil Free Dalsland, se refirió a la* importancia de una actividad escolar. Greta cree que es una buena idea, pero no se fía de los demás líderes del grupo, ni de sus compañeros. Cuando se le pide que se ponga a trabajar en su casa.

Greta Thunberg fue elegida el 20 de agosto de 2018, el primer día de su protesta, por *We Don't Have Time*, una empresa tecnológica sueca dirigida por su director general, Ingmar Rentzhog, y por su madre, Malena Ernman. La fundación se dedica a la promoción de la inversión en el medio ambiente a través de las redes sociales (Green New Deal). Greta Thunberg lleva mucho tiempo como asesora especial de juventud al servicio de la fundación. En febrero de 2019, la organización *We Don't Have Time (No tenemos tiempo) ha decidido* que Greta Thunberg y su familia se han hecho cargo de su nombre.

Activisme

Greta Thunberg ha sido nombrada por su participación en los debates sobre el cambio climático. En un acto de protesta ante el Parlamento británico el 31 de octubre de 2018, organizado por *Extinction Rebellion*, Thunberg se refirió a "una crisis grave y profunda que no es fácil de superar, y en la que nuestros líderes actúan sólo como niños". En la conferencia TED del 24 de noviembre de 2018 en Estocolmo, Thunberg afirma que "hemos tenido durante años charlas de ánimo y prácticas positivas. Y lo siento, pero es una locura. Si lo hubiéramos hecho, las emisiones no habrían desaparecido, y eso no es lo normal".

En la Conferencia sobre el Clima de Katowice 2018, Thunberg se refirió a la situación de los niños y niñas de la región "para que sepan dónde están" y "para que no se les olvide la necesidad de vivir". Los últimos en llegar a nosotros, los niños, son los últimos en llegar".

El 23 de diciembre de 2018 fue entrevistado por Fareed Zakaria en el programa *GPS* de la CNN, en el que se habló de los políticos normales, los gobernantes y los diplomáticos. El 23 de enero de 2019 llegó a Davos, donde fue invitado a participar en el Foro Económico Mundial. Después de que Thunberg se fuera de viaje durante 32 horas, 1.500 personas se reunieron con los representantes del sector privado.

Greta Thunberg también fue modelo de rol para las actividades escolares (Spijbelen voor het klimaat) en Bélgica, Alemania y Suiza, en enero de 2019.

El 21 de febrero de 2019, Greta Thunberg viajó a Bruselas para, junto con Anuna De Wever, Kyra Gantois y Adélaïde Charlier, los miembros belgas de *Youth for Climate, participar* en la segunda edición de los Juegos Olímpicos. La política tiene que hacer frente a la persecución masiva de los jóvenes. El viernes, Thunberg se reunió en Bruselas con el presidente de la Comisión Europea, Jean-Claude Juncker. El viernes 22 de febrero de 2019, Thunberg se reunió con Anuna De Wever, Kyra Gantois y Adélaïde Charlier, entre otros, en la cumbre climática de París y fue recibida por el presidente francés Emmanuel Macron junto con las delegaciones belga y suiza. Thunberg se desplazará durante una semana a Zweden para asistir a las marchas climáticas de Amberes el 28 de febrero de 2019 y de Hamburgo el 1 de mayo de 2019. Mientras que Thunberg se encontraba en Berlijn para la *Gala de la Cámara de Oro*, el viernes 29 de mayo también participó en la *protesta de los Viernes por el Futuro*, en la que se reunieron alrededor de 20.000 personas en la Puerta de Brandenburgo.

El jueves 16 de abril de 2019, Thunberg se presenta en el Parlamento Europeo en Straatsburg. En Vlierwijk, en el centro de Bruselas, Thunberg organizó una exposición a cargo del artista Encq, también conocido como Henk De Ruddere. El miércoles 17 de abril de 2019, Thunberg se reunió en la plaza Sint-Pietersplein de Roma con Paus Franciscus, que le ayudó a llegar. El viernes, Thunberg se reunió con otros organizadores de actividades climáticas (como Anuna De Wever) para hablar con el Parlamento italiano, y el viernes se reunió en Roma con la escuela del clima, donde se reunieron 25.000 personas en la Piazza del Popolo. Por otra parte, Thunberg volvió a viajar a Londres, donde el lunes 21 de abril se reunieron los miembros de la Rebelión de la Extinción, que actuaron durante ocho días en Londres. El 23 de abril de 2019, Thunberg dará un discurso en el Parlamento británico.

A principios de 2019, Thunberg anunció que iba a pasar un año de vacaciones en la escuela (en Suecia, el periodo de escolarización es de un año) y en agosto de 2019, Thunberg cruzó el Océano Atlántico desde el puerto inglés de Plymouth hasta Nueva York en el Malizia II, un barco de diez metros de eslora, del tipo IMOCA 60-enkelpsschip que está dotado de paneles de zonificación y turbinas de agua. El proyecto se ha convertido en una sobreexplotación transatlántica de CO_2 y en una demostración de las ventajas de Thunberg en cuanto a la reducción de las emisiones. Además, el informe se ha centrado en la necesidad de reducir las emisiones de CO_2 : para que las emisiones se mantengan en el tiempo, es necesario que las empresas de Europa sean compensadas, y que las empresas sean compensadas con CO_2 . El plazo es de 15 días, del 14 al 28 de agosto de 2019. Thunberg se desplazará a Nueva York el 23 de septiembre de 2019 y también participará en la conferencia de la COP 25 en Santiago (Chile) (2-13 de diciembre de 2019). En su visita a Nueva York fue acompañada por sus fans y activistas climáticos, entre ellos la veterana Alexandria Villaseñor (presidenta de la *US Youth Climate Strike* y activista de *Earth Uprising*) y la octogenaria Xiye Bastida (una de las organizadoras de *Fridays for Future New York City*). Durante varias semanas, la conferencia y el debate se publicaron a menudo en la prensa. El viernes 30 de agosto y el viernes 6 de septiembre, el partido participó en la toma de decisiones de las escuelas de Nueva York sobre el clima. El viernes 13 de septiembre, Thunberg participó, junto con otros activistas, en la manifestación por el clima en Washington, en el Witte Huis, y el 14 de septiembre fue entrevistado por Trevor Noah en The Daily Show.

El 23 de septiembre de 2019, Thunberg se dirigió en la cumbre climática de Nueva York al Secretario General António Guterres para informarle sobre la Declaración de París de las Naciones Unidas y los principales líderes mundiales de la sociedad civil para que se comprometan con la lucha contra la crisis climática. También se han visto afectados por una serie de grupos de presión y políticos que se oponen a un cambio climático inminente.

En un informe abierto, junto con Adélaïde Charlier y Anuna De Wever, el 1 de diciembre de 2019, nos dicen que se deben adoptar otras medidas para que la política sea más eficaz en los asuntos relacionados con el mundo de la ciencia y la tecnología.

En la actualidad, Thunberg está planeando ir a la escuela en el curso 2020-2021.

Información y precios

Thunberg fue a principios de mayo de 2019 en Zweden uitgeroepen tot "vrouw van het jaar", na een enquête, uitgevoerd in opdracht van de Zweedse krant *Aftonbladet*. *Expressen*, otro periódico zimbabuense, también ha dicho que Thunberg es una de las víctimas del año. El 13 de marzo de 2019, Greta Thunberg fue nominada para el Premio Nobel de la Paz por tres líderes parlamentarios de Nueva Zelanda, Freddy André Øvstegård y otros dos líderes del Partido Socialista de los Países Bajos, aunque a principios de febrero también fue nominada por la política suiza Lisa Badum. El 30 de mayo de 2019, Thunberg recibió en Berlijn, durante la *gala de la Cámara de Oro,* el *Premio Klimaschutz* y el mismo día fue nombrada por la *Asociación Educativa de Mujeres Suecas (*también conocida como SWEA International, Inc.) como la mujer sueca del año.

El 2 de abril de 2019 se anunció que Thunberg era el ganador del *Prix Liberté de la* región francesa de Normandía, un premio otorgado a los jóvenes que se dedican a la educación y la vida. El 12 de abril, Thunberg ganó, junto con la Asociación de Medio Ambiente *de* Noorse, el Premio Fritt Ords de Noorse.

El miércoles 17 de abril de 2019, los franciscanos hicieron una pausa en la plaza Sint-Pietersplein. Le dijo que se uniera a la "Huelga del Clima", creada por la generación de la Laudato Si. Ha decidido unirse a la huelga con su acción. También participó en la cumbre de Roma y se unió a la huelga climática.

En agosto de 2019, Thunberg recibió el *premio Game Changer Of The Year de la* revista británica GQ. El 16 de septiembre, Thunberg (junto con *Fridays for Future*) recibió en Washington el premio "Ambassadeurs van het Geweten" (*Premio al Embajador de la Conciencia*) de Amnistía Internacional de la mano de Kumi Naidoo, secretaria general de la organización de derechos humanos.

En 2019 se ha hecho una visita a su casa, la *Nelloptodes gretae.* En 2020, también se producirá un cambio en el nombre de Thunberg: *Craspedotropis gretathunbergae.*

En 2019, también se han aprobado los fondos anuales del Consejo Nórdico, que promueve la colaboración entre los parlamentos de Dinamarca, Finlandia y Suiza. Se ha incrementado la dotación económica en 350.000 coronas danesas (unos 46.800 euros) y se ha añadido el hecho de que la región nórdica, gracias a las buenas ideas sobre el clima y el medio ambiente, es energéticamente independiente.

El 20 de noviembre de 2019, Thunberg, junto con Divina Maloum, recibirá el Premio Internacional de la Infancia. El premio no se ha hecho efectivo, ya que se ha decidido que los Estados Unidos de América viajen a Europa para participar en la Conferencia sobre el Clima de Madrid 2019.

El 11 de diciembre de 2019, Thunberg fue designado por la revista Time *como el premio del año 2019.*

En 2020, Thunberg recibió un premio de un millón de euros de la Fundación Calouste Gulbenkian en Lissabon y lo destinó a fines concretos, comenzando con 100.000 euros para la *campaña Stop Ecocide* y la campaña SOS Amazonia de la organización brasileña *Fridays for Future.*

En 2021, Zweedse postuló a Thunberg, en una reunión sobre el medio ambiente.

Película

En 2020 se estrenó *I am Greta* in the bioscopen, una película documental. Se le conoce desde su primer día de escuela hasta el momento en que, como activista mundial con su padre por la lucha contra el racismo, se le ha dado la vuelta al océano atlántico. En la ciudad de Nueva York, la Asamblea de las Naciones Unidas se hace presente. La película ha ganado el premio de la película en el Festival de Cine de Zúrich 2020.

Familia- y privada

La madre de Thunberg es Malena Ernman, una operadora suiza y directora del Festival Eurovisivo 2009. Su padre es Svante Thunberg, un actor nacido de Svante Arrhenius, hijo de su padre. Arrhenius obtuvo en 1903 el Premio Nobel de Química por su teoría sobre la disociación electrolítica.

Greta Thunberg fue durante toda su vida una persona muy comprometida con el medio ambiente y la sociedad. Para eliminar el consumo de bebidas alcohólicas, se ha esforzado por ser vegana, por consumir y por no volver a vivir en el mundo de la bebida.

Durante la conferencia TEDx en Estocolmo en noviembre de 2018, se le diagnosticó un trastorno obsesivo-compulsivo, un mutismo selectivo y un síndrome de Asperger. Se ha demostrado que su compromiso con el autismo es mayor que el de los demás.

Destacados

- Greta Thunberg, en su totalidad Greta Tintín Eleonora Ernman Thunberg, fue diagnosticada con el síndrome de Asperger, que ahora se considera un trastorno del espectro autista (TEA).
- Además de su labor medioambiental, a Thunberg se le atribuye el mérito de concienciar sobre el Asperger e inspirar a quienes padecen este trastorno.
- Aunque reconoce que el Asperger le ha obstaculizado en algunos aspectos, también señala sus ventajas, y en un momento dado tuitea: "Tengo Asperger y eso significa que a veces soy un poco diferente de la norma. Y -dadas las circunstancias adecuadas- ser diferente es un superpoder".
- Nadie es demasiado pequeño para marcar la diferencia (2019) es una recopilación de sus discursos.
- El documental I Am Greta apareció en 2020.

10.   Jane Goodall (nacida en 1934)
Primatólogo, etólogo y antropólogo británico

Valerie Jane Morris-Goodall (Londres, 3 de abril de 1934) es una
antropóloga y bióloga inglesa, especializada en etología y primatología.
Se le conoce por su intenso estudio de la vida social y familiar de los
chimpancés, que estudió en el Parque Nacional de Gombe Stream en
Tanzania. Es director del Instituto Jane Goodall y del programa juvenil
Roots & Shoots.

Levensloop

Goodall era el primer hijo de Mortimer Herbert Morris-Goodall y Margaret
Myfanwe 'Vanne' Joseph. Su hija Judy nació en 1938. Su madre, Judy,
nació en 1938 y se mudó a Bournemouth (Inglaterra) con sus padres.

Desde su juventud, Goodall ha trabajado en el extranjero. En 1957 y 1958
trabajó como secretaria para el antropólogo Louis Leakey en Kenia.
Gracias a su ayuda a la población, Leakey se dedicó a investigar la
evolución del hombre. De este modo, se ha demostrado que Goodall ha
estudiado los chimpancés del Parque Nacional de Gombe desde julio de
1960. Este estudio se llevó a cabo durante varios años y es, además, el
mayor estudio sobre chimpancés salvajes del mundo.

Leakey también se fue a la República Checa, donde en 1965 se doctoró en etología en el Newnham College de la Universidad de Cambridge. No obstante, no ha vuelto a estudiar este tema.

Goodall trabajó dos veces: la primera en 1964 con el fotógrafo de fauna salvaje Hugo van Lawick. Se marchó en 1974. Su hijo Grub nació en 1967. Antes de eso, Goodall se reunió con Derek Bryceson, un funcionario del gobierno de Tanzania. Bryceson fue desde mediados de los años setenta hasta su muerte en 1980 director de los parques nacionales de Tanzania.

Consulta sobre la aplicación de la ley

Uno de los mayores logros de Goodall fue la constatación de que los chimpancés realizan trabajos y se dedican a ello. Algunos chimpancés fabrican juguetes y los retuercen para que se los lleven. Los juguetes se colocan en las puertas de la casa para que puedan ser utilizados. El hilo se ha llenado de termitas, y el chimpancé lo ha limpiado y lo ha llevado a cabo. En este caso, se ha decidido que todos los hombres trabajen.

Además, los chimpancés se han reunido, se han puesto de acuerdo y se han reunido con otros grupos y grupos de chimpancés.

En respuesta a la práctica generalizada de la búsqueda de números, Goodall ha dado nombres a los niños. Esta reflexión supone una ruptura con la tradición científica tradicional, que se ha mantenido hasta la fecha, en relación con la descripción del comportamiento de los chimpancés en términos de comportamiento y emociones humanas. Su comportamiento es muy variado y los etólogos lo han considerado como algo muy importante.

Jane Goodall se dedica a las personas y al apoyo a las mismas (el Proyecto Gran Simio). Es embajadora de las Naciones Unidas desde 2002. En 2004 fue nombrado Comandante de la Orden del Reino Unido (DBE) durante una ceremonia en el Palacio de Buckingham. En enero de 2006, Goodall fue galardonada con la medalla de oro de la UNESCO por su labor de promoción.

Se han realizado películas y varios documentales sobre él y su obra. También se ha creado una orquídea: *Dendrobium goodallianum.*

Instituto Jane Goodall

En 1977, Goodall fundó el Instituto Jane Goodall. El instituto está presente en más de 30 países y se dedica a la protección de los chimpancés y sus descendientes. El Instituto Jane Goodall trabaja también con otras organizaciones locales en África.

Publicidad en la red

Jane Goodall realizó en la conferencia TED de mayo de 2007 una presentación sobre las grandes diferencias y las pequeñas diferencias entre hombres y mujeres. TED es uno de los festivales en los que Goodall ha trabajado mucho. Su discurso público también tiene lugar en otros lugares y ocasiones, como en el Commonwealth Club, en varias universidades (internacionales), en reservas naturales y en su propio Instituto Jane Goodall.

Goodall también se refiere al impacto negativo del hombre sobre la naturaleza y el clima. Su propia institución se dedica a la colaboración entre el hombre y la naturaleza.

Destacados

- Jane Goodall, en su totalidad Jane Goodall, se interesó por el comportamiento de los animales desde una edad temprana, dejando la escuela a los 18 años.
- Trabajó como secretaria y como asistente de producción cinematográfica hasta que consiguió un pasaje a África. Una vez allí, Goodall comenzó a ayudar al paleontólogo y antropólogo Louis Leakey.
- En 1965, la Universidad de Cambridge le concedió a Goodall un doctorado en etología; fue una de las pocas candidatas a recibir un doctorado sin haber obtenido antes una licenciatura.
- Goodall escribió una serie de libros y artículos sobre diversos aspectos de su trabajo, entre los que destaca In the Shadow of Man (1971).
- Goodall siguió escribiendo y dando conferencias sobre temas medioambientales y de conservación hasta principios del siglo XXI.

11.   Mary Seacole (1805-1881)

Enfermera y heroína de la Guerra de Crimea

Mary Jane Seacole (Kingston, 1805 - Londres, 14 de mayo de 1881) fue una escritora jamaicana y una científica de la época de la Revolución.

Leven in de Caraïben

Mary Jane Seacole nació en Kingston como hija del militar jamaicano James Grant y de una mujer jamaicana. Su marido era un genio reconocido por sus orígenes caribeños y africanos. De su madre aprendió también el camino de la vida. En 1821, se trasladó por primera vez a la ciudad de Londres para viajar durante cuatro años a Jamaica, donde se trasladó a la ciudad de su padre. En 1836 se reunió con Edwin Horatio Hamilton Seacole, quien, según la biografía de Mary Seacole, Jane Robinson, era un hombre de la familia británica Horatio Nelson.

En 1851 Mary Seacole viajó a Panamá, después de Nueva Granada,
donde vivía su medio hermano. Poco después de su llegada, su hermano
se vio afectado por una epidemia de cólera. A partir de entonces, y con
mucho éxito, se trasladó a Jamaica durante un año para ir a Panamá
durante dos años para que su gente se fuera. Para su visita, ha publicado
las noticias sobre el nuevo Krimoorlog y se ha convertido en un voluntario
para trabajar como empleado.

Krimoorlog

Con el apoyo de su propio fondo, se trasladó a la ciudad de Krim. En
Londres, se asocia con Thomas Day, se hace cargo de los fondos y se va
a Constantinopel. Tras una parada en la isla de Malta, Seacole se
convirtió en una escritora que se había retirado del frente y le dio un
informe sobre Florence Nightingale. Se trasladó a Balaklava para visitar la
fábrica británica.

Con el apoyo de la limpieza y de los platos de comida, el Hotel Británico
de Kadikoi se encuentra a cinco kilómetros de Sebastopol. En este lugar,
Seacole atendió a sus pacientes. También se dirigió al frente como
vendedor para dar de comer a los soldados. También en el valle de
Sebastopol, se reunió con su equipo de trabajo. Cuando en 1856 se
produjo la victoria en París y se produjo la salida de las tropas del país,
Mary Seacole fue la última en llegar a la región. Durante su estancia en el
Reino Unido, había creado muchos de sus medios financieros.

Latere leven

En el año 1856 fue a Londres, donde en agosto de ese mismo año se
produjo un accidente. También se creó un fondo para su explotación y se
organizó un gran festival en los Royal Surrey Gardens para recaudar
fondos. En 1860, Mary Seacole se convirtió al catolicismo y se fue a
Jamaica. Cuando diez años más tarde llegó a la capital británica, se le
informó de que iba a recibir atención médica en el frente del Oorlog
francés. En 1872 se convirtió en la masajista personal de la princesa de
Gales, Alexandra van Denemarken, que se convirtió en una de las más
importantes. En 1881, Seacole murió de apoplejía en su casa y fue
enterrada en el cementerio católico de Santa María en Kensal Green.

Destacados

- En 1836 Mary Grant se casó con Edwin Horatio Seacole, y durante sus viajes a las Bahamas, Haití y Cuba amplió sus conocimientos sobre las medicinas y los tratamientos locales.
- Tras la muerte de su marido en 1844, adquirió más experiencia como enfermera durante una epidemia de cólera en Panamá y, tras regresar a Jamaica, atendió a las víctimas de la fiebre amarilla, muchas de las cuales eran soldados británicos.
- A pesar de su experiencia, sus ofertas para servir como enfermera del ejército fueron rechazadas, y ella atribuyó su rechazo a los prejuicios raciales.
- En 1855, con la ayuda de un pariente de su marido, fue a Crimea como suteladora, montando el Hotel Británico para vender comida, suministros y medicinas a las tropas.

12. Jane Austen (1775-1817)

Novelista inglés

Jane Austen (Steventon, 16 de diciembre de 1775 - Winchester, 18 de julio de 1817) fue una destacada escritora romántica inglesa, cuya obra ya forma parte del canon literario occidental. La forma y el contenido dramático de su obra contrastan con el ambiente de trabajo que le caracterizaba.

Su realismo, su comentario social y su uso de la red indirecta, un estilo muy poco utilizado, han hecho que se convierta en uno de los escritores más reconocidos y más respetados de la literatura inglesa.

Levensloop

Austen creció en una pequeña ciudad de las regiones más remotas de Inglaterra. Su padre y sus hermanos le dieron la bienvenida. También leyó mucho de lo que se leía. La herencia de su familia fue muy importante para el desarrollo de Austen como escritora profesional. Austen se convirtió en escritor artístico hasta que cumplió varios años de edad. Durante ese tiempo, experimentó con diferentes formas literarias, entre ellas, el relato breve, que se convirtió en una forma de vida muy rápida. La única novela breve que escribió fue *Lady Susan*. Escribió (y compró) tres grandes novelas y comenzó una tercera. De 1811 a 1816 tuvo éxito como escritor con los romances *Sentido y sensibilidad* (1811), *Orgullo y prejuicio* (1813), *Mansfield Park* (1814) y *Emma* (1816). Escribió dos novelas más, *La abadía de Northanger* y *Persuasión*, que se publicaron posteriormente en 1818. Un libro fue publicado para que se le diera la oportunidad de escribirlo; el último lleva el título de *Sanditon*.

Las obras de Austens constituyen una reacción crítica a los *romances sentimentales*, un género literario que en la segunda mitad del siglo pasado fue muy popular. Sus libros son una muestra de la tendencia al realismo negativo. Las tramas de Austens (en esencia, familiares) se centran en la época antigua en la que las mujeres se veían obligadas a abandonar el estatus social y la seguridad económica. Sus libros se han convertido en una de las obras más importantes, como la de Samuel Johnson, uno de los mejores autores de su obra.

Aunque Austen se esforzó por publicar su obra, ésta tuvo durante su vida una gran repercusión personal y muy pocas críticas positivas. En 1869, tras la publicación de su hijo, James Edward Austen, publicó el libro *Memorias de Jane Austen*. Fue una publicación muy conocida, pero a mediados del siglo XX, Austen fue considerada por el mundo académico como una "gran escritora inglesa". En la segunda mitad del siglo XX creció el conocimiento sobre la vida de Austen y surgió un gran número de fans que se llamaban "janeístas". Su obra se ha traducido y filmado, entre otras cosas, en la película *Becoming Jane,* con Anne Hathaway como protagonista. En la película *La señorita Austen se arrepiente, con* Olivia Williams en el papel, se centra en su propia vida (de la que se ha hecho eco). Sus libros fueron traducidos por muchos talentos, pero las películas y los programas de televisión fueron la principal causa de su popularidad. En *Love Finds You in Charm (Ohio)* uit 2015 leest het Amish meisje Emma Miller Austen-boeken.

Brieven

Hay poca información sobre la vida de Jane Austen. Se han recopilado varias historias personales y familiares (en total, 160 de las 3.000 historias). Su madre, Cassandra, a la que se le atribuyen las mayores cantidades de sangre de la familia, se hace cargo de la mayor parte de la sangre de Janes y censura la pequeña cantidad que se ha guardado. La mayor parte del material biográfico que en los primeros siete años de su vida fue publicado, se refería a su familia y ofrecía la visión subjetiva de la familia a partir de "la anciana y rústica Jane". Los usuarios también pueden encontrar poca información adicional.

Familia

Los padres de Jane Austen, William George Austen (1731-1805) y su hija Cassandra (1739-1827), proceden de familias diferentes. George pertenecía a una familia de comerciantes de lobos que, a través de su padre, se incorporó a los rangos más altos de la ciudad. Cassandra era miembro de la prominente familia Leigh, un barón de Stoneleigh. Murió el 26 de abril de 1764 en Bath. De 1765 a 1801, y durante gran parte de su vida, su padre George fue párroco de Steventon, Hampshire, y de un pueblo cercano. De 1773 a 1796, se dedicó a la agricultura y a la educación de sus hijos.

La familia nativa de Austens era muy numerosa: dos hermanos (James (1765-1819), George (1766-1838), Edward (1767-1852), Henry Thomas (1771-1850), Francis William (Frank) (1774-1865), Charles John (1779-1852)) y una hermana, Cassandra Elizabeth (1773-1845), que era la misma que Jane. Cassandra fue la mejor amiga de Jane y la que le ayudó en su vida. De sus hermanos, Jane era la mejor amiga de Henry, que más tarde fue banquero y, tras la quiebra de su banco, predique anglosajón. Henry era también el agente literario de su marido. En el seno de su gran círculo de amigos y familiares en Londres, se convirtieron en banqueros, comerciantes, pintores y actores, y él le dio a Jane la oportunidad de formar parte de un entorno social que, normalmente, era el de su familia en el condado de Hampshire. El hermano de Janes, George, llegó de joven a la casa y se quedó con una familia de clase media, ya que, como dice la biógrafa Le Faye, George era "muy anormal" y "muy rebelde". También era un desastre. Charles y Frank se incorporan a la marina y se convierten en el rango de la admiración. Edward fue nombrado por su sobrino Thomas Knight, quien se mudó a la tierra y en 1812 también se convirtió en su nombre.

Destacados

- La primera de sus novelas publicadas en vida, Sentido y sensibilidad, se empezó a escribir hacia 1795 como una novela de cartas llamada "Elinor y Marianne", en honor a sus heroínas. Mientras tanto, en 1811 Austen había comenzado Mansfield Park, que terminó en 1813 y se publicó en 1814.
- De todas las novelas de Austen, Emma es la que tiene un tono más cómico.
- La perdurable popularidad de los libros de Austen queda patente en las numerosas adaptaciones cinematográficas y televisivas de su obra.
- Orgullo y prejuicio fue adaptada en una película de 1940 protagonizada por Greer Garson y Laurence Olivier, una miniserie (1995) con Jennifer Ehle y Colin Firth, y una película (2005) con Keira Knightley y Matthew Macfadyen.

13.   Coco Chanel (1883-1971)

Diseñador de moda francés

"El acto más valiente sigue siendo pensar por uno mismo.
En voz alta".

Coco Chanel (cuyo nombre artístico es **Gabrielle Chasnel**) (Saumur, 19 de agosto de 1883 - París, 10 de enero de 1971) fue una empresaria francesa de la moda femenina y fundadora de la marca Chanel. En el primer periodo de la historia de la moda, Chanel se unió a otros diseñadores, como Paul Poiret, para crear la figura de la moda más elegante, más informal y deportiva. Chanel se ha convertido en el principal proveedor de moda. No sólo crea su imagen con sus prendas de vestir, sino que también ofrece prendas de vestir, pastillas de mano y perfumes. Su exitoso perfume Chanel Nº5 fue un producto icónico. Chanel se convirtió en uno de los fabricantes de moda más importantes del siglo XX, según la *revista Time*.

Levenstijd

Durante los dos últimos años, Chanel fue conocida como la "Reina de la Moda". "La elegancia no es una palabra de un nuevo juramento. Se es elegante, cuando se es elegante". En 1918, se instaló en el *número 31 de la calle Cambon de* París. En 1921 abrió su primera "tienda de moda" y compró ropa, ropa y accesorios. Entre 1921 y 1926, Chanel tuvo una relación con el escritor Pierre Reverdy. En 1927, abrió dos tiendas en la calle Cambon, las número 23 y 31. Era una mujer con un estilo *garçoniano*: llevaba vestidos de lana y plooirokken con un corte de seda y llevaba el pelo con zapatos y cintas de pelo.

El gran arquitecto Paul Poiret, que hizo furor con sus creaciones de gran calidad, ha creado el estilo de *lujo de* Chanel. Su colección exótica fue reemplazada por un bolso minimalista, uno de los productos más conocidos de Chanel.

Chanel lanzó en mayo de 1921 su perfume Chanel N°5, uno de los perfumes más populares y, además, el primer perfume de gran calidad que no se puede utilizar. Chanel dijo entonces: "Una mujer debe ser una mujer y no un hombre".

En el año '50 introdujeron el deux-pièce, conocido como el chanelpakje, y el handtas con el schouderriem 2.55 (tras la introducción en febrero de 1955). Esto es lo que ha ocurrido en los últimos años.

Su estilo era muy parecido al de otros grandes nombres del mundo de la moda, como el de Elsa Schiaparelli, que se ha convertido en el protagonista de la clínica.

Chanel se inauguró hace 87 años en una suite del Hotel Ritz de París. La moda de Chanel también fue creada a partir de su imperio de la moda Chanel, gracias al modisto Karl Lagerfeld (1933-2019).

Colaboración

Chanel tuvo una relación con Walter Schellenberg, comandante general de la Guardia de Seguridad del Reich, en la época de la conquista de Francia. Hal Vaughan escribe en su biografía *Sleeping with the Enemy: Coco Chanel's Secret War* (2011) que Chanel colaboró con el ministro suizo y que tuvo una relación con el barón Hans Günther von Dincklage, un funcionario del ejército que "estaba muy unido a Adolf Hitler y Joseph Goebbels". Según el escritor Franck Ferrand, que trabajó en la revista documental francesa *L'ombre d'un doute,* un documento del Ministerio de Defensa francés muestra que Chanel, en colaboración con *Westminster,* trabajó para el Abwehr, el Instituto Militar Suizo. Según Vaughan, Chanel se había comprometido a que su hijo André Palasse se convirtiera en un soldado. Más tarde, se le asignaron las relaciones con el nazismo para que el perfume Chanel n° 5, que había lanzado en 1924, fuera adquirido por la familia Joodse Wertheimer.

Chanel fue asesinada en septiembre de 1944, pero fue en parte asesinada. Por iniciativa de su "amigo Winston Churchill". Se reunió con Dincklage en Zwitserland y en 1953 o 1954 se marchó a París.

En el cine

La película *Coco avant Chanel* (2009) muestra la historia de Chanel, que se convirtió en una diseñadora de moda. Está protagonizada por Audrey Tautou. En este mismo año se estrenó la película *Coco Chanel & Igor Stravinsky*, en el libro *Coco & Igor* de Chris Greenhalgh. Este libro se centra en el tema de *Coco antes de Chanel* y se centra en lo que está ocurriendo. Chanel está representada aquí por Anna Mouglalis.

Destacados

- Coco Chanel nació en la pobreza en la campiña francesa; su madre murió y su padre la abandonó en un orfanato.
- Los diseños elegantemente desenfadados de Coco Chanel inspiraron a las mujeres de la moda a abandonar las complicadas e incómodas prendas -como las enaguas y los corsés- que predominaban en la vestimenta del siglo XIX.
- Tras su muerte en 1971, la casa de alta costura de Chanel fue dirigida por una serie de diseñadores, siendo el mandato de Karl Lagerfeld (1983-2019) el más largo e influyente.
- La sagaz comprensión de Chanel de las necesidades de la moda de las mujeres, su ambición emprendedora y los aspectos románticos de su vida -su ascenso de la pobreza a la riqueza y sus sensacionales relaciones amorosas- siguieron inspirando numerosos libros biográficos, películas y obras de teatro, incluido el musical de Broadway de 1970 Coco, protagonizado por Katharine Hepburn.

14. Frida Kahlo (1907-1954)

Pintor mexicano

"No pinto sueños ni pesadillas, pinto mi propia realidad".

Magdalena Carmen Frida Kahlo y Calderón (Coyoacán, 6 de julio de 1907 - Madrid, 13 de julio de 1954) fue una artista surrealista mexicana.

Biografía

Kahlo nació en Coyoacán, cerca de la ciudad de México. Su madre era la católica Matilde Calderón. Su padre, Guillermo (Wilhelm) Kahlo, era un protestante suizo. En cuanto a Kahlo, era un joven judío de origen hongkonés, pero eso no es cierto. Tuvo dos hijos, dos de los cuales se casaron con María Cardena. Trabajó como fotógrafo, arquitecto y sobre todo para el gobierno de Porfirio Díaz, a quien le costó mucho trabajo. Durante la Revolución Mexicana, se dedicó a abrir los ojos de los ciudadanos.

En 1913, Frida se vio obligada a abandonar su hogar por un accidente de tráfico de sus padres. Este fue el resultado de un conjunto de complejos que le hicieron vivir su vida. La primera de sus obras data de 1930 y se encuentra en un banco, el de las mujeres además de los otros, por lo que su discapacidad no se ve afectada. Es obra de su hijo Diego Rivera.

Cuando su padre se inscribió en 1922 en la prestigiosa Escuela Nacional de Medicina, comenzó a estudiar medicina. Los lectores descubren un nuevo México que hace que las normas de la cultura europea, tan diferentes, pasen por su cultura y se conviertan en un "mexicanismo" más auténtico. Su último hijo se encontró con uno de los maestros de la escuela.

El 17 de septiembre de 1925, el autobús en el que viajaba Kahlo con su novio Alejandro Gómes por la ciudad de México, se vio amenazado por un tranvía. Un trozo de tela se estancó en el interior de su piel por su cuello y salió por su vagina. Se le rompieron las costillas y la cabeza, se le rompió el cuello por partida doble, se le rompió la alfombra por partida doble, y se le rompió la cara. Por la noche, tuvo que irse a la cama, con los brazos y la cintura cubiertos, de espaldas a la cama. Se le pide que se vaya. La madre de Kahlo le da vueltas a su cama para que la propia Kahlo pueda dormir. A pesar de las molestias de los corsés y de las patatas, se fue a su casa y se llevó a sus amigos. Por la razón de que su hijo está en peligro, no ha podido hacer nada para ayudar a sus hijos. Un viaje de ida y vuelta resultó en una miseria pijnlijke.

En 1928, Kahlo fue miembro del Partido Comunista Mexicano (PCM).

El 21 de agosto de 1929 se reunió con Diego Rivera, un joven de 21 años, incluso comunista y en ese momento un gran escritor. Su ex-novia, Lupe Marin, le pidió que se encargara de la visita. La esposa de Kahlo, Cristina, se enteró en 1934 de que había conocido a Diego Rivera. Kahlo se casó con Diego, pero el 8 de diciembre de 1940 se produjo una fuerte huelga. En el contrato de trabajo que le corresponde, se dice que Kahlo no tuvo más tiempo para reunirse con su hombre.

En 1951 fue citado en el periódico Novedades de México: "Ik heb twee zware ongelukken doorstaan in mijn leven; een waarin een tram me aanreed... het andere ongeluk is Diego".

En 1930 se trasladó a Detroit, donde Diego pintó un fresco para el Detroit Institute of Arts. En septiembre se marchó con su madre. A principios de 1932, se le concedió un segundo permiso para pintar.

Kahlo y Rivera mantuvieron una serie de relaciones personales, tanto con hombres como con mujeres. En sus inicios, el artista japonés-americano Isamu Noguchi, el revolucionario ruso León Trotski que viajó a México en 1937 desde la Unión Soviética, y el fotógrafo neoyorquino Nickolas Muray (1892-1965), que realizó una serie de fotografías muy interesantes, fueron sus protagonistas.

Su padre fue muy activo en el partido comunista. Cuando se incorporó a Trotski en su casa, los dos se unieron al partido. Kahlo fue una activista política; hace un par de semanas que participó en una manifestación contra la invasión estadounidense en Guatemala.

Kahlo murió en 1954, una semana después de su 47 cumpleaños. En ella se puede leer un escrito con el título "Ik hoop dat het einde vrolijk is en hoop nooit meer terug te keren".

Werk

La obra de Frida Kahlo se caracteriza por sus colores vivos que contrastan con una sensación de gran intensidad. No se trata de una controversia. En una descripción de la actriz Dorothy Hale, que se encuentra en la parte inferior de la pantalla, se muestra el momento de su vida de una manera muy realista y detallada. En sus cuadros de la vida cotidiana, se encuentran también las mujeres de la familia. La obra de Kahlo se basa en la angustia y la necesidad de superar su situación. Kahlo cuenta con 143 obras, de las cuales 55 son de autor.

Fue muy popular, o incluso más, como la obra de Diego Rivera; en noviembre de 1938 realizó su primera exposición individual en la galería del artista Julien Levy en Nueva York. En 1953 realizó su primera exposición en México de la mano de Cola Álvarez Bravo.

La clasificación como surrealista se debe a André Breton, fundador del movimiento surrealista en el arte. Kahlo también se refirió a este tema y dijo que no había creado sus propios dibujos, sino su propia realidad. En enero de 1939 viaja con Breton a París para exponer su obra. No se desprendió del ambiente surrealista de la ciudad, que le hizo perder la cabeza. Cuando, con la ayuda de Marcel Duchamp, abrió su exposición el 10 de mayo, ganó el salón de Wassily Kandinsky y Pablo Picasso. El Louvre le dedica su *Autorretrato - El marco* ("el maestro") y la revista Vogue le dedica una mano (con juwelen) en la portada.

213

El siguiente libro contiene las mejores imágenes de Frida Kahlo. No contiene imágenes, estudios ni dibujos al agua.

Nagedachtenis en invloed

En la gran casa de la ciudad de México, donde nació Kahlo y donde se encuentra la "casa azul", se encuentra desde 1959 el Museo Frida Kahl. Fue creado por iniciativa de Diego Rivera en 1957.

En el año 1960, la casa azul se convirtió en una de las más importantes para los turistas de todo el mundo. Su fama internacional creció mucho a partir del año 1980, con la importante inauguración de una exposición en la galería Whitechapel de Londres en 1982, junto a Kahlo y a la fotógrafa Tina Modotti. La exposición mexicana organizó exposiciones en 1974, 1983 y 2004, paralelamente a eventos en los Estados Unidos, Japón, el Reino Unido y España, pero la exposición más grande y popular fue la que tuvo lugar en su última edición en 2007.

Sobre la vida de Frida Kahlo se realizó en 2002 la película *Frida* con Salma Hayek como protagonista.

Frida Kahlo se ha convertido en un símbolo del feminismo. Su estilo de vida fue un ejemplo para las mujeres de todo el mundo. Kahlo se esforzó por estudiar su vida y sus costumbres.

Durante su vida, Frida se convirtió en una de las protagonistas de la historia de su infancia. En febrero de 1933, el Detroit News publicó que Frida era "la hija de un maestro que se divierte con las obras de arte". El mayor premio que recibió por un cuadro fue de 400 dólares americanos. Actualmente, Diego Rivera es conocido como el hombre de Frida Kahlo. Sus obras han sido vendidas por millones de dólares.

Destacados

- Frida Kahlo, cuyo nombre completo es Frida Kahlo de Rivera, nació de padre alemán de ascendencia húngara y de madre mexicana de ascendencia española e indígena.
- Tras sufrir un aborto involuntario en Detroit y, posteriormente, la muerte de su madre, Kahlo pintó algunas de sus obras más angustiosas.

- En 1943 fue nombrada profesora de pintura en La Esmeralda, la Escuela de Bellas Artes del Ministerio de Educación.
- El Museo Frida Kahlo se abrió al público en 1958, un año después de la muerte de Rivera.

15.   Mary Anning (1799-1847)
Coleccionista de fósiles, comerciante y paleontólogo británico

---

*"Es grande y pesada pero... es la primera y única
descubierta en Europa".*

Mary Anning (Lyme Regis (Dorset), 21 de mayo de 1799 - 9 de mayo de
1847) fue una investigadora de fósiles y paleontóloga inglesa, conocida,
entre otras cosas, por sus descubrimientos de *Ichthyosaurus* y
Plesiosaurus. Su vida se centra en los fósiles de los acantilados de Lyme
Regis, que se unen a la Costa Jurásica.

Buscar fósiles como trabajo

Anning nació en el seno de una familia muy unida. Su padre, Richard, era
un temporero que se dedicaba a la búsqueda de fósiles para poder
abrirlos a los turistas. Cuando murió de tuberculosis en 1811, Mary y su
hermano Joseph empezaron a trabajar a tiempo completo en la búsqueda
de oro. A principios del siglo XIX, la búsqueda de fósiles se convirtió en
una actividad muy importante para la biología y la geología. Cuando

Anning empezó a buscar dinero, se puso en contacto con otros científicos de la época que se ocupaban de los fósiles.

Anexos

Anning se quedó por primera vez en 1811, con el hallazgo de un *Ictiosaurio* completo, un par de meses después de la muerte de su padre. El año anterior, su hermano le dio el horario del fósil, y una tormenta hizo que el resto del fósil también se perdiera. Este no fue en realidad el primer ictiosaurio que se encontró, ya que hay informes de una visita a Gales en 1699. Fue un hallazgo importante que se publicó en *las Transacciones Filosóficas* de la Royal Society. Más tarde, Anning no encontró otros dos tipos de ictiosaurios.

En 1823 Anning fue el autor de un fósil de un *Plesiosaurus*, que William Conybeare denominó *Plesiosaurus dolichodeirus*, pero que no es el holotipo del taxón *Plesiosaurus*. También se encontró un fósil de *Diapedium politum*, un estraalvinvis, que fue descubierto en 1828. En ese mismo año encontró el primer pterosaurio de Duitsland (*Pterodactylus macronyx*, posteriormente convertido por Richard Owen en *Dimorphodon macronyx*), este fósil fue el primer pterosaurio completo que se encontró en Inglaterra. Estos son los tres hallazgos más importantes de Anning, que también han sido objeto de otros hallazgos fósiles más importantes.

Guía para la educación y la formación

Cuando Anning descubrió sus fósiles, se dio cuenta de que eran muy importantes, y le mostró la naturaleza de sus fósiles. Era un autodidacta que se encontraba en estado de alerta para poder describir sus hallazgos, tomarlos y conocer su ubicación exacta. Además, gracias a los fósiles de Annings, los biólogos han podido saber con certeza cómo se han desarrollado las especies que se encuentran en el paisaje geológico y cómo han surgido nuevas especies. Esto puede llevar al lamarckismo y a la teoría de la evolución.

Anning fue durante su vida una autoridad en paleontología. Gracias a su trabajo, fue nombrado miembro de la Sociedad Geológica y recibió un premio anual de la Asociación Británica para el Avance de la Ciencia para apoyar su trabajo. Para las personas de la época, no era necesario un acuerdo de sociedad.

Mary Anning murió a los 47 años de edad por un accidente de tráfico.

Destacados

- Las noticias sobre las excavaciones de fósiles de Anning la convirtieron en una celebridad e hicieron que paleontólogos, coleccionistas y turistas acudieran a Lyme Regis para comprarle.
- Mary Anning descubrió un pterosaurio en 1828, que se conoció como Pterodactylus (o Dimorphodon) macronyx. Fue el primer espécimen de pterosaurio encontrado fuera de Alemania.
- En 1829 excavó el esqueleto de Squaloraja, un pez fósil que se cree que pertenece a un grupo de transición entre los tiburones y las rayas.
- Sus excavaciones ayudaron a las carreras de muchos científicos británicos al proporcionarles especímenes para estudiar y enmarcar una parte importante de la historia geológica de la Tierra.

16.   Amelia Earhart (1897-1937)

Aviador estadounidense

Amelia Earhart (Atchison, 24 de julio de 1897 - Grote Oceaan?, fallecida desde el 2 de julio de 1937, fallecida el 5 de enero de 1939) fue una heroína de la aviación estadounidense.

En enero de 1935, fue la primera persona que se hizo cargo en solitario del Gran Océano, pero ya era conocido porque en 1932 fue el primer piloto del Océano Atlántico. La historia de la isla le dejó solo. En 1928, el océano ya había sido sobrepasado como pasajero. También en ese momento fue el primer navegante. A principios de julio de 1937, junto con el navegante Fred Noonan, empezó a hacer el mayor viaje del mundo. La llegada de los 47.000 kilómetros de longitud no se produjo hasta ahora. Lo que se ha dicho antes, es todo lo que se sabe.

En Sint-Denijs-Westrem se ha creado una calle para llegar a ella.

Biografía

Earhart nació como hija del jurista Edwart Earhart y de Amelia Otis. Como tipo, Amelia era una *marimacho*; se bañaba y se juntaba con una chica en la cama. También se dedicó a hacer reportajes sobre las mujeres en las guarderías. En 1915, se convirtió en el centro de la escuela y, desde 1917, trabajó como monitor militar y como trabajador social en Boston. En 1919 comenzó a estudiar medicina en la Universidad de Columbia en Nueva York, que abandonó durante un año, antes de irse a vivir a Los Ángeles.

Inicio de la carrera profesional

En 1920, por primera vez, se embarca en un viaje. A partir de ese momento, sólo quería hacer una cosa: vivir por su cuenta. Su carrera profesional comenzó en 1921 en Los Ángeles, cuando se mudó con Neta Snook. Dos meses más tarde, con la ayuda de un regalo y de un dinero, consigue su primera película, un Kinner Airster, con el que consiguió un gran récord de ventas. En 1924, su madre se fue. Se reunió con su madre en el puerto y, para que su madre hiciera un esfuerzo, le quitó su chaleco y se llevó un coche deportivo. Cuatro años más tarde, adquirió un avión Avro Avian y fue el primer piloto que realizó un vuelo intercontinental. El 2 de mayo de 1927, durante la inauguración del Hotel Stevens en Chicago, fue uno de los pioneros en la construcción de este tipo de aviones. A partir de ese momento, sus propios discos de música y de música de fondo, en las películas y en las acrobacias personales, fueron promovidas por el empresario y publicista George Palmer Putnam, como lo hizo en 1931.

La primera expedición transatlántica

Después de que Charles Lindbergh realizara un viaje en solitario por el océano Atlántico en 1927, Amy Phipps Guest (1873-1959) se convirtió en la primera mujer que sobrevoló el océano Atlántico. Cuando llegó a la conclusión de que la tarea de salvar a su familia había terminado, se convirtió en el patrocinador de un viaje que no había sido realizado por otra mujer. Fue el capitán Hilton H. Railey quien, en abril de 1928, hizo que Earhart se quedara en su trabajo o que se quedara sin nada.

Los coordinadores del proyecto, entre los que se encuentra George Palmer Putnam, se han encargado de hacer pasar al piloto Wilmer Stultz y al copiloto/mecánico Louis Gordon. El trabajo se inicia con el inicio de la sesión. El trío partió el 17 de junio de 1928 desde el puerto de Trepassey (en la costa de Terranova) en un Fokker F.VIIb/3m y aterrizó exactamente 20 horas y 40 minutos después en el puerto de Burry, cerca de Llanelli, en Gales. Sobre el vuelo dijo: "Stulz deed al het vliegwerk, hij moest wel. Ik was slechts bagage, net een zak aardappelen", y voegde daaraan toe: "... misschien zal ik ooit proberen om het in mijn eentje te vliegen."

En Nueva York, Earhart, Stulz y Gordon organizan un desfile con cinta adhesiva y son recibidos por el presidente Calvin Coolidge en el Witte Huis.

Solovlucht Atlantische Oceaan

Su nombre fue más conocido en 1932, cuando se convirtió en el primer piloto y la segunda persona que cruzó en solitario el Océano Atlántico, antes de los siete años de Lindbergh. Viajó en un Lockheed Vega desde Harbor Grace en Terranova hasta Londonderry en Irlanda del Norte.

El 11 de enero de 1935 fue la primera persona que viajó en solitario por el océano, de Honolulu (Hawái) a Oakland (California). Más tarde, en el mismo año, viajó en solitario de Los Ángeles a la ciudad de México y después a Newark. En julio de 1936, adquirió un Lockheed 10E 'Electra', diseñado por la Universidad de Purdue, y comenzó su viaje para visitar el mundo.

> *"Me gustaría saber que me he dado cuenta de los riesgos. Haré lo que yo quiera hacer. Los hombres deben probar las cosas, como las cosas de los hombres han sido probadas. Si fallan, su error no es más que una ayuda para los demás".* (Amelia Earhart, 1937)

El viaje de Earharts no es el primer viaje del mundo, pero sí el más largo: 47.000 km, en una ruta alrededor de la noche. El 17 de mayo de 1937, el primer viaje de Oakland a Honolulu. Cuando su viaje terminó unos días más tarde, comenzó a formar un grupo de música, que le permitió crear un grupo de música. Su barco estaba muy deteriorado y tenía que viajar a California para prepararse, ya que el viaje había terminado. Earhart viaja por segunda vez a Miami y esta vez va de oeste a oeste. Fred Noonan, un ex-Pan Ampiloot, fue su navegante y su compañero de viaje. Salieron el 1 de junio y tras varias paradas en América del Sur, África, Oriente Medio y Asia Central, llegaron el 29 de junio a Nueva Guinea. Han recorrido más de 35.000 kilómetros. El resto, 12.000, se extiende sobre el Gran Océano.

Laatste vlucht

El 2 de julio de 1937, Earhart y su navegante, Fred Noonan, salieron a navegar. Su destino era Howland, una pequeña isla con una longitud de 1 kilómetro, 6 metros por encima de la línea de flotación. Especialmente para la obtención de un récord, en esta isla se instaló una pista de aterrizaje. La isla está a 4110 km de distancia. Su última toma de posición y contacto visual se produjo a 1300 km, cuando se desplazaron sobre las islas Nikumaroro. Una brizna del barco americano *Itasca se* acercó a Howland para llevar a Earharts a la isla.

También es cierto que Earhart y Noonan han practicado poco el uso de la radionavegación. Las frecuencias que utilizaba Earhart no estaban pensadas para la transmisión de la información más importante, y la transmisión de los informes que recibían era muy escasa. La frecuencia de los viajes y las visitas que la *Itasca* podía realizar, hizo que Earhart se quedara en Nueva Guinea. Después de dos días de trabajo, para poder realizar una conexión de radio de dos horas, la *Itasca se puso* en contacto con la radio. Una búsqueda de la mar y de la fuerza de la guerra no ha permitido que los pasajeros de su barco se desplacen. El lote de Earharts y Noonans es, desde entonces, el origen de muchas especulaciones.

En un reciente estudio, se dice que Earhart se ha alejado de las islas Nukumanu y se ha marchado a un punto de 160 km al noroeste de Howland. Los visitantes se dan cuenta de que el lugar se ha gestado gracias a las marcas en el cielo. Un grupo de investigación *del Grupo Internacional para la Recuperación de Aeronaves Históricas* (TIGHAR) afirma, además, que el avión se ha perdido en la isla de Nikumaroro (en el archipiélago de Kiribati) y que Earhart y Noonan han llegado hasta allí. La búsqueda en el otro país ha permitido encontrar las soluciones que han permitido desarrollar esta teoría.

Otra teoría afirma que Earhart y Noonan fueron víctimas de los japoneses cuando llegaron a la isla de Saipán, donde se produjo el desembarco de las Marianas. Se ejecutan de forma voluntaria a través de la espionaje.

Verborgen tijdfout
222

Una teoría nueva y anticipada que se basa en la teoría y la práctica de la navegación en los últimos años, Lleva a la conclusión de que el navegante Noonan, en el trayecto de Gagan a Buka hasta las islas Nukumanu, se ha situado en la zona de la costa y que, por lo tanto, ha utilizado la extensión del cinturón de seguridad, en combinación con la información proporcionada por *H.O. Pub. no. 208, Navigation Tables for Mariners and Aviators*, que él mismo publicó después de la primera edición de 1928. Cuando el 2 de julio de 1937, en un viaje a la costa oeste, se hizo cargo de la posición de Howland, introdujo, con el uso de la distancia de seguridad, un cambio de rumbo, no de los cronómetros y el reloj, sino de la imagen de la zona. El problema era la diferencia en la referencia: para un luchtbelsextant es el horizonte kunstmatige en el centro de la zona de la tienda; para un zeemanssextant es el horizonte en la parte superior [bij zonsopgang] de la zona de la vista. La longitud geográfica de la mano de la población es de 16 km.

La cobertura de la zona de peligro se prolongó durante diez minutos y varios segundos, y cuando los hombres que se encontraban en la zona de Howland se dieron cuenta de que la posición de la tierra era de 26 km. Por lo tanto, el vuelo no estaba dentro de la zona de cobertura y, debido a la falta de radiocomunicación y a los errores de los equipos de radiografía, no se pudo acceder a la zona de cobertura y, en consecuencia, el vuelo se convirtió en un problema. Alrededor de las 20.17 horas GMT, Earhart se dirigió (a una altura de 1.000 metros) a la posición de Howland, a 26 km al oeste, y la abandonó. No se ha podido evitar la variación de la radio, por lo que hay que tener en cuenta que debe haber una marca en el suelo. Una información excesiva sobre el tiempo de trabajo se traduce en una búsqueda en la dirección de la marca y en el control de la marca. El modelo de navegación utilizado para la teoría, en combinación con el sistema de radiocomunicación opcional, proporciona un lugar de aterrizaje a 203 km al norte de la isla y a 300 km al oeste de la ciudad de Greenwich, a 177 grados y 19 minutos al oeste y a 1 grado y 49 minutos al sur, a 137 km al norte y al oeste de la ciudad de Howland.

En un artículo publicado en la *revista European Journal of Navigation* en diciembre de 2011, se indica que la distancia máxima es de 4.410 km. Por lo tanto, es importante que haya más islas que Howland y Baker. La última zona de aterrizaje se encuentra en 117-10-W / 01-31-N, 100 km al noroeste de Howland, a 323 grados.

Búsqueda de Amelia Earhart

223

En 2018, el antropólogo norteamericano y ex presidente de la Asociación de Veteranos de Guerra, Richard Jantz, informó de que los restos de los botes de 1940 que se encontraron en Nikumaroro fueron extraídos de la mano de los datos que se han introducido en el ordenador de las artes que se han utilizado en los botes y de los que se ha extraído el 99% de los restos de Amelia Earhart.

 En julio de 2019 se supo que Robert Ballard iba a realizar una expedición para encontrar la pista de aterrizaje. En agosto de ese mismo año comenzó la búsqueda.

Destacados

- Decidida a justificar el renombre que le había proporcionado su travesía de 1928, Earhart cruzó el Atlántico en solitario los días 20 y 21 de mayo de 1932.
- Su vuelo en su Lockheed Vega desde Harbour Grace (Terranova) hasta Londonderry (Irlanda del Norte) se completó en un tiempo récord de 14 horas y 56 minutos, a pesar de que hubo varios problemas.
- La desaparición de Amelia Earhart durante un vuelo alrededor del mundo en 1937 se convirtió en un misterio perdurable, alimentando muchas especulaciones. Algunos creían que ella y Noonan se habían estrellado en otra isla tras no poder localizar a Howland, y otros afirmaban que habían sido capturados por los japoneses.
- La mayoría de los expertos creen que el avión de Earhart se estrelló en el Pacífico cerca de Howland tras quedarse sin combustible.

17. Emmeline Pankhurst (1858-1928)

Activista político británico

"Prefiero ser un rebelde que un esclavo".

Emmeline Pankhurst (nacida Emmeline Goulden), (Moss Side
(Manchester), 14 de julio de 1858 - Londres, 14 de junio de 1928) fue una
de las líderes del movimiento sufragista británico. Su nombre está más
relacionado que otros con la lucha por el derecho de las mujeres en Gran
Bretaña, y con el hecho de que fundó varias organizaciones para
defender el derecho de las mujeres. Pankhurst se reunió con el abogado
Richard Marsden Pankhurst (1834-1898), que dirigió su obra de forma
voluntaria.

En 1894, la Sra. Pankhurst fue nombrada "Poor Law Guardian", una
trabajadora social muy reconocida. Su compromiso con las armas le llevó
a ser la primera en la historia de la lucha por las libertades sociales. En
1903 se creó la *Unión Social y Política de la Mujer*. El movimiento, en el
que también participaron sus compañeras Christabel y Sylvia, fue
conocido por sus acciones militantes. Las tácticas de Pankhurst para
defender el derecho a la libertad de expresión le hicieron perder la
confianza en sí misma, pero fue mejor que la mayoría de las demás
mujeres debido a su condición de mujer. En algunos casos, se ha tenido
que recurrir a la ayuda de un tercero para poder realizar un seguimiento
de la situación.

Cuando en 1914 se publicó el Eerste Wereldoorlog, las actividades para la lucha contra la pobreza se intensificaron cuando Pankhurst dijo que no podía ganar su país. Empezaron a trabajar para que las mujeres de las fábricas se quedaran en los puestos de los hombres, para que se quedaran en el frente. En todo el país se habla de ello. Los soldados del movimiento dan palabras ingeniosas -símbolo de libertad- a todos los hombres que pasan por el frente. En 1914, también se hizo cargo del movimiento internacional de los refugiados.

En mayo de 1918, la ley de representación popular británica (actief kiesrecht) comenzó a aplicarse en el Reino Unido de Gran Bretaña e Irlanda del Norte. Aunque la *Ley de Representación del Pueblo* de 1918 no se aplicó a los hombres mayores de 30 años, y tampoco a los mayores de 21 años, cuando todos los hombres mayores de 21 años fueron expulsados, las sufragistas no lo consideraron un gran triunfo. En noviembre de 1918, las mujeres de la generación del 21 se acogieron al derecho a la libertad de asociación (passief kiesrecht), lo que supuso que las mujeres de la Cámara de Representantes se quedasen con las manos vacías. En 1928, las mujeres de la Unión Europea se convirtieron en hombres por sí mismas.

Emmeline Pankhurst murió el 14 de junio de 1928 a los 69 años de edad, una semana antes de que el 2 de julio de 1928 se le otorgara el derecho a la vida. Murió en el cementerio de Brompton, Londres.

Destacados

- En 1879, Emmeline Goulden se casó con Richard Marsden Pankhurst, abogado, amigo de John Stuart Mill y autor del primer proyecto de ley sobre el sufragio femenino en Gran Bretaña (a finales de la década de 1860) y de las leyes sobre la propiedad de las mujeres casadas (1870, 1882).
- Fundó la Women's Franchise League, que consiguió (1894) que las mujeres casadas tuvieran derecho a votar en las elecciones a cargos locales (no a la Cámara de los Comunes).
- A partir de 1895 ocupó una serie de cargos municipales en Manchester, pero sus energías fueron cada vez más demandadas por la Unión Social y Política de Mujeres (WSPU), que fundó en 1903 en Manchester.

- En 1926, a su regreso a Inglaterra, fue elegida candidata conservadora por una circunscripción del este de Londres, pero su salud se resintió antes de poder ser elegida.
- La autobiografía de Pankhurst, Mi propia historia, apareció en 1914.

18. Ana Frank (1929-1945)

Diarista germano-holandés

---

*"Qué maravilloso es que nadie tenga que esperar un solo
momento antes de empezar a mejorar el mundo".*

Annelies Marie (Ana) Frank (Fráncfort del Meno, 12 de junio de 1929 -
Bergen-Belsen, febrero de 1945) fue una mujer judía, que fue declarada
culpable por el diario que escribió durante el Tweede Wereldoorlog,
cuando se le dio el alta en la casa de Prinsengracht en Ámsterdam. Murió
en febrero de 1945 en el campo de concentración de Bergen-Belsen. Su
fecha oficial de defunción se fijó el 31 de mayo de 1945. Su libro se
publicó posteriormente y es uno de los libros más conocidos del mundo.
Gracias a su libro, Ana Frank se ha convertido en un símbolo
internacional del Holocausto y de la muerte de miles de judíos durante la
Segunda Guerra Mundial.

Primeros pasos en el camino

Ana Frank nació el 12 de junio de 1929 en Fráncfort del Meno (Alemania)
como la segunda hija de Otto Frank y Edith Frank-Holländer. Su esposa
Margot tenía en ese momento diez años de edad. La familia Frank era

muy joven y vivía en una ruinosa casa en la calle Marbachweg 307, en las afueras de la ciudad. Mientras Otto trabajaba para la empresa familiar, el Banco Michael Frank, Margot y Anne se reunían con sus hijos en el edificio. Algunos eran católicos, otros protestantes o judíos. Se han convertido en los nuevos protagonistas de la fiesta. Margot se incorporó a la comunidad de uno de sus amigos y la familia de Frank Chanoeka, que ya es mayor, quería que los niños de la casa se quedasen.

En 1932, los soldados de la Sturmabteilung, que fueron arrestados por los soldados de Frankfurt am Main, fueron arrestados. Los líderes los llaman: "El Partido Socialista Nacional Suizo (NSDAP) de Adolf Hitler era el mayor partido de Alemania y contaba con más del 37% de la población en julio de 1932. Medio año más tarde, Adolf Hitler llegó a Duitsland. El viejo Frank se negó a emigrar.

De Duitsland a Ámsterdam

En julio de 1933, su padre Otto viajó de la ciudad alemana de Fráncfort del Meno a Ámsterdam para participar en las campañas antijudías de los nazis. El hecho de que la crisis económica se haya desvanecido con el banco de la familia Frank fue un motivo adicional. En el centro de Ámsterdam, Otto crea su propia empresa, Opekta, una filial de la empresa de gestión Opekta GmbH, fundada en 1928 en Keulen. Su madre, Edith Frank, y su hija, Margot, nacieron en 1933 en Ámsterdam, y Ana se fue a vivir a Aken en febrero de 1934 con su abuela, Rosa Holländer-Stern. Su nacimiento tuvo lugar en la plaza Merwedeplein 37-2, en un barrio nuevo de Ámsterdam, donde la crisis económica provocó la desaparición de muchos inmigrantes y donde se encuentran muchas otras empresas Duits-Joodse. (La empresa Woningcorporatie Ymere adquirió la vivienda en 2004 y la restauró en colaboración con la Fundación Ana Frank. En 2016 es el apartamento de la Fundación Ana Frank).

Un juego de azar ondulante

Margot fue al Jekerschool (Jekerstraat 84) y Anne al Montessorischool (Niersstraat 41), donde empezaron a trabajar en el colegio. Los niños aprenden holandés y se acercan rápidamente a su nueva vida. Ana tenía, al igual que su madre, un gran número de amigos y amigas, entre ellos Hanneli Goslar y Sanne Ledermann, quienes, al igual que Ana Frank, se fueron con su familia de Duitsland a Holanda. Ana Frank se encuentra en una situación de libertad. Los francos se aferran a las tradiciones y
229

costumbres judías, pero no se aferran a todos los textos religiosos. El viernes, la familia Frank fue enviada por los Goslars y se unieron a ellos. Los padres de Ana se preocupan mucho por los acontecimientos de la Alemania nazi, pero no se preocupan por sus hijos. Ana tiene una edad muy avanzada. Habló con sus amigos y amigas, se fue con su familia a la playa o a buscar a su familia en Zwitserland, y en invierno se marchó.

Pero Ana piensa que su marido, en noviembre de 1938, estaba muy triste. En la noche del 9 al 10 de noviembre de 1938 tuvo lugar en Duitsland la Kristallnacht, un pogromo organizado por los nazis. En el norte de Alemania, los judíos fueron asesinados, los sinagogos fueron asesinados, se destruyeron más de 7.000 joyas judías y se destruyeron muchas de las joyas judías. Dos hijos de la familia se fueron a los Estados Unidos, después de que Annes, su madre Rosa Holländer, se marchara en mayo de 1939 con la familia Frank a la plaza Merwedeplein. Se trasladó a Ámsterdam a partir de 1942.

Holanda se ha convertido en un país de paso.

Cuando en mayo de 1940 la ley holandesa fue aprobada, se creó un grupo antijudío. A partir de enero de 1941, los nazis no se atrevieron a nombrar a ninguna persona de su entorno. En 1941, Anne sale de la escuela primaria para ir a la primera clase del Liceo Joods. A partir de ese momento, la escuela de Joden se convirtió en una escuela que no era de Joods. También su casa se convirtió en el Liceo Joods.

Los judíos, así como Ana Frank y su familia, se vieron obligados a aceptar la nacionalidad suiza que no tenían el 25 de noviembre de 1941 con la entrada en vigor de la nueva *Ley de Seguridad del Estado*. En ese momento, la familia se convirtió en un Estado. La nacionalidad neerlandesa no ha sido modificada, ya que sólo se ha aplicado a las personas que viven en el extranjero. Su padre adquirió la nacionalidad suiza en el otoño y se nacionalizó holandés en 1949.

Los jóvenes son cada vez más numerosos en el mundo abierto. Así, Ana Frank, al igual que otros niños de los Países Bajos, tuvo que pasar por un periodo de tiempo más largo desde el 1 de mayo de 1942.

El 12 de junio de 1942 Ana Frank cumplió un año. Su peor carta de presentación era un libro de bolsillo, en el que el mismo día escribió: "Espero que puedas hacer todo lo que quieras, ya que nunca he visto a nadie y espero que tengas una buena vida para mí". Diez semanas más tarde, el 6 de julio de 1942, Ana y su familia fueron a Het Achterhuis, donde su familia había decidido ir a trabajar a Duitsland. La Casa de la Moneda fue fundada por la empresa *Opekta* de su fundador, Otto Frank, en Prinsengracht 263. La distancia entre la casa y el taller se reduce a un cuadro. En la casa y en la revista trabajaron personas, entre las que se encontraban los cuatro ayudantes, Miep Gies, Bep Voskuijl, Johannes Kleiman, Victor Kugler y el padre de Bep Voskuijl, que había sido el autor del libro.

La palabra clave en la ciudad de Madrid

La plaza de la iglesia de la ciudad de Ámsterdam fue nombrada "Het Achterhuis", que más tarde se convertiría en el título de su libro de bolsillo posterior. Ana Frank se reunió allí con sus padres y sus hijos del 6 de julio de 1942 al 4 de agosto de 1944. Allí se reunieron un total de ocho personas: la familia Frank, Hermann van Pels, Auguste van Pels y su hijo Peter van Pels (que es el modelo de la familia Van Daan en el cuaderno de bitácora) y también Fritz Pfeffer, un tándem jordano (que es el modelo de la persona Dussel en el cuaderno de bitácora). La familia Van Pels y Fritz Pfeffer eran conocidos por la familia Frank y, como Duitse Joden, por su tierra natal.

En la casa, Ana Frank y los demás niños se sienten muy cómodos. Ana se pregunta por sus amigas y se da cuenta de que no pueden salir. Para estas personas, su libro de visitas fue muy importante. Anne habla de su vida cotidiana en el barrio, de la angustia de tener que soportar el cambio de vida, de sus sentimientos hacia Peter, de las dificultades con sus padres y otros compañeros y de su ambición de escribir. "Lo más importante de todo es que no puedo escribir lo que sé y lo que no puedo escribir, sino que tengo que escribirlo todo", escribió Anne el 16 de mayo de 1944 en su cuaderno de bitácora. La única cosa natural que Ana Frank pudo ver en su casa fue un paardenkastanje, que se encontraba en el interior. Décadas más tarde, este boom se convertiría en el boom de Ana Frank. El 28 de mayo de 1944, en una entrevista con el ministro Bolkestein en Radio Oranje de Londres, para publicar los libros de texto que se habían publicado en el periódico, Ana escribió su libro de texto en una hoja de papel de la puerta de su casa y también su propio libro de texto. Anne escribe aquí: "Por supuesto, siempre están en mi cuaderno de bitácora. Mira lo interesante que puede ser para mí un libro del siglo XXI". En diez semanas, se le han entregado 324 ejemplares, pero después de

231

su detención, el libro no se ha vuelto a publicar. La última fecha de entrega fue el 1 de agosto de 1944.

Ontdekking

Diez días más tarde, los soldados fueron detenidos durante más de dos años (25 meses). El 4 de agosto de 1944, el *Departamento de Seguridad* y los agentes políticos holandeses los arrestaron. El SS-Hauptscharführer Karl Silberbauer tenía la dirección. Durante mucho tiempo se supo que los soldados habían sido asesinados, pero no fue así. En 2016, la Fundación Ana Frank publicó los resultados de un nuevo estudio, en el que se constataba que los secuestradores habían desaparecido antes.

Los papeles del diario (las notas y los carteles) fueron entregados en el momento de la detención por dos personas que se convirtieron en ayudantes de los policías: Miep Gies y Bep Voskuijl (que fue modelo de Elly Vossen en el cuaderno). Miep Gies se puso en su bureaula en el aro y no pudo ver a Anne.

Después de que se les diera el visto bueno, los directores y otros dos ayudantes, Victor Kugler y Johannes Kleiman, fueron a la sede de la SD en la calle Euterpestraat Amsterdam-Zuid. Después de un tiempo de estancia en una habitación con otras personas, Kugler y Kleiman fueron a la casa de Bewaring en la calle Amstelveense. Esta fue la primera vez que los soldados (a excepción de Otto Frank, que fue el que lo hizo) se reunieron con sus amigos. Los soldados fueron enviados a la planta de Kleine-Gartman.

Deportación

El 8 de agosto de 1944, los ocho soldados fueron enviados a la estación central de Ámsterdam y fueron trasladados por avión. A mediados de agosto, el tren se trasladó al campo de Westerbork.

Aunque no son muy útiles para el trabajo en Alemania (en el sentido de la palabra: para el trabajo en masa), se les ha incluido en la lista de espera. Los trabajadores de las fuerzas armadas tienen menos tiempo y pueden trabajar más duro que otros trabajadores. Su trabajo se basa en el desmontaje de las baterías de los aviones de la barak 56.

El 3 de septiembre de 1944, más de dos personas por avión fueron llevadas al puerto. Un seleccionador llevó al avión a la zona de combate, donde le dieron los nombres en la lista. También los trabajadores de la casa se han puesto en contacto con él. Fue el último viaje que se hizo de Westerbork a Auschwitz.

El 5 de septiembre comenzó el viaje en el campo de concentración de Auschwitz-Birkenau. Los ocho soldados iniciaron la selección de la litera para los prisioneros de guerra. También se identifican los hombres de las víctimas. Otto Frank, Hermann van Pels, Peter van Pels y Fritz Pfeffer fueron enviados al campo de concentración Auschwitz I. Anne, Margot, su madre Edith y Auguste van Pels fueron trasladados al campo de concentración de Birkenau. Al cabo de un tiempo, Anne se marchó. Estaba en el bloque de *Krätze* (schurftblok), que se encontraba en un lugar muy alejado del resto del campo. Margot se reunió conmigo.

Encima

El 28 de octubre de 1944, un transporte con 1308 personas llegó de Birkenau al campo de concentración de Bergen-Belsen. También Anne y Margot se incorporan a este transporte. Edith murió el 6 de enero de 1945. En Bergen-Belsen, Ana y Margot son desarraigadas y van a parar a la cárcel, donde se quedan. Se encuentran en una situación difícil. En febrero de 1945, Margot se marchó, y unos días más tarde lo hizo Ana, también a causa de la violencia. En ese período, 17.000 personas se quedaron en Bergen-Belsen. La administración del campo no fue más que un ejemplo, ya que los datos exactos de Anne y Margot no se han podido comprobar. El Rode Kruis dijo en 1954 (es decir, un año antes de su muerte) que debía ser "entre el 1 y el 31 de mayo". La fecha oficial de la declaración de la independencia es el 31 de mayo de 1945. En *De Dagboeken van Anne Frank (Los diarios de Ana Frank)*, los historiadores David Barnouw y Gerrold van der Stroom describen en 1986 la muerte de Ana y su esposa Margot a principios de febrero de 1945. Se basan en la declaración escrita de Lientje Brilleslijper del 11 de noviembre de 1945, en la que se dice que "se fue a principios de febrero de 1945". Lientje Brilleslijper y su esposa Janny habían sido asesinadas por Ana y Margot en el último período en Bergen-Belsen. También el documentalista Willy Lindwer (*De laatste zeven maanden*, 1988), al que Janny Brilleslijper entrevistó, se hizo a principios de febrero, a principios de mayo de 1945, así como la biografía de Melissa Müller y otros periodistas e historiadores. La entrevista posterior se realizó con una fecha más temprana, en febrero, que no es la misma que la de la entrevista anterior. Su madre, Edith, murió en enero de 1945 en Auschwitz, a causa de un ataque y de un ataque. De los ocho hijos de la familia, sólo Otto Frank murió en el Holocausto.

Dagboek: Het Achterhuis

Ana Frank escribió su cuaderno de bitácora en forma de saludo a una amiga ficticia, Kitty. Dijo: "Espero que puedas hacer todo lo que quieras, ya que nunca he visto a nadie, y espero que me des un gran regalo".

Tras la muerte del escritor y su familia, la ayudante Miep Gies ha sido informada de los papeles del diario. El padre de Alleen Annes, Otto, se hizo cargo del campo de entrenamiento. Gies le dio al libro de la historia el nombre de la madre de la escritora. Otto Frank publicó el libro en 1947 con el título *Het Achterhuis*. No se trata sólo de la versión de Annes, sino que Otto también publicó el 29 de mayo de 1944 los textos originales de Annes. Además, ha dejado algunas cosas que Ana, en su versión original, había hecho desaparecer. El libro "Achterhuis" es desde entonces uno de los libros más conocidos del mundo.

Het Achterhuis is een boek gebaseerd op dagboekaantekeningen.

Ander literair werk

Ana Frank escribió en *la Casa de la Moneda* también 34 obras de arte, sobre su época escolar, realizadas en la Casa de la Moneda y en las propias obras de arte, que se publicaron con el título *"Obras de arte", y las realizadas en la Casa de la Moneda*.

En 2004 se publicó *el libro Mooie-zinnenboek*. A instancias de su padre, Anne (en un libro) ha recopilado fragmentos de los distintos libros que ha publicado. Se trata de fragmentos y versos que se encuentran en su interior. El libro contiene facsímiles del manuscrito original de Annes, con el texto original. El manuscrito se conservó en la Casa de Ana Frank y en el país, pero no se ha vuelto a imprimir.

Se incluyen algunos cuentos de Anne que no se han publicado. En su nombre se encuentra el libro *Verhaaltjes, y las obras de la colección*.

Herinneringscentra

La historia de Ana Frank ha sido recogida por varias fundaciones y
museos. En 1963, Otto Frank creó el Fondo Ana Frank, fundado en Bazel.
El fondo mantiene los derechos de los autores de los escritos de Ana
Frank y se encarga de la publicación del libro de la historia en varios
idiomas. El fondo lleva a cabo proyectos en todo el mundo sobre
derechos humanos, racismo, discriminación y antisemitismo, y está
vinculado a la Escuela Ana Frank de Fráncfort del Meno. En los Estados
Unidos actúa el Centro Ana Frank para el Respeto Mutuo, que tiene su
sede en Nueva York.

Destacados

- El 12 de junio de 1942, Ana Frank, en su totalidad Annelies Marie
  Frank, recibió un diario a cuadros rojos y blancos por su 13º
  cumpleaños.
- Los amigos que registraron el escondite tras la captura de la familia
  entregaron posteriormente a Otto Frank los papeles que dejó la
  Gestapo.
- Entre ellos encontró el diario de Ana, que se publicó como Ana Frank:
  El diario de una niña (originalmente en holandés, 1947).
- El Diario, que ha sido traducido a más de 65 idiomas, es el diario más
  leído del Holocausto, y Ana es probablemente la más conocida de las
  víctimas del Holocausto.
- El Diario también se convirtió en una obra de teatro que se estrenó
  en Broadway en octubre de 1955, y en 1956 ganó el premio Tony a la
  mejor obra y el premio Pulitzer a la mejor obra de teatro.

16 mujeres influyentes

1. Benazir Bhutto (1953-2007)

Ex primer ministro de Pakistán

"Se puede encarcelar a un hombre, pero no a una idea.
Puedes exiliar a un hombre, pero no a una idea. Puedes
matar a un hombre, pero no a una idea".

Benazir Bhutto de **Bhoetto** (Karachi, 21 de junio de 1953 - Rawalpindi, 27 de diciembre de 2007) fue una política pakistaní. De 1988 a 1990 y de 1993 a 1996 fue la primera ministra del país.

Era el hermano mayor del ex-presidente y ex-premier Ali Bhutto, que fue asesinado el 4 de abril de 1979, y uno de los principales partidarios del nuevo presidente de Pakistán, Pervez Musharraf.

En 2008, se convirtió en el líder de la oposición en el proceso de selección de los candidatos a la presidencia de Pakistán.

Achtergrond

Benazir Bhutto nació en 1953 en Karachi. Era la hija mayor del presidente y ministro de Sanidad Zulfikar Ali Bhutto, de origen sindhi, y de Begum Nusrat Ispahani, paquistaní de origen iraquí.

Vroege carrière

Benazir Bhutto es natural de Pakistán, pero estudió en la Universidad de Harvard y en la Universidad de Oxford. Después de estudiar, en 1977 viajó a Pakistán. En mayo de 1978, su padre se marchó. Después de la muerte, Zulfaqar Ali se convirtió en su esposa para iniciar su carrera política. Junto con su madre, Begum Nusrat Bhutto, se encargó de la dirección del Partido Popular de Pakistán (PPP). En la actualidad, las dos mujeres han sido arrestadas por el presidente Zia-ul-Haq. Zia era un descendiente de Zulfaqar Ali Bhutto, que más tarde se convirtió en su sucesor.

En 1984, Benazir se trasladó a Groot-Brittannië para someterse a un tratamiento médico. Tenía una oorontsteking crónico y fue a un kant doof geworden.

Verzet

En 1986 viajaron a Pakistán, donde la situación se agravó y se produjo el conflicto con el dictador Zia-ul-Haq. Benazir y Nusrat son los responsables de la situación y, tras la caída de Zia-ul-Haq (agosto de 1988), se produjeron varios acontecimientos. Estos cambios se produjeron gracias al PPP de centro (islamista-socialista), del que Benazir Bhutto era la primera ministra. En la actualidad, es la primera mujer que ocupa el cargo de primer ministro de una república islámica. Su régimen también se vio afectado por la corrupción y la violencia política. En 1990 fue derrocado por el presidente Ghulam Ishaq Khan.

Regering

En 1993, cuando el primer ministro Nawaz Sharif, al igual que Bhutto, fue nombrado ministro presidente, Bhutto pasó a ser ministro-presidente.

Su segundo gobierno (una coalición entre el PPP y la Liga Musulmana), fue nombrado por la Liga Musulmana en 1997 por el primer ministro Nawaz Sharif.

Emancipatiepolitiek

Benazir Bhutto era conocida como defensora de los derechos de los musulmanes en Pakistán. En sus campamentos de verano, se refirió a su preocupación por los derechos de los musulmanes y le pidió que los discriminara. Para mejorar la posición de los ciudadanos, Bhutto planificó la creación de oficinas políticas, bancos de crédito y bancos de inversión para los ciudadanos. Además de estos planes, durante sus periodos de gobierno no ha realizado ninguna acción para mejorar el bienestar de la población. Durante sus campamentos de verano, también se esforzaron por resolver las polémicas cuestiones relacionadas con la sharia, pero su partido no quiso que esta idea se materializara debido a la gran oposición de los opositores. En 2008 fue uno de los siete ganadores del Premio de Derechos Humanos de las Naciones Unidas.

Búsqueda de información sobre los problemas de salud

La justicia suiza, después de que en 1998 se concedieran más de dos millones de francos suecos a las cuentas bancarias de Bhutto y su familia, empezó a investigar por su cuenta y la de su hijo (Asif Ali Zardari), con el fin de evitar que se produjera un fraude en las cuentas bancarias suecas. En 2003, los dos se enfrentaron, pero en 2004, después de que se retiraran de la circulación, el proceso se interrumpió. Bhutto se ha mantenido al margen de las acusaciones y ha dicho que la lucha contra el terrorismo es un asunto político. En 2007, se inició el proceso de justicia a raíz de sus declaraciones. Esta detención no es suficiente para su recuperación.

Ballingschap

Bhutto se instaló en 1999 en Dubai para seguir la evolución de la política. Su sucesor, Asif Ali Zardari, también fue condenado por corrupción. En diciembre de 2004, se convirtió en un ciudadano de a pie durante ocho años.

Bhutto y Sharif, que no han tenido ninguna relación con la democracia, han participado desde 1999 en varias reuniones tras la dimisión del presidente Musharraf y la apertura de una nueva etapa. Los dos ex-presidentes han redactado una "Carta de la Democracia", que debería ser su manual para las próximas elecciones.

En 2007, Musharraf fue acusado de corrupción, y se convirtió en el responsable de la desaparición del partido de Bhutto de la presidencia,
239

cuando Benazir Bhutto llegó a Pakistán el 18 de octubre de 2007. En su momento, se hizo una declaración de intenciones sobre su vida, en la que murieron más de 140 personas.

El 8 de noviembre de 2007, Bhutto fue detenida por el presidente Musharraf, con el fin de garantizar su privacidad. En la práctica, la detención se llevó a cabo para que organizara una protesta contra el presidente saliente Pervez Musharraf.

Aanslag

Un mes más tarde, el 27 de diciembre de 2007, Benazir Bhutto, de 54 años de edad, se convirtió en la primera en recibir un mensaje sobre su vida, después de que hubiera sido expulsada de un partido político en Rawalpindi.

Nadat Bhutto, en su coche de alquiler, se fue de viaje a la ciudad. En ese momento, un hombre se reunió con una mujer. En ese momento, un hombre se encontró con una mujer que tenía un problema de salud, y no se le permitió que se le acercara a dos personas más. Bhutto fue trasladado directamente a la prisión de Rawalpindi. Una persona dijo que su muerte, a las 18.16 horas, se debió a un ataque a su nivel de vida por parte de un desconocido.

La madre de Benazir Bhutto fue asesinada el 28 de diciembre de 2007 en su casa de Garhi Khuda Bakhsh.

Nasleep

Directamente después de la muerte de Bhutto, en varios lugares de Pakistán, los seguidores de Bhutto que el gobierno de Musharraf se negaron a aceptar el mensaje y lo rechazaron. El acuerdo de paz ha sido un gran desafío para muchos políticos de todo el mundo, y ha sido aprobado por el gobierno. Un día más tarde, el 28 de diciembre, el grupo terrorista islamista Al Qaida publicó el comunicado. El Ministerio de Asuntos Exteriores de Pakistán, en Islamabad, ha recibido un mensaje telefónico de Al Qaida, que ha sido enviado por Baitullah Mehsud. No se ha detectado que Al Qaida haya actuado de forma automática después de la publicación. Su marido, Bilawal Bhutto Zardari, se ha convertido en el presidente del Partido Popular de Pakistán.

Destacados

- Benazir Bhutto es una política pakistaní que se convirtió en la primera mujer líder de una nación musulmana en la historia moderna. Fue Primera Ministra de Pakistán durante dos mandatos, de 1988 a 1990 y de 1993 a 1996.
- Tras la ejecución de su padre en 1979 durante el gobierno del dictador militar Mohammad Zia-ul-Haq, Bhutto se convirtió en la jefa titular del partido de su padre, el Partido Popular de Pakistán (PPP), y soportó frecuentes arrestos domiciliarios desde 1979 hasta 1984.
- Legalmente separado y libre de las restricciones impuestas al PPP por el liderazgo de Bhutto, el PPPP participó en las elecciones de 2002, en las que obtuvo una fuerte votación. Sin embargo, las condiciones de Bhutto para cooperar con el gobierno militar -que se retiraran todos los cargos contra ella y contra su marido- siguieron siendo denegadas.

2. Betty Friedan (1921-2006)
Escritora y activista feminista estadounidense

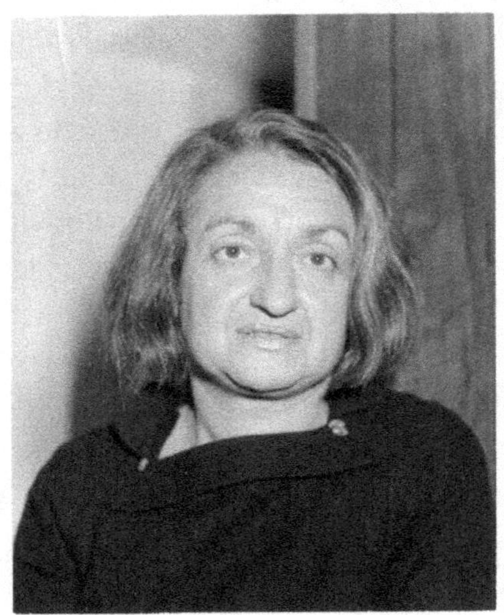

"Es más fácil vivir a través de otra persona que llegar a ser completo uno mismo".

Betty Friedan, nacida como *Bettye Naomi Goldstein* (Peoria (Illinois), 4 de febrero de 1921 - Washington D.C., 4 de febrero de 2006) fue una feminista, activista social y publicista estadounidense.

Levensloop

Friedan fue en su adolescencia una activa activista marxista y radicalista de la Jood. En el campus de la escuela secundaria Smith College, donde estudiaba, se convirtió en su propio comandante. Estudió psicología en la Universidad de Berkeley, en California, pero no abandonó su carrera. Poco después se convirtió en periodista de la revista Linkse y de la revista Vakbonds. En 1947 se reunió con Carl Friedan, a quien conoció en 1967. A los 85 años de edad, murió en una huelga de hambre.

La mística femenina

242

Cuando en 1952 se mudó a su segunda clase, fue trasladado a su escuela secundaria. En 1958, se le asignaron los primeros años de su escuela secundaria, y se le asignaron los servicios de educación. Cuando su opinión sobre la carrera profesional de sus hijos se hizo realidad, escribió un artículo para un periódico que se publicó en el mismo lugar. Por lo tanto, el material se utilizó como base para un libro.

En 1963 se publicó este libro, una obra feminista de gran alcance, La *mística femenina*. La primera edición contó con 1,3 millones de ejemplares y fue el libro más vendido de ese año. El libro describe el papel de la mujer de mediana edad en el mundo de la industria: el hogar, y el entorno que lo rodea, la *habitación*. Este bestseller se ha convertido en el inicio del Segundo Golf Femenino.

Activisme

En 1966, Friedan fundó la Organización Nacional para las Mujeres (NOW) y en 1969, junto con Bernard Nathanson y Larry Lader, el grupo de prensa NARAL, que en su día puso en marcha la lucha contra el aborto provocado en los Estados Unidos.

Nadien ha actuado durante mucho tiempo como feminista, además de como (mede)oprichter y portavoz de varias organizaciones de mujeres. Además de Nathanson, también participó en el movimiento a favor del aborto.

Destacados

- Bettye Goldstein se licenció en psicología en el Smith College en 1942 y, tras un año de estudios de posgrado en la Universidad de California, Berkeley, se instaló en Nueva York.
- La mística femenina (1963), que exploraba las causas de las frustraciones de las mujeres modernas en los roles tradicionales, fue un best seller inmediato y controvertido y se tradujo a varias lenguas extranjeras.
- Miembro fundador del National Women's Political Caucus (1971), dijo que se organizó "para hacer política, no café".

- En 1976 Friedan publicó It Changed My Life: Writings on the Women's Movement y en 1981 The Second Stage, una evaluación de la situación del movimiento feminista.
- The Fountain of Age (1993) aborda la psicología de la vejez e insta a revisar la visión de la sociedad de que envejecer significa pérdida y agotamiento.

3. Grace Hopper (1906-1992)
Matemático, informático y oficial de la marina

"El liderazgo es una calle de doble sentido, lealtad hacia arriba y lealtad hacia abajo. Respeto a los superiores; cuidado de la tripulación".

Grace Brewster Murray Hopper (Nueva York, 9 de diciembre de 1906 - Arlington (Virginia), 1 de enero de 1992) fue una mujer estadounidense, pionera de la informática, naturalista y oficial (contralmirante) de la marina estadounidense. Fue, entre otras cosas, el primer programador de la Calculadora Mark I y el primer compilador electrónico de un programa.

Levensloop

Hopper se licenció en Ciencias Biológicas y en Ciencias Naturales en el Vassar College en 1928; al finalizar sus estudios, fue nombrado miembro de la Sociedad Académica Phi-Beta-Kappa por su talento científico. Estudió en Yale y en 1930 obtuvo un máster en dos disciplinas. En 1934 fue la primera mujer de los Estados Unidos que se promocionó en el campo de la ingeniería. Su disertación se titulaba *Nuevos tipos de criterios de irreductibilidad* y apostaba hasta por los criterios de irreductibilidad más conocidos. A partir de 1931, Hopper comenzó a estudiar ciencias naturales en Vassar y, desde 1941, fue rector de la universidad.

En 1943 pasó a la Reserva Naval de los Estados Unidos y se incorporó al Laboratorio de Informática de la Unión Europea. Allí trabajó con Howard Aiken en la calculadora Mark I. Fue la primera persona que diseñó un programa. Al principio de la historia se retiró de la marina, pero trabajó en el desarrollo de las calculadoras Mark II y Mark III.

En 1949 comenzó a trabajar para la Eckert-Mauchly Computer Corporation, donde empezó a trabajar en el momento en que su empresa se convirtió en el UNIVAC I. Este proyecto fue aprobado. A principios de los años 50, la empresa fue adquirida por la Remington Rand Corporation, y fue entonces cuando publicó su primer trabajo en el ámbito de los compiladores. Su compilador es el compilador A, con la primera versión A-0. Las ediciones posteriores se comercializan con los nombres de ARITH-MATIC, MATH-MATIC y (anteriormente) FLOW-MATIC.

Un tiempo más tarde, se trasladó a la marina, donde se le pidió que escribiera un software de validación para el nuevo programa COBOL. La definición de COBOL se amplió a través del comité CODASYL, pero se utilizó el FLOW-MATIC de Hoppers con algunos elementos del lenguaje COMTRAN (el equivalente al FLOW-MATIC de IBM). Además de la colaboración con los comités y otras organizaciones, la idea de Hoppers era programar un ordenador en una lengua que se basara en una lengua natural como el inglés y no en una máquina o en algo que se basara en ella (como los ensambladores que se utilizaron en su momento). También es necesario decir que COBOL se basa en su filosofía y en sus conocimientos.

Hopper se incorporó a la Reserva Nacional en 1966, con el rango de comandante. En agosto de 1967 pasó a formar parte del servicio activo durante un periodo de tres meses, que más tarde se convertiría en un cambio de rumbo. En 1973 fue nombrado capitán por el almirante Elmo R. Zumwalt Jr.

A principios de los años 70, el equipo realizó pruebas con ordenadores, especialmente con programas y con nombres como COBOL y FORTRAN.

El programa de pruebas de la marina para el mate, en el que los programas se basan en estos talentos, ha llevado a una gran convergencia de los distintos dialectos de los programas, como los que han sido diseñados por las partes comerciales. Estas series de pruebas (y también la hoja de cálculo) fueron aprobadas en los años 80 por el National Bureau of Standards, ahora NIST.

En mayo de 1983, Hopper aparece en la televisión en el programa *60 Minutes*. Fue entrevistado por Philip Crane, director de la Casa de la Juventud Americana. En la Casa, el presidente Ronald Reagan se convirtió en comodoro por un tiempo, también por la voz de Speciaal Besluit de Bevelvoerder. En 1985, este rango se convirtió en Contraalmirante (mitad inferior). En 1986 pasó a ser (por voluntad propia) de la marina.

A partir de entonces, fue nombrado consultor senior de Digital Equipment Corporation, un puesto que ocupó durante el resto de su vida. Su principal actividad en este campo fue la de "embajador de buena voluntad". Se ocupó del circuito de la informática y pronunció discursos sobre el comienzo de la informática, su carrera y lo que los informáticos pueden hacer para mejorar la vida de sus clientes. Se ha hecho cargo de la mayor parte de las instalaciones de I+D de Digitals y, por lo general, se ha hecho cargo de una parte de la carga de trabajo. En estas instalaciones, siempre están uniformados, con una gran tenacidad.

Grace Hopper falleció a los 85 años el día de Reyes de 1992 y fue enviada con los militares al Cementerio Nacional de Arlington. Hasta entonces, se encontraba en Arlington (Virginia). En South Joyce Street, al lado de su casa, se encuentra un pequeño parque que ha sido creado por el condado de Arlington: el parque Grace Murray Hopper.

Destacados

- Se convirtió en teniente y fue asignada al Proyecto de Computación de la Oficina de Ordenación en la Universidad de Harvard (1944), donde trabajó en la Mark I, la primera calculadora automática a gran escala y precursora de los ordenadores electrónicos.
- Escribió el primer manual de informática, A Manual of Operation for the Automatic Sequence Controlled Calculator (1946), que describía

el funcionamiento de Mark I y fue el primer tratamiento extenso de cómo programar un ordenador.

- El desarrollo de compiladores para COBOL por parte de Grace Hopper y su firme defensa del lenguaje hicieron que se extendiera su uso en la década de 1960.
- Hopper se retiró de la marina con el rango de comandante en 1966, pero fue llamada al servicio activo al año siguiente para ayudar a estandarizar los lenguajes informáticos de la marina.

4. Margaret Thatcher (1925-2013)

La primera mujer en ser Primera Ministra del Reino Unido

Cuando la gente es libre de elegir, elige la libertad

La baronesa Margaret Hilda Thatcher, (Grantham, Inglaterra, 13 de octubre de 1925 - Londres, Inglaterra, 8 de abril de 2013) fue una política británica del Partido Conservador y, de 1979 a 1990, la primera Primera Ministra del Reino Unido.

El padre de Thatchers fue concejal y burgomaestre de Grantham, en Lincolnshire. Estudió en el Somerville College (Universidad de Oxford) y se convirtió en profesor de psicología, y de 1959 a 1992 fue director de la Universidad de Oxford. De 1970 a 1974 fue ministra de Educación y Ciencia en el gabinete Heath. En 1975, Thatcher fue la primera militante del Partido Conservador y se convirtió en opositora en la Cámara de Representantes. En 1979, Thatcher ganó la presidencia y se convirtió en el primer ministro del Partido Laborista, James Callaghan. Thatcher se convirtió en la primera Primera Ministra del Reino Unido. Durante las elecciones de 1983 y 1987 fue sustituida por un segundo y último mandato. En 1990, Thatcher se convirtió en líder del partido y en Primera Ministra, y fue sustituida por John Major.

En 1992, Thatcher se convirtió en baronesa y fue expulsada de la Hogerhuis.

Thatcher está en su vida en los siguientes cargos: Miembro del Consejo Privado de su Majestad - Miembro de la Orden del Mérito - Dama de la Justicia en la Orden de Sint-Jan - Dama de la Orden de la Justicia.

Buitenlandse orden: Medalla Presidencial de la Libertad - Grootkruis in de Orde van de Goede Hoop - Groot Lint in de Orde van de Kostbare Kroon - Grote Orde van Koning Dimitar Zvonimir - Orde van de Witte Leeuw, eerste klasse - Dame Grootkruis in de Koninklijke Orde van Frans I.

Afkomst

Margaret Thatcher nació como Margaret Roberts en Grantham, en el condado inglés de Lincolnshire. Su padre era Alfred Roberts y vivía en Northamptonshire. Su madre se llamaba Beatrice Ethel (nacida Stephenson) y vivía en Lincolnshire. Su hijo vivió en Grantham, donde su padre tenía dos hijos. Margaret y su hija Muriel viven en el apartamento junto a la mayor de las dos. Su padre era tan activo en la política local como en la iglesia, donde ejercía como concejal y como predicador metodista. Margaret fue convertida en una fuerte metodista. Su padre era descendiente de una familia liberal, pero se convirtió -porque estaba en la política local- en un hombre *muy activo*. En 1945-46 fue burgomaestre de Grantham. En 1952 asumió su cargo como concejal cuando el Partido Laborista se hizo cargo de la administración de Grantham.

Escuela y universidad media

Roberts es miembro de la Huntingtower Road Primary School y ganó una beca para la Kesteven and Grantham Girls' School. Sus informes escolares indican que trabajaba mucho y que seguía siendo muy activa; sus actividades escolares incluían, entre otras, el pianismo, el hockey, los recitales de poesía, el baile y la danza. En 1942-1943 fue directora de *la escuela*. En su último año, se fue a estudiar psicología al Somerville College, un colegio universitario de la Universidad de Oxford. En un primer momento, fue admitido, pero cuando se le presentó una nueva solicitud, también se le dio una oportunidad. A principios de 1943 se trasladó a Oxford, donde en 1947 se licenció con "Second Class Honours" en ciencias de la ingeniería. En su último año se especializó, bajo la supervisión de Dorothy Hodgkin, en la cristalografía de los roncales. No ha sido el responsable de la formación de los estudiantes del Somerville College.

En 1946, Roberts fue presidente de la Asociación Conservadora de la Universidad de Oxford. En la universidad se publicaron obras políticas, como *El camino de la servidumbre* (1944) de Friedrich von Hayeks, que se inscriben en la economía por el sobrecalentamiento como un primer paso hacia un estado autoritario.

Werkzaam leven

En 1947, Roberts se trasladó a Colchester, en Essex, donde trabajó como químico de empresa en BX Plastics. Fue director de la Asociación Conservadora local. En 1948, se trasladó a Llandudno para participar en la Conferencia de Partidos, como miembro de la Asociación de Graduados Universitarios Conservadores.

La calificación de la calidad como requisito para la obtención de la licencia

Uno de sus amigos de Oxford era también amigo del presidente de la Asociación Conservadora de Dartford, en Kent. Allí buscaba, para el Partido Conservador, candidatos para el Parlamento Británico. Los líderes de esta Asociación se preocuparon por la investigación de las ideas políticas de Roberts, que se encargaron de la defensa de sus intereses. En enero de 1951 fue elegido.

Campamentos en Dartford

En febrero de 1951, Denis Thatcher, un hombre de negocios exitoso y maduro, se trasladó a la estación para viajar a Essex. Después de la mudanza, Roberts se fue a Dartford, donde se convirtió en un empresario de la industria de la construcción en Hammersmith. Forma parte de un equipo que se dedica a la fabricación de productos para la industria.

Durante las elecciones parlamentarias de febrero de 1950 y de octubre de 1951, fue candidato del Partido Laborista en el distrito de Dartford, donde fue el primer candidato de los medios de comunicación. Los dos se vieron acompañados por Norman Dodds, pero en febrero de 1950 se reunieron 6.000 laboristas y en octubre de 1951 sólo se reunieron 1.000. Durante estas campañas, su líder, Denis Thatcher, se convirtió en diciembre de 1951 en el líder del partido. Denis se encargó de los estudios de su madre para poder entrar en el Colegio de Abogados; Thatcher se convirtió en 1953 en abogado y se especializó en derecho penal. En ese mismo año nació su pareja, Carol y Mark.

Tapa de la Casa de Campo

Después de su estancia en Dartford, Thatcher se dirigió a mediados de enero a un distrito escolar en el que había sido seleccionado para un puesto en la ciudad. Roberts fue elegido en 1955 como alcalde de Orpington, pero en abril de 1958 fue elegido para el distrito de Finchley. En 1959, fue elegido para ocupar el cargo de director de la Academia. Su primer discurso se refirió a la ley de acceso a las reuniones de los organismos públicos (1960), que las autoridades locales habían aprobado para permitir que las reuniones se celebraran en público. En 1961, la posición oficial del Partido Conservador se vio obligada a aceptar el "birching".

En octubre de 1961, Thatcher se incorporó a la política, lo que le llevó a ocupar el primer puesto en la Cámara de Representantes. Durante el gobierno de Harold Macmillan, fue nombrada secretaria parlamentaria del Ministerio de Pensamiento y Asuntos Nacionales. En las elecciones de 1964, fue nombrado secretario de inversiones y de política de la Unión, y se encargó de la defensa de su partido para que los ciudadanos tuvieran derecho a abrir su empresa. En 1966, se incorporó al equipo del Tribunal de Cuentas. Como asesor financiero, se enfrentó a los controles de precios e ingresos del Partido Laborista, con el argumento de que estos controles tendrían un efecto negativo en la economía.

Ministro

En el gabinete del ministro-presidente Edward Heath, ocupó desde 1970 hasta 1974 el cargo de ministro de Educación y Ciencia. Como ministro de Asuntos Exteriores, se encargó de la ayuda gratuita a los niños de las escuelas primarias. Por ello, ha hecho público el nombre de "Thatcher, la ladrona de leche".

Partijleider Conservatieve Partij

En 1975, Heath se convirtió en el líder del Partido Conservador y ganó el premio al liderazgo. En 1979 ganó, como líder de la oposición, una moción de censura contra el gobierno de James Callaghan, que había firmado un pacto con el Partido Liberal, con un aumento de 311 a 310 diputados. Las siguientes elecciones fueron las que ganó, siendo el primer ministro. Fue nombrado en 1983 y en 1987. Desde 1988 es el primer ministro británico desde 1827. Para ser más exactos: duró 15 años, dos meses y 26 días. El Reino Unido estaba económicamente débil hasta que Thatcher llegó. La industria estaba muy deteriorada, y los conflictos laborales que se habían desatado dificultaban el crecimiento económico. Hubo una gran inflación y el crecimiento nacional se redujo al mínimo. Su rigurosa orientación liberal-clasista, la posterior evolución hacia el thatcherismo y la privatización de varios estados, le llevaron a entrar en conflicto con los opositores y los laboristas Michael Foot y Neil Kinnock.

Falklandoorlog

El 2 de abril de 1982, Argentina, que había atacado a las Islas Malvinas, se llevó a estas islas británicas. Thatcher se apresuró a tomar la decisión con un decreto. El 21 de mayo de 1982, Britten aterrizó en el puerto de San Carlos. Dos días más tarde, las islas se convirtieron en un héroe. En total, murieron 236 británicos y 655 argentinos. Al principio de la legislatura, Thatcher fue la primera ministra británica más popular desde la Segunda Guerra Mundial. Erna estaba inmersa en el proceso. Thatcher aprovechó su popularidad para la aprobación del parlamento, que ganó en 1983.

Mijnwerkersstaking

Thatcher comenzó a trabajar para eliminar muchos de los problemas de salud de los ciudadanos. Los sindicatos de trabajadores, con el apoyo del radical Arthur Scargill, organizaron en 1984 una gran huelga en el país. Pasó un invierno con grandes enfrentamientos entre los trabajadores y la política. Unos meses más tarde, mis hombres se volvieron locos.

IRA-aanslag

Thatcher fue secuestrada el 12 de octubre de 1984 por un atentado del IRA. Ese día, a las 02:54 horas, se produjo un atentado en el Grand Hotel de Brighton, donde, al igual que muchos otros miembros de su partido, se reunieron con las fuerzas armadas de la ciudad. En el momento del anuncio, Thatcher estaba trabajando en su suite durante la primera jornada. En ese momento, se abrió la puerta de la sala de estar, que estaba muy estropeada por la explosión. Varias personas se fueron a la cama, pero ellas y su hijo se quedaron sin nada. Más tarde, Thatcher dijo que, al llegar a la cámara de combustión, sólo se habían abierto los ojos y las rodillas. Thatcher dijo que el congreso de ese día se reunió a las 9:30 horas. A las 14:30 horas del mediodía, se ha producido un cambio.

Buitenlands beleid

El Reino Unido estaba muy lejos de los países europeos, pero Thatcher se negó a aceptar la forma de supranacionalismo y se orientó hacia los Estados Unidos. Con el presidente norteamericano Ronald Reagan, lo entendió. En Europa, se le ha dado menos importancia. Su "Quiero que me devuelvan mi dinero" le ha llevado a realizar una gran cantidad de acciones de compensación en el terreno social y en los derechos de propiedad de la tierra en Europa.

El gobierno de Thatcher reforzó la coalición con los jemeres, hasta que en 1979 los comunistas vietnamitas se impusieron sobre ellos. Durante el conflicto chino-ruso, los comunistas vietnamitas se unieron a la Unión Soviética, mientras que el pueblo jemer se unió a China. Gracias a la dirección de la administración Thatcher, la coalición con Pol Pot se convirtió en la sede oficial de Camboya en las Naciones Unidas. En el pasado, el gobierno de Thatcher mantuvo la coalición con el Rode Khmer con dinero, dinero en efectivo y entrenadores. En 1991, el gobierno decidió que las tropas de la coalición, creadas por el Rode Khmer, habían sido reclutadas por el SAS. La administración británica sólo se ocupó de los aspectos no comunistas de la coalición, pero el Rode Khmer tenía mucho que ver con la administración británica. Thatcher dijo que "los *hombres más redimidos de la Rode Khmer deberían desempeñar un papel importante en el gobierno democrático*". Entre 1975 y 1979, el Rode Khmer se convirtió en un grupo de dos millones de personas.

Impuesto sobre la renta de las personas físicas

En 1990, el Reino Unido se vio obligado a aceptar que Thatcher aplicara el *impuesto electoral*, una medida de protección de los derechos de la mujer. Esto le llevó a la derrota: el partido se retiró y los conservadores de la derecha le dieron a Thatcher la bienvenida al Partido Conservador. Durante la primera ronda de negociaciones para el Partido Conservador, Thatcher fue más fuerte que Michael Heseltine, que en algunos momentos más tarde no fue viceprimer ministro, pero la diferencia fue muy grande para que el gobierno de la Unión Europea se hiciera cargo de ella. Por ello, Thatcher, a instancias de su hijo, dijo que la guerra era más dura que la guerra. En su última visita a la oficina de la presidencia, la segunda vez fue a la luz: la primera vez fue cuando su marido, Mark Thatcher, murió hace diez días en Argelia. La dirección del partido y el primer ministro se dirigieron a John Major, y Thatcher fue ministra de finanzas.

En su vida política

Después de su muerte, Thatcher se ha dedicado a la educación en todo el mundo. En 2001, se le permitió salir de la cárcel. El 13 de octubre de 2005 celebró su 80º aniversario con una cena para más de 650 personas, entre ellas la reina Isabel II, el primer ministro laborista Tony Blair, la cantante Shirley Bassey y la actriz Joan Collins.

El 7 de diciembre de 2005 pasó una noche en observación en la clínica de la ciudad, donde comenzó a ser observado por el médico. Su hija, Carol Thatcher, se dio cuenta de que la muerte de su madre era un problema grave. Otras mujeres dicen que su enfermedad se debe al Alzheimer. En 2008, su hija Carol lo describió en su libro: Una parte de natación en la pecera: A Memoir'.

Después de la toma de posesión de Pinochet el 11 de diciembre de 2006, que se convirtió en política por el conflicto de las Malvinas, se supo que estaba en el poder. En 2007, Thatcher fue nombrada Baronesa Thatcher de Kesteven por el Partido Conservador.

A mediados de 2008 surgió una controversia en el Reino Unido por la que no se podía aceptar una fotografía del Estado. Esta historia ha sido hasta ahora poco conocida por Winston Churchill y los líderes de la familia británica.

El 8 de abril de 2013, Thatcher fue invitada a una fiesta en el hotel londinense The Ritz. El gobierno británico organizó una ceremonia de entrega de armas con militares de todo el mundo en la catedral de San Pablo, que ellos mismos habían creado. La ceremonia del 17 de abril fue la misma que la de la princesa Diana en 1997 y la de la reina Isabel en 2002. Más de 2.300 personas se han beneficiado de la protección de los derechos de autor, entre ellas la reina Isabel II y su hijo, el príncipe Felipe. En total, fueron 170 los países que se comprometieron con la seguridad. En la actualidad, la mayoría de los países de la Unión Europea se encuentran en el extranjero.

Las reacciones a las declaraciones de Thatcher fueron, sobre todo, en el Reino Unido. Se le consideraba uno de los mejores líderes del Reino Unido, pero también había reacciones amargas de la clase obrera y de los grupos que apoyaban su política económica. Las críticas se han centrado en una campaña en las redes sociales en la que se ha dicho que el lema "¡Ding-Dong! The Witch Is Dead' de la película El Mago de Oz se ha convertido en el segundo lugar en lengua inglesa y el primero en lengua española. La actuación fue protagonizada por dos personas, entre ellas Ruth Duccini y Jerry Maren, que en la película anterior habían hecho el número, y que fueron consideradas como muy respetuosas. Los seguidores de Thatcher se han reunido con el número "I'm in Love with Margaret Thatcher" de los Notsensibles. El número tiene una extensión de 35 años.

En los primeros meses de su mandato se elaboró un plan para crear en Londres un museo y una biblioteca sobre Thatcher. El centro se llama *Margaret Thatcher Centre* y se encuentra en la Universidad de Buckingham.

Destacados

- Margaret Thatcher llevó a los conservadores a una decisiva victoria electoral en 1979, tras una serie de grandes huelgas durante el invierno anterior (el llamado "Invierno del Descontento") bajo el gobierno laborista de James Callaghan.
- Thatcher llegó al poder prometiendo frenar el poder de los sindicatos, que habían demostrado su capacidad para paralizar el país durante seis semanas de huelgas en el invierno de 1978-1979.

- La segunda mitad del mandato de Thatcher estuvo marcada por una inextinguible polémica sobre la relación de Gran Bretaña con la Comunidad Europea (CE). En 1984, Margaret Thatcher consiguió, en medio de una feroz oposición, reducir drásticamente la contribución británica al presupuesto de la CE.

5. Kamala Harris (nacida en 1964)

Vicepresidente de los Estados Unidos

"Espero que al ser una 'primera', inspire a los jóvenes a perseguir sus sueños".

Kamala Devi Harris (Oakland (California), 20 de octubre de 1964) es una política estadounidense y desde el 20 de enero de 2021 la 49ª vicepresidenta de los Estados Unidos. Es líder del Partido Demócrata y, en su toma de posesión, fue el primer vicepresidente afroamericano, el primer vicepresidente azerbaiyano y el primer vicepresidente de la Unión Europea. Además, Harris fue alcalde de San Francisco de 2004 a 2011, fiscal general de California de 2011 a 2017 y senador por California de 2017 a 2021.

Biografía

Harris nació el 20 de octubre de 1964 en Oakland. Su madre, Shyamala Gopalan, tamil, era una asesora jurídica que emigró en 1960 de la India a los Estados Unidos. Su padre, Donald J. Harris, emigró en 1961 a Jamaica. Estudió economía en la Universidad de California en Berkeley. Harris se identifica como afroamericano e indio.

Los padres de Harris se unieron a Kamala Harris a los 7 años, cuando Kamala y su hija Maya pasaron la semana con su marido. Se encuentran en Berkeley. Cuando Harris tenía 12 años, se marchó a Montreal, donde su madre se fue a vivir con ella. En 1981 se trasladó a la Westmount High School.

Harris estudió economía y ciencias políticas en la Universidad Howard de Washington. Como estudiante, participó en el club de debate, en la asociación de estudiantes y en la *hermandad* afroamericana Alpha Kappa Alpha. Hizo demostraciones contra el apartheid y organizó programas de mentores para jóvenes locales.

Después de estudiar en Howard, Harris se fue a California, donde en 1989 obtuvo un título de abogado en el Hastings College of the Law de San Francisco. Se incorporó a la abogacía y de 1990 a 1998 trabajó como *fiscal adjunto del* condado de Alameda. En ese momento se reunió con el ex presidente de 30 años Willie Brown, el máximo responsable de la Asamblea del Estado de California. Brown invitó a Harris a formar parte de su red política y en 1994 le otorgó un puesto de responsabilidad. En 1996, Brown se convirtió en el alcalde de San Francisco y se hizo cargo de la alcaldía.

De 1998 a 2000, Harris trabajó para la *fiscalía de* San Francisco, donde se encargó de la gestión de los casos de corrupción. De 2000 a 2003, Harris fue fiscal del estado. En 2003, se le pidió que se convirtiera en fiscal general de San Francisco. Su campaña costó más de 600.000 dólares, más de un millón de dólares, y más de un millón de dólares se gastó. En una campaña turbulenta, Harris se hizo con el 56% de los ingresos. En 2007, fue rechazada por completo, como una de las principales causas de muerte.

Procurador General de California (2011-2017)

En noviembre de 2008, Harris anunció que se había retirado para convertirse en fiscal *general del* Estado de California. Se trata de la esposa de las senadoras Dianne Feinstein y Barbara Boxer y de la portavoz de la Casa de Gobierno Nancy Pelosi. En la votación, el 33,6 por ciento de los votantes, el mayor de todos los candidatos. En la segunda vuelta, Harris se enfrentó al republicano Steve Cooley, un diputado abierto de Los Ángeles. En la misma línea, ganó la votación con un 46,1 por ciento de los votos, un 0,8 por ciento más que su predecesor. El 3 de enero de 2011, Jerry Brown se convirtió en gobernador. En 2014, se produjo un cambio en el gobierno y se prolongó hasta enero de 2017. Fue sustituido por Xavier Becerra. Harris fue tanto el primer afroamericano como el primer fiscal general aziático de California.

En septiembre de 2014 se decidió que Eric Holder se convirtiera en ministro de Justicia (*fiscal general de los Estados Unidos*). A continuación, el presidente Barack Obama nombró a Loretta Lynch para este puesto.

Senador (2017-2021)

Cuando Barbara Boxer, senadora californiana de 24 años, anunció que no iba a ser reelegida en 2016, Harris fue el primero en ser elegido. El 13 de enero de 2015, su campaña de promoción comenzó. Harris se convirtió en el favorito y se convirtió en el líder tanto de su partido como del gobierno de turno. Se convirtió en el líder de las elecciones y superó a su compañera de partido Loretta Sánchez en la primera votación de noviembre de 2016 con el 63% de los votos.

Harris se incorporó el 3 de enero de 2017. En el Senaat es miembro del Congressional Black Caucus, del Congressional Asian Pacific American Caucus y del Congressional Caucus for Women's Issues. Está presente en varias comisiones, entre ellas la de Derechos Humanos, la de Derechos de la Mujer y la de Justicia. En los primeros meses de su mandato, Harris se convirtió en el Senado en un crítico de la política de Trump y de sus ministros. Por otra parte, Harris se ha comprometido a mantener la embajada de Estados Unidos en Jerusalén.

El 18 de enero de 2021 se convertirá en senador.

Presidentesverkiezingen 2020

Antes de la proclamación del republicano Donald Trump como presidente de los Estados Unidos en las elecciones presidenciales de 2016, se ha especulado con una eventual candidatura de Harris para que Trump se incorpore a las próximas elecciones presidenciales. En junio de 2018, se ha dicho que es un candidato que "no ha sido elegido". El 21 de enero de 2019 se presentará oficialmente su candidatura. En las primeras 24 horas después de la presentación de su candidatura, Harris batió el récord de Bernie Sanders en 2016 en cuanto a las mayores donaciones realizadas el mismo día de la presentación. El 27 de enero de 2019, más de 20.000

personas acudieron a su primer campamento en la ciudad de Oakland, California.

Con su candidatura, Harris se convirtió en uno de los candidatos a las elecciones presidenciales demócratas de 2020. En su primer debate con otros candidatos demócratas, la vicepresidenta y candidata Joe Biden dijo que "no se puede hacer nada", ya que se refirió a la postura de Bidens en los años 70 sobre el transporte escolar, una forma de combatir la segregación en las escuelas. En el debate, Harris aumentó el porcentaje de opiniones del 6 al 9 por ciento. En el segundo debate, que tuvo lugar en agosto de 2019, Harris se enfrentó a las críticas de los candidatos Tulsi Gabbard y Biden sobre su trabajo como fiscal general de California, donde su popularidad en el público era alta. En los meses siguientes, su puntuación en las encuestas de opinión ha aumentado hasta alcanzar algunos puntos. En un periodo en el que los progresistas se han centrado cada vez más en el uso de la ley de justicia, también se han centrado en su fuerte papel como fiscal general de California. En 2014, se convirtió en el primer responsable de los bancos de California.

También le pidieron -más que a Sanders y a Elizabeth Warren- que se pronunciara sobre la salida militar de Estados Unidos hacia Israel. Harris cree que el velo de los israelíes no debe ser utilizado como un arma de guerra.

El 3 de diciembre de 2019, Harris se incorporó a la carrera demócrata, aunque su campaña no ha recibido más financiación. En mayo de 2020, Harris se convertirá en presidente del Partido Demócrata junto con Joe Biden.

Candidato a vicepresidente por Joe Biden (2020)

En mayo de 2019, aunque tanto Harris como Biden fueron candidatos a la presidencia, algunos líderes importantes del Caucus Negro del Congreso afirmaron que una candidatura de Biden-Harris era la combinación ideal para que el presidente Trump y el vicepresidente Mike Pence se unieran. Mientras que Biden, en las primeras elecciones, se quedó con las manos vacías, el candidato ganó la segunda vez en las elecciones de Carolina del Sur, donde se llevó la victoria de los afroamericanos. Unos días más tarde, Biden también fue el gran ganador del Super Martes, en el que Biden se convirtió en el primer candidato demócrata a la presidencia. En mayo de 2020, cuando él y Bernie Sanders aún no estaban en la carrera por la candidatura demócrata, Biden dijo en una entrevista televisiva que podría elegir a una mujer como compañera de fórmula.

El 17 de abril de 2020, Harris se enfrentó a las especulaciones de los medios de comunicación sobre una eventual candidatura a la vicepresidencia. Dijo que se había convertido en el candidato de Biden para convertirse en su compañero de fórmula. Después de que en 2020 se produjeran protestas por la muerte del hombre negro George Floyd, a raíz de un arresto político, Biden se vio obligado a elegir a una mujer negra como candidata a la vicepresidencia, lo que provocó el deseo de Harris y también de Val Demings.

El 12 de junio de 2020, *The New York Times publicó la noticia de* que Harris se convirtió en la principal favorita para ser la compañera de fórmula de Bidens. Además, el 26 de junio de 2020, CNN informó que Harris era una de las principales favoritas de una lista de posibles candidatos, entre ellos Elizabeth Warren, Val Demings y Keisha Lance Bottoms.

El 11 de agosto de 2020, Biden se convirtió en el compañero de fórmula y vicepresidente de Harris. De este modo, se convirtió en el primer afroamericano y en el primer ciudadano del sur de Asia que fue elegido por un gran partido estadounidense como candidato a la vicepresidencia.

Vicepresidente (2021)

El 20 de enero de 2021 se convertirá en el 49º Vicepresidente de los Estados Unidos. Será el primer vicepresidente afroamericano, el primer vicepresidente indio-americano y el primer vicepresidente sueco.

Destacados

- Kamala Harris fue senadora de Estados Unidos (2017-2021) y fiscal general de California (2011-2017).
- Kamala Harris, en su totalidad Kamala Devi Harris, se convirtió en una de las principales defensoras de la reforma de la justicia social tras la muerte en mayo de 2020 de George Floyd, un afroamericano que había estado bajo custodia policial.

- En noviembre de 2020, Kamala Harris se convirtió en la primera
  mujer negra en ser elegida la 49ª vicepresidenta de Estados Unidos
  (2021 -) en la administración demócrata del presidente Joe Biden.

6. Sally Ride (1951-2012)

Astronauta estadounidense

*"Es fácil dormir flotando, es muy cómodo. Pero hay que
tener cuidado de no chocar con alguien o algo".*

Sally Kristen Ride (Los Ángeles, 26 de mayo de 1951 - La Jolla, 23 de
julio de 2012) fue una astronauta estadounidense, naturalista y voluntaria,
de la NASA. En 1983 fue la primera mujer americana en la ruina; hasta el
día de hoy es la primera americana en la ruina.

Jonge jaren

Era la mayor de las hermanas en la época en la que sus padres
trabajaban en la iglesia presbiteriana. Su padre fue profesor en una
escuela de Santa Mónica y su madre, madre de un niño. Su hermana
menor, Karen, es la principal responsable de su propia sociedad.

Ride hizo una pasantía en la Portola Middle School y en la Westlake
School for Girls de Los Ángeles (antes de la Harvard-Westlake School).
Además de su interés por la educación, también fue profesora de inglés.
Su primera experiencia profesional fue en el Swarthmore College y en la
Universidad de Stanford. Se licenció en Filología Inglesa y Natural, obtuvo

un máster en Ciencias Naturales y un doctorado. Durante sus estudios, se dedicó a la astrofísica y al láser de alta frecuencia.

Carrière

Ride fue una de las 8.000 personas que participaron en un concurso en el que se buscaban voluntarios para el programa de vuelo americano. En 1978 pasó a trabajar en la NASA. Al comienzo de su carrera en la NASA, fue jefe del equipo de la segunda y última misión del transbordador espacial (STS-2 y STS-3). A continuación, se incorporó al Canadarm.

En 1983 se le asignó un papel en la misión STS-7 a bordo del Challenger. El 18 de junio de 1983 se convirtió en la primera nave americana en llegar a la costa. No fue la primera mujer en llegar a la pista, ya que las kosmonautas rusas Valentina Teresjkova y Svetlana Savitskaja la acompañaron. Durante la misión, en la que la vigilancia, entre otras cosas, de dos satélites en un campo de batalla para realizar experimentos farmacéuticos, Ride se encarga de la gestión de su propio trabajo.

En 1984, Ride se incorporó a una segunda misión, la STS-41-G, también a bordo del Challenger. En total, estuvo 343 horas en el aire. No se puede esperar más de una misión anterior, ya que se han agotado los diez meses de duración de la misma. Pero cuando el Challenger, en enero de 1986, se puso en marcha durante el vuelo, se solucionó el problema. En ese momento, se le asignó una comisión que debía investigar la rampa. Después de que la investigación se retrasara, Ride se trasladó a la sede de la NASA en Washington DC. Allí se encargó de la planificación estratégica de las misiones más importantes. También se encarga de la dirección de la Oficina de Exploración de la NASA.

Na NASA

En 1987, abandonó la NASA para trabajar en el Centro de Seguridad Internacional y Control de Armamentos de la Universidad de Stanford. En 1989 fue profesor de ciencias naturales en la Universidad de California en San Diego y director del Instituto Espacial de California.

En 2003 fue contratada para ayudar en la subida a la rampa del Spaceshuttle Columbia. En su última etapa, Ride fue presidenta y consejera delegada de su propia empresa, Sally Ride Science, que fundó en 2001. También presidió el Comité de Revisión de los Planes de Vuelos Espaciales Humanos de los Estados Unidos.

Ride ha creado o ayudado a escribir varios libros sobre el arte de la guerra. Estos libros están dirigidos a los niños.

En 1982, Ride se reunió con el astronauta Steven Hawley, pero en 1987 dejó de serlo. En 1985, Ride se asoció con Tam O'Shaughnessy, un amigo de su infancia. Esto no es lo que se conoce de su vida. Ride se convirtió en un hombre de 61 años de edad en un hombre de negocios.

Premios y premios a la excelencia

Ride ha recibido a lo largo de su vida numerosos premios, entre ellos el Jefferson Award for Public Service, el Von Braun Award, el Lindbergh Eagle y el Theodore Roosevelt Award de la NCAA.

Está incluida en el Salón Nacional de la Fama de las Mujeres y en el Salón de la Fama de los Astronautas. Ha recibido dos veces la Medalla Nacional de Vuelos Espaciales. En los Estados Unidos hay dos escuelas de enseñanza primaria: Sally K. Ride Elementary School en The Woodlands, Texas, y Sally K. Ride Elementary School en Germantown, Maryland.

El 6 de diciembre de 2006, Ride fue incluido en el Salón de la Fama de California. En 2013, el presidente Barack Obama le concedió la Medalla Presidencial de la Libertad, el mayor galardón otorgado a las hamburguesas por el gobierno de los Estados Unidos.

Destacados

- Sally Ride se mostró muy prometedora en sus inicios como jugadora de tenis, pero finalmente renunció a sus planes de jugar profesionalmente y asistió a la Universidad de Stanford, donde se licenció en inglés y física (1973).
- En 1978, como candidata al doctorado y ayudante de cátedra en física del láser en Stanford, fue seleccionada por la Administración Nacional de Aeronáutica y del Espacio (NASA) como una de las seis mujeres candidatas a astronauta.

- Sally Ride se doctoró en astrofísica y comenzó sus cursos de formación y evaluación ese mismo año.
- El 18 de junio de 1983, Ride se convirtió en la primera mujer estadounidense en el espacio al ponerse en órbita a bordo del transbordador Challenger.

7. Audrey Hepburn (1929-1993)

Actriz estadounidense

"A medida que crezcas descubrirás que tienes dos manos. Una para ayudarte a ti mismo, la otra para ayudar a los demás".

Audrey Hepburn, nombre artístico de **Audrey Kathleen van Heemstra Hepburn-Ruston**, (Elsene, 4 de mayo de 1929 - Tolochenaz, 20 de enero de 1993), fue una actriz y bailarina británica nacida en Bélgica (aunque no era actriz), y embajadora especial del Fondo de las Naciones Unidas para la Infancia (Unicef). En los años 50 y principios del siglo XX fue una mujer muy activa.

En 1953 ganó un Oscar, un premio BAFTA y un Globo de Oro por su papel protagonista en *Vacaciones en Roma*. Hepburn es, por tanto, la primera actriz que ha ganado estas tres películas por su propia cuenta. En total ha ganado tres BAFTA, un récord para las mujeres, y ha sido nominada varias veces al Oscar. Es una de las mujeres que ha ganado un Oscar, un BAFTA, un Emmy y un Tony. Además, ha recibido el premio Cecil B. DeMille, el Screen Actors Guild Life Achievement Award, el Special Tony Ward y, en 1992, el BAFTA Lifetime Achievement Award. También participó en las películas *Sabrina* (1954), *Historia de una monja* (1959), *Desayuno con diamantes* (1961), *Charada* (1963), *My Fair Lady* (1964), *Espera hasta que anochezca* (1967) y otras.

Jeugd in België (1929-1935)

Hepburn nació en Bélgica como Audrey Kathleen van Heemstra Ruston. Era hija del banquero británico Joseph Anthony Ruston y de la holandesa Ella Barones van Heemstra. También es de nacionalidad británica.

El padre de Hepburn, Joseph Victor Anthony Ruston, nació en 1889 en Bohemia (Tsjechië) como hijo de un padre inglés y una madre suiza. Tras su encuentro con Ella van Heemstra, se convirtió en el hijo de Hepburn-Ruston. A partir de ese momento, los hijos de la familia también se llaman *Hepburn*.

La madre de Hepburn era la hija de Aarnoud van Heemstra, antiguo burgomaestre de Arnhem y gobernador de Surinam, y también de una familia de origen holandés. Hepburn tuvo dos hermanastros, Alexander e Ian Quarles van Ufford, en el primer matrimonio con el aristócrata holandés Hendrik Gustaaf Adolf Quarles van Ufford.

Hepburn se encuentra en la calle Keienveldstraat 48 de Elsene. Cuando se convirtió en un niño, se trasladó a la calle Elsensesteenweg 311 y a la calle Bronstraat 99 en Sint-Gillis. A partir de enero de 1932 se instaló en un chalet de la localidad de Linkebeek (calle Beuken 129). Durante su estancia en el jardín de infancia de Bruselas, se reunió con su madre para asistir a ballets y conciertos. Esto es lo que hizo *Adriaantje*.

Jaren en Inglaterra (1935-1940)

Sus padres viajan a Londres y se afilian a la Unión Británica de Fascistas (BUF). Audrey y sus hermanos se unen a sus hermanos mayores que viven en Velp, en la villa Beukenhof (Rozendaalselaan 32). Su padre se mudó a Londres para trabajar en el BUF y su madre era la directora del partido del BUF, *The Blackshirt*. En 1935, Ella van Heemstra se trasladó a Neurenberg, donde se reunió con Adolf Hitler, para participar en el Reichsparteitag.

En 1939, Audrey se enfrenta a varias dificultades entre sus padres, que se han ido a la deriva y que han sido el resultado de la lucha contra la pobreza. Su madre se fue a vivir a los Países Bajos durante muchos años, después de que Audrey se fuera a vivir a Londres con su padre, y en 1937 su madre la llevó a una escuela privada en Elham, Kent. Se fue a Folkstone a jugar al ballet.

La vida en los Países Bajos durante la segunda guerra mundial (1940-1945)

Después de la invasión de Polonia en septiembre de 1939 y de la invasión británica de Duitsland, Audrey fue enviada por su marido a Holanda para ver si la neutralidad de los Países Bajos se había desvanecido y si había perdido la nacionalidad neerlandesa. Su padre, que era un agente del ejército británico, fue detenido por el servicio militar británico MI5 y se le envió a la cárcel.

Audrey, que fue educada por su padre como Edda van Heemstra, se fue a Arnhem a la 5ª clase de la escuela Openbare Lagere nº 21, y se ha dedicado mucho a las artes y los oficios holandeses, pero ha tenido que hacer un gran esfuerzo para conseguirlo.

Su hija vivió en Arnhem al principio en una residencia de ancianos en la calle Sickeszlaan 7, pero luego se trasladó a una ruinosa residencia en la calle Jansbinnensingel 8a. A partir de 1942, Audrey se fue con sus padres a Velp, a la Villa Beukenhof, en la calle Rozendaalselaan 32. Audrey pasó el invierno en Velp y ayudó a la familia del Dr. Visser 't Hooft con los regalos. También estuvo en contacto con el Rode Kruis, al que posteriormente se refirió como embajador de Unicef.

En esa época, también se podía acceder sin problemas a las casas y a los dormitorios de Velpse. El objetivo era "la visita", en la que los artistas de Velp (entre otros, el Dr. Visser 't Hooft) y la escuela de Velp desempeñaban un papel importante.

Zij zat op de Arnhemse Muziekschool aan de Boulevard Heuvelink 2 van 1939 tot 1945, waar ze balletlessen bij Winja Marova volgde. En el segundo periodo de la historia del mundo, la escuela le ofreció más oportunidades de participar en ballet. Se trasladó a la Nederlandsche Kultuurkamer, donde se le asignó un puesto en la dirección de ballet abierto.

Su madre no se ha dado cuenta de que su hija se ha mudado al nombre de Edda, por lo que ha pasado al nombre de Audrey Hepburn-Ruston, un nombre muy conocido en el mundo anglosajón.

Durante la época de la bitácora, uno de sus biógrafos, Barry Paris, dijo que había sido asesinada y que había sido publicada para obtener dinero para el rescate. El Museo Aerotransportado de Oosterbeek llegó a la conclusión en 2016 de que no había ningún indicio de que Hepburn estuviera actuando para el rescate.

En la ciudad se han instalado varias V1 nuevas, que ofrecen muchas ventajas y son fáciles de encontrar. También todos los recorridos a través de la calle Hoofdweg, y en la segunda parte del recorrido, el recuerdo de varios acontecimientos de la ciudad de Den Haag en las villas de la ciudad, las bombas y los graneros de la ciudad, la continuidad de la construcción de la ciudad, todo esto debe ser llevado a cabo por los habitantes de la ciudad. Además, según su propia opinión, se decidió que un número de hamburguesas de carne y hueso "se quedaran en el suelo", para que ellos y los demás se quedaran en un lugar diferente de la calle. En 1944, fue víctima de un atentado, y la policía francesa le pidió que trabajara en las minas de la República Checa, pero no se dio cuenta de que había perdido un minuto de su vida en el campo. El hermanastro de Hepburns, Ian Quarles van Ufford, fue incluso optado por una razzia y en Berlijn se le asignó un campo de trabajo de los Duits.

Tras el desembarco de los soldados en Normandía en el Día D, los niveles de seguridad se incrementaron, ya que Arnhem fue destruida por los soldados durante la Operación Market Garden. Me gustaría saber que Velp se vio obligada a abandonar el campo de batalla debido a la lucha contra todo lo que los soldados británicos habían hecho, y que no se había producido ningún cambio entre los soldados y las hamburguesas, y que, a causa de su propia voluntad, se había perdido una vez un tanque de los británicos y se había perdido el control de la sangre.

Durante el último año de la historia, la película se distribuyó en un grupo de personas que se habían quedado en la neutralidad sueca y que se habían reunido con los esquemas suecos. Audrey Hepburn también estaba muy preocupada por que no pudiera salir o no pudiera bailar. En la segunda edición de la revista, la actriz se vio obligada a abandonar su trabajo, a sufrir problemas de salud y a morir.

En el Bevrijding, las mujeres se reunieron con los hombres. En una entrevista, Hepburn dijo que había perdido una gran cantidad de dinero y que su primera experiencia en el campo de la salud le había hecho perder la cabeza. Esta experiencia le inspiró a trabajar posteriormente para Unicef.

Hepburn ha hecho que sus libros de texto sean aún más fáciles de leer con la realización de dibujos, de los cuales varios han sido publicados.

A principios de octubre de 1945, Hepburn viajó a Ámsterdam con su madre, donde se reunió con Sonia Gaskell para bailar y con el actor inglés Felix Aylmer para interpretar. En una entrevista posterior, Gaskell dijo que "su objetivo era mejorar la técnica y no la capacidad personal: el estilo propio debe ser respetado". Después de que Gaskell se pusiera a trabajar, Hepburn pasó varios meses en su casa y creó sus propios programas con su propia música, su propia coreografía y sus propios precios.

Presentación de la bitácora

En una entrevista televisiva realizada en 1983 con Henk van der Meijden, éste dijo qué tipo de experiencias había tenido en su vida: "Muchas; mi vida está marcada por las experiencias". Estas grandes afirmaciones son la base de su discurso en las entrevistas, en las que se le pregunta por las cosas más importantes.

Comienzo de una carrera y una carrera en Broadway (1945-1953)

En la época de su estreno, la actriz desempeñó un papel en el cine de KLM en *los Países Bajos durante siete años*. El director de esta película holandesa de 1948, Charles Huguenot van der Linden, afirmó más tarde que era el representante de Hepburn. Estuvo contratado durante diez años para participar en una gran película. No se le permite hacer nada y Hepburn se va de Ámsterdam a Londres.

Hepburn viajó junto a su madre a Londres, donde se dedicó al ballet. Siempre tuvo una pasión por el ballet y quería hacerlo en este mundo. Sin embargo, no fue elegido por ninguna de las audiencias. Se dedicó a actuar en revistas, películas y clubes nocturnos. También trabajó como modelo y en 1951 comenzó a actuar en películas de estreno - a pesar de que no se le permitió participar en los concursos. En 1952, su primer papel en la película *Nous irons à Monte Carlo* (1952). Después de una visita a Francia, fue elegido por la escritora Colette, que se convirtió en la protagonista de su obra *Gigi*.

Cineasta en Hollywood (1953-1967)

Después de una exitosa carrera en Broadway, Hepburn participó en la película *Vacaciones en Roma*. Al principio, el papel de la princesa fue asignado a Elizabeth Taylor, pero debido a problemas contractuales, la película no pudo continuar. El intérprete de Hepburn, Gregory Peck, tuvo que hacer frente a la situación de que se trataba de un actor natural. Se le reconoce que Hepburn recibió en su primer año de carrera un Oscar a la mejor actriz. Por este premio, su carrera no se ha visto afectada en más ocasiones. Su canción *Moon River*, que incluyó en la película *Breakfast at Tiffany's*, le valió a Hepburn un Oscar a la mejor canción original. El premio fue muy apreciado debido a sus excelentes cualidades. El papel de Hepburn en *My Fair Lady* fue superado por la actriz estadounidense Marni Nixon. El marido de Hepburn participó en la película *Funny Face* como cantante de un café.

Como uno de los más populares cineastas de Hollywood, Hepburn se puso en la piel de un niño junto a Gregory Peck, Humphrey Bogart, William Holden, Mel Ferrer, Peter Fonda, Fred Astaire, Gary Cooper, Maurice Chevalier, Anthony Perkins, Peter Finch, Burt Lancaster, George Peppard, Cary Grant, Rex Harrison, Peter O'Toole, Albert Finney, Sean Connery, James Mason y Ben Gazzara.

Latere jaren (1967-1993)

Desde 1967, después de una exitosa carrera como actriz, Hepburn ha vuelto a participar en una película especial. Su última película se estrenó en 1988, después de que fuera nombrada embajadora especial de Unicef. En su lugar, trabajó para Unicef en agradecimiento a la ayuda que recibió al final de la Segunda Guerra Mundial de los voluntarios de esta organización de la ONU. Otra de las redes fue la de los nazis. Se convirtió en un buen embajador de la buena voluntad en su lugar de trabajo.

En 1992, Hepburn recibió la "Medalla Presidencial de la Libertad" del presidente estadounidense George H.W. Bush como reconocimiento a su trabajo para Unicef. En su casa de Tolochenaz, en el cantón de Vaud (Suiza), se ocupó de la enfermedad del Pseudomixoma peritoneal, un tumor que se propagó durante el período de la Segunda Guerra Mundial, y que también fue declarado culpable. La Academia de las Artes y las Ciencias Cinematográficas le otorga el Premio Humanitario Jean Hersholt por su labor humanitaria.

Stijlicoon

La Hepburn fue en la época de la juventud y la juventud del segundo milenio una mujer de estilo mundial, gracias a las creaciones del diseñador francés Hubert de Givenchy. Sus diseños japoneses se utilizan tanto en el cine como en el ámbito privado. El jurado negro que De Givenchy creó en combinación con un boceto de Roger Scemama durante el comienzo de la película *"Desayuno con diamantes"* es un ejemplo legendario en el mundo del cine y la moda. También el ingenioso jurado que llevó durante su participación en la película *My Fair Lady se ha convertido en uno de* los más importantes del cine japonés. Givenchy se esforzó por promover sus perfumes. Hepburn es la primera actriz de cine mundial que se ha hecho famosa y, sobre todo, la última que no se ha atrevido a hacerlo.

Privé

Hepburn ha sido reclutada dos veces. El 25 de septiembre de 1954, se convirtió en el primer actor estadounidense de dos años, Mel Ferrer. Para él fue su cuarto cumpleaños; con su primera nota de corte, se le dio la bienvenida. El 5 de diciembre de 1968, se realizó el sorteo. El 18 de enero de 1969, Hepburn se reunió con el psicólogo italiano Andrea Dotti, de menos de un año de edad. La pareja se unió en 1982. Tiene dos hijos, Sean Ferrer y Luca Dotti. El escritor A.J. Cronin era el compañero de Sean. Diez años después, fue compañero de vida del actor holandés Robert Wolders, compañero del director de cine Merle Oberon. En 1952 se reunió con James Baron Hanson. Hepburn comenzó la relación en ese mismo año. En el momento de la muerte, se dio cuenta de que se había perdido una relación con él, ya que su trabajo como actriz le había hecho perder mucho tiempo. Hepburn ha tenido en su vida varias misiones, una de las cuales fue durante el estreno de la película *The Unforgiven (Los imperdonables)*.

Eerbewijzen, vernoemingen, tv-film

Hepburn tiene una estampa en el Paseo de la Fama de Hollywood, en el número 1652 de Vine Street. La KLM le proporcionó un avión de pasajeros: el McDonnell Douglas MD-11 con matrícula PH-KCE. El municipio de Arnhem ha creado un cuadro en el centro de la ciudad, el cuadro de Audrey Hepburn. Un busto creado por Kees Verkade se puede ver desde 1994 en la plaza Burgemeestersplein de Arnhem.

El 14 de septiembre de 2019 se inauguró en Velp un stand de Audrey Hepburn como esposa. El stand se encuentra en el complejo de apartamentos Nieuwe Beukenhof, donde se ha construido la gran casa Beukenhof.

En Almere se encuentra una calle para llegar a ella, en Doorn un lago y en Arnhem un parque. En la calle Jansbinnensingel 8 de Arnhem, donde se ha reunido con su marido, se ha instalado una placa.

En el barrio de Elsene/Ixelles se encuentra la placa de la historia local de Ixelles con la imagen *Ici, que fue creada el 4 de mayo de 1929 por la actriz Audrey Hepburn, y que* en 2017 se convirtió en un símbolo del barrio.

Una parte de su vida fue filmada en el año 2000 para la televisión con el título *La historia de Audrey Hepburn*. El papel de Hepburn fue interpretado por Jennifer Love Hewitt, que también se encargó de la producción.

Destacados

- Aunque nació en Bélgica, Audrey tenía la nacionalidad británica por su padre y fue a la escuela en Inglaterra cuando era niña.
- En la década de 1960, Hepburn había superado su imagen de ingenua y comenzó a interpretar personajes más sofisticados y mundanos, aunque a menudo todavía vulnerables, como la efervescente y misteriosa Holly Golightly en Desayuno con diamantes (1961), una adaptación de la novela de Truman Capote; una joven viuda elegante atrapada en una Charada de suspense (1963), protagonizada por Cary Grant; y una mujer de espíritu libre envuelta en un matrimonio difícil en Dos en la carretera (1967).
- El papel más controvertido de Audrey Hepburn fue quizás el de Eliza Doolittle en el musical cinematográfico My Fair Lady (1964).

- Después de aparecer en la película de suspense Espera hasta que
  anochezca (1967), Hepburn pasó a la semiretirada. No volvió a actuar
  hasta 1976, cuando protagonizó la nostálgica historia de amor Robin
  y Marian.

8. Shirin Ebadi (nacida en 1947)

La primera mujer musulmana e iraní en recibir el Premio Noble

"Sostengo que de la violencia no puede surgir nada útil y
duradero".

Shirin Ebadi (Hamadan (Irán), 21 de junio de 1947) es una reconocida
jurista y defensora de los derechos humanos iraní. En 2003 fue
galardonada con el Premio Nobel de la Paz por su lucha por los derechos
de las mujeres y los niños en Irán.

Nobelprijs

Fue el primer ciudadano musulmán al que se le concedió este premio. El
10 de diciembre de 2003, en su declaración, se le pidió a los Estados
Unidos que se identificaran como "estados que desde el 11 de
septiembre, en el marco de una lucha contra el terrorismo internacional,
se han hecho cargo de los derechos humanos universales". El 26 de
noviembre de 2009 se supo que las autoridades iraquíes habían puesto
en peligro el premio, al igual que otras personas, de Ebadi.

Ebadi, que se considera una feminista islamista, fue rechazada en Irán. Después de la revolución iraquí de 1979, tuvo que abandonar el país. Las mujeres querían que no hubiera más mujeres rechazadas que las que, por culpa de los ayatolás, se emocionaban con las funciones de las mujeres. Ebadi fue profesora de derecho en la Universidad de Teherán y fue conocida internacionalmente como defensora de los derechos humanos. Fue la portavoz oficial de las mujeres que en 1997 se presentaron a la investidura de Mohammad Khatami como presidente.

En el año 2000, Ebadi fue detenida y el 28 de junio de 2000 fue arrestada. Más tarde, se convirtió en una persona de confianza durante varios meses.

Shirin Ebadi ha hecho una crítica a los dos jóvenes del régimen iraquí que se han visto afectados por la violencia doméstica. Esta ejecución ha sido objeto de una gran vigilancia en todo el mundo.

A principios de 2008, la República Islámica de Irán celebró el último aniversario de la Revolución Islámica y creó el *Centro para la Defensa de los Derechos Humanos* de Ebadi. En ese momento, se creó un espacio para la defensa de los derechos humanos en el Universo. La mayoría de los agentes de la seguridad en el centro de la ciudad, que se vio afectada por la "violación de los derechos humanos", se encargaron de la protección de los derechos humanos.

A principios de enero de 2009, la casa de Ebadi fue asaltada por unos traficantes que llamaban a sus "americanos". Uno de los guardianes se enfrentó a la persona que lo acompañaba en el *Basij*, un grupo paramilitar que se unió a la Guardia Revolucionaria Iraquí. Las órdenes permiten a los traficantes formar su propia banda, incluso a través de una llamada telefónica de Ebadi.

La siguiente acción contra Ebadi fue la detención, el 14 de enero de 2009, de su ayudante Jinous Sobhani, que es un colaborador del grupo bahá'í en Irán. Después de que Ebadi y su esposa fueran arrestados por el nombre de siete líderes bahá'ís, se les pidió que se retiraran.

El 2 de febrero de 2009, Ebadi se reunió con el presidente Barack Obama para entablar relaciones diplomáticas directas con Irán, después de diez años de guerra. En una reunión de la *Fundación Carnegie para la Paz*

Internacional, en Washington, Ebadi participó en un breve diálogo entre ambos países.

Según Ebadi, que se encuentra en contacto permanente con el gobierno iraquí, la comunidad internacional no debe aceptar que la situación jurídica de los derechos humanos en Irán se respete. "El gobierno iraquí tiene todo el derecho a decidir sobre los *asuntos de justicia de menores en los territorios palestinos*", dijo. "Net zoals andere regeringen mogen praten over *mensenrechtenschendingen in Iran*".

Destacados

- Mientras ejercía de juez, Shirin Ebadi también se doctoró en derecho privado en la Universidad de Tehrān (1971).
- Tras la revolución de 1978-1979 y el establecimiento de una república islámica, se consideró que las mujeres no eran aptas para ejercer de jueces porque los nuevos dirigentes creían que el Islam lo prohibía.
- Ebadi escribió varios libros sobre el tema de los derechos humanos, entre ellos The Rights of the Child: A Study of Legal Aspects of Children's Rights in Iran (1994), History and Documentation of Human Rights in Iran (2000) y The Rights of Women (2002).
- Shirin Ebadi reflexionó sobre sus propias experiencias en Iran Awakening: From Prison to Peace Prize, One Woman's Struggle at the Crossroads (2006; con Azadeh Moaveni; también publicado como Iran Awakening: A Memoir of Revolution and Hope) y Until We Are Free: Mi lucha por los derechos humanos en Irán (2016).

9. Vigdís Finnbogadóttir (nacida en 1930)
La primera mujer elegida democráticamente como presidenta

"Todos, como ciudadanos del mundo, tenemos el deber de contribuir en la medida de nuestras posibilidades al continuo progreso del espíritu de la humanidad".

Vigdís Finnbogadóttir (Reikiavik, 15 de abril de 1930) es un político islandés de profesión.

Vigdís Finnbogadóttir fue nombrada en 1980 la cuarta presidenta de Islandia. No sólo fue la primera mujer del Estado de Israel, sino también la primera mujer democrática del Estado.

En 1984, 1988 y 1992, se convirtió en 1996 en la sede de Ólafur Ragnar Grímsson.

En 1996 fue fundadora y primera portavoz del Consejo de Mujeres Líderes del Mundo en la Escuela de Gobierno John F. Kennedy de la Universidad de Harvard. En 1998 fue nombrada portavoz de la Comisión Mundial de Ética del Conocimiento Científico y la Tecnología de la Organización de las Naciones Unidas para la Educación, la Ciencia y la Cultura. Hace dos años también aceptó el cargo de Embajador de Buena Voluntad de la UNESCO y se dedicó a la promoción de la diversidad cultural, la educación y la cultura.

Destacados
280

- Vigdís Finnbogadóttir nació en el seno de una familia rica y bien relacionada. Su madre presidía la asociación nacional de enfermeras de Islandia, y su padre era ingeniero civil.
- De 1972 a 1980, Vigdís Finnbogadóttir fue directora de la Compañía de Teatro de Reikiavik (Leikfélag Reykjavíkur) y participó en un grupo de teatro experimental.
- Vigdís Finnbogadóttir se convirtió en miembro del Comité Consultivo de Asuntos Culturales de los Países Nórdicos en 1976 y fue elegida su presidenta en 1978.
- Aunque la presidencia islandesa es en gran medida un cargo ceremonial, Finnbogadóttir desempeñó un papel activo en la promoción del país como embajadora cultural y gozó de gran popularidad.

10. Sandra Day O'Connor (nacida en 1930)
Juez del Tribunal Supremo de los Estados Unidos

"Haz lo mejor que puedas en cada tarea, por poco importante que parezca en ese momento. Nadie aprende más sobre un problema que la persona que está al final".

Sandra Day O'Connor (El Paso (Texas), 26 de mayo de 1930) es una jurista estadounidense.

Fue entre 1981 y 2006 presidente del Tribunal Supremo de los Estados Unidos. El 1 de julio de 2005, se le dio la bienvenida, ya que el presidente George W. Bush nombró el 3 de octubre de 2005 a Harriet Miers para este puesto, y después se nombró a Samuel Alito el 31 de enero de 2006. La revista *Forbes convirtió a* O'Connor en 2004 en una de las mejores mujeres del mundo.

Sandra Day nació en Texas, pero su familia se fue pronto a un rancho en Arizona. En 1950 estudió economía en la Universidad de Stanford, donde al cabo de dos años se licenció en Derecho; William Rehnquist fue el único en su época con hijos.

A pesar de sus logros en la universidad, ningún otro abogado de California ha sido contratado, ya que ha sido contratado en secreto. En 1954 y 1957 trabajó como funcionario de justicia en la ciudad de Frankfurt. En 1958 se trasladó a los Estados Unidos y trabajó para el

Ministerio de Justicia de Phoenix. En 1969, O'Connor fue nombrado miembro del Senado de Arizona y, dos años más tarde, se convirtió en republicano. En 1973 fue la primera mujer que viajó a Estados Unidos.

En los últimos años ha trabajado como secretario de varios bancos de abogados, hasta que el presidente Ronald Reagan lo nombró en 1981 secretario del Tribunal Federal de Justicia en Washington D.C.. Su nombramiento fue rechazado por el Senado. También fue el primer presidente de la Cámara de Representantes, y el primero hasta que Ruth Bader-Ginsburg fue elegida por Bill Clinton en 1993. Durante su mandato, O'Connor se convirtió en el primer miembro de los conservadores, pero en los últimos años se fue al centro de la escena, donde su madre fue reemplazada. Por otra parte, O'Connor ha creado sus propios problemas, de modo que no se encuentra en una posición ideológica fuerte, sino que no se ha convertido en un partido de los dos.

Tras su paso por el Tribunal Superior de Justicia, O'Connor se convirtió en un activo. En 2009, fundó iCivics, una organización de ayuda a la infancia que busca estimular y desarrollar el espíritu emprendedor de los jóvenes estadounidenses a través de medios de comunicación interactivos, como los juegos. En 2016, iCivics lanzó el juego "Race to the White House" sobre la historia de los presidentes americanos.

Destacados

- Sandra Day O'Connor fue la primera mujer en formar parte del Tribunal Supremo.
- En una serie de sentencias, O'Connor se mostró reacia a apoyar cualquier decisión que negara a las mujeres el derecho a elegir un aborto seguro y legal.
- Gracias a su dirección en el caso Planned Parenthood of Southeastern Pennsylvania v. Casey (1992), el Tribunal modificó su posición sobre el derecho al aborto.

11.   Yingluck Shinawatra (nacida en 1967)

Primer ministro de Tailandia

---

*"Estoy dispuesto a luchar de acuerdo con las reglas, y pido
la oportunidad de demostrar mi valía. "*

Yingluck Shinawatra (San Kamphaeng, 21 de junio de 1967) es una
dirigente y política tailandesa. De 2011 a 2014 fue ministra-presidenta de
Tailandia. Es el presidente de turno de la empresa de gestión de activos
SC Asset Co. Ltd. de Bangkok y el segundo ministro-presidente de
Tailandia, Thaksin Shinawatra. En mayo de 2011, el partido de la
oposición tailandesa, el Pheu Thai -que se unió a la primera ministra en
funciones-, nombró a Yingluck como su ministra-presidenta para las
elecciones del 3 de julio de 2011. Se encargó de la campaña sobre la
reforma nacional, la entrega de armas y la reducción de gastos para las
empresas. En esta campaña, este partido ha demostrado su absoluta
capacidad. El 5 de agosto de 2011 se convirtió en el primer ministro de
Tailandia.

Estudia ciencias naturales. Se licenció en la Universidad de Chiang Mai y
cursó un máster en la Universidad Estatal de Kentucky.

284

El 7 de mayo de 2014 fue expulsado de su función por el Tribunal Constitucional, que lo había condenado a una pena de prisión. En el Hof, se le entregó una copia de Thaise, que fue entregada por un empresario, y una familia, para que la compartiera. El 23 de mayo fue arrestado por un golpe militar y trasladado a un campo militar, y dos días después fue detenido.

Shinawatra es chino tailandés. Haar jiaxiang ligt en Meizhou.

Destacados

- Yingluck Shinawatra, es una empresaria y política tailandesa que fue primera ministra de Tailandia de 2011 a 2014.
- Era la hermana menor del ex primer ministro Thaksin Shinawatra y la primera mujer del país en ocupar ese cargo.
- Thaksin fue destituido en un golpe militar incruento en septiembre de 2006.
- Se dictó una orden de detención contra ella, pero los miembros de su partido informaron de que había huido del país para reunirse con su hermano en Dubai.

12.   Gertrude B. Elion (1918-1999)

Bioquímico y farmacólogo estadounidense

---

*"Nadie me tomó en serio. Se preguntaban por qué quería
ser química cuando ninguna mujer se dedicaba a ello. El
mundo no me esperaba. "*

Gertrude Belle Elion (Nueva York, 23 de enero de 1918 - Chapel Hill
(Carolina del Norte), 21 de febrero de 1999) fue una farmacóloga
estadounidense muy conocida por su investigación en el campo de la
genética. En 1988 obtuvo el Premio Nobel de Fisiología y Genética, junto
con George H. Hitchings y James W. Black.

Biografía

Gertrude Elion nació como hija de Robert Elion (tandarts) y Bertha Cohen,
inmigrantes de Lituania y Rusia. En 1933 comenzó a estudiar en el
Walton High School. Luego fue al Hunter College, donde en 1937 obtuvo
su diploma en química. Después se fue a la Universidad de Nueva York,
donde estudió en 1941. Como joven mujer en una empresa privada, se
fue a vivir a una casa de campo. También puede trabajar como analista
químico en la escoria de una planta de producción. Después del Tweede
Wereldoorlog (en 1944), trabajó en los laboratorios de investigación
286

Burroughs Wellcome (ahora GlaxoSmithKline) hasta que se hizo cargo de su pensión en 1983.

En esta empresa, Elion (junto con George Hitchings, que le pagaba 50 dólares a la semana como asistente), realiza sus principales tareas: productos contra la leucemia y *el aciclovir*, el primero contra un medicamento contra el virus. Por lo tanto, Elion introdujo, junto con Hitchings, una nueva técnica para la producción de fármacos: las moléculas de la sangre. Estas moléculas se basan en el origen de la guerra de un kankercel o ziekteverwekker y en el hecho de que su trabajo destructivo no puede ser utilizado. Por este trabajo recibió en 1988 el Premio Nobel de Genética.

Además, junto con Hitchings, administró azatioprina para el tratamiento de órganos transplantados y también para el tratamiento de la artritis reumatoidea, alopurinol para el tratamiento de la enfermedad, pirimidona para la malaria y trimetoprim para las infecciones bacterianas. En 1988, Elion y Hitchings recibieron el Premio Nobel de Medicina.

En 1990, Elion fue nombrado miembro de la Academia Nacional de Ciencias y en 1991 recibió la Medalla Nacional de la Ciencia de manos de George W. Bush. En 1999, Elion, que ya ha cumplido 81 años de edad, se convirtió en médico y padre de familia.

Destacados

- Gertrude B. Elion, cuyo nombre completo es Gertrude Belle Elion, se licenció en bioquímica en el Hunter College de Nueva York en 1937.
- Al no poder dedicarse a los estudios a tiempo completo, Elion nunca llegó a obtener un doctorado.
- Elion y Hitchings desarrollaron una serie de nuevos fármacos eficaces contra la leucemia, los trastornos autoinmunes, las infecciones del tracto urinario, la gota, la malaria y el herpes vírico.
- Aunque Elion se retiró oficialmente en 1983, ayudó a supervisar el desarrollo de la azidotimidina (AZT), el primer fármaco utilizado en el tratamiento del sida.
- En 1991 recibió la Medalla Nacional de la Ciencia y fue incluida en el Salón Nacional de la Fama de la Mujer.

13.   Babe Didrikson Zaharias (1911-1956)

Atleta estadounidense

Mildred Ella (Babe) Didriksen-Zaharias (Port Arthur, 26 de junio de
1911 - Galveston, 27 de septiembre de 1956), nacida como *Mildred
Didriksen*, llamada *Babe Zaharias, fue una* jugadora de golf
estadounidense y también una atleta veterana. En su última carrera, fue
uno de los protagonistas de los Juegos Olímpicos y ganó dos medallas de
oro y una de plata.

Sportwonderkind

Didriksen, que se llamaba a sí mismo Didrikson, creció en Beaumont. Era
el hijo de sus siete hermanos. Sus padres emigraron a Noorwegen. Era
un deportista maravilloso, que practicaba varios deportes: atletismo,
béisbol, tenis, fútbol y softball.

Didriksen dice que nació en 1914, pero en sus dibujos y certificados de
nacimiento figura 1911. Su marido le llamaba "Babe", pero él mismo le

dijo que se había convertido en Babe Ruth, ya que había hecho varios jonrones en una carrera de baloncesto.

Dos millones de dólares y una gran cantidad de plata

En 1932, Babe Didriksen fue nombrado jugador de los Juegos Olímpicos de Los Ángeles. Aquí ganó la victoria en las carreras de velocidad y en los 80 metros, cuando en la última etapa, junto con su segunda hija, Evelyne Hall, estableció el récord mundial en 11,7 segundos. En la primavera, se produjo un emocionante encuentro entre Didriksen y otro piloto de tierra, Jean Shiley. Los dos se unieron, pero antes de la llegada de los soldados, los dos, con 1,60 metros de altura, se unieron a los campamentos americanos, que se convirtieron en una selección de soldados para los soldados. En Los Ángeles, se encuentran en una situación muy similar a la del resto del mundo, de 1,65 años. Esto llevó a un "salto" en 1,67, cuando los dos se unieron. Para llegar a un punto de inflexión, es necesario que el equipo se sitúe por encima de 1,65. Esto nos parece muy bien, ya que el jurado ha hecho un gran esfuerzo para conseguir un cambio. Los hombres vieron los resortes de Babe Didriksen de manera extraordinaria, ya que habían aprovechado la técnica del *Western Roll, que* fue la primera vez que pasó por el aro. Didriksen no se ha dado cuenta de ello, ya que desde el principio ha utilizado esta técnica y se han producido algunos cambios. Shiley se basa en el dictamen del jurado para decidir si Didriksen debe ser el mejor de los dos. La IAAF, por su parte, se ha mostrado más contundente con la visita del jurado, ya que el 1,65 de Shiley y de Didriksen se ha convertido en un récord mundial.
 Didriksen se había hecho con más medallas, por lo que se le pidió que se hiciera con más medallas, pero en ese momento se le pidió a las mujeres que se hicieran con más medallas individuales.

Golf

En 1935 Didriksen comenzó a jugar al golf. En 1938 participó en el Open de Los Ángeles, un torneo masculino de la PGA. En este torneo formó un equipo con el conocido profesional George Zaharias. Dos meses más tarde, el 23 de diciembre de 1938, se enfrentaron en Saint Louis.

En los años anteriores y a principios de los años posteriores fue el primer golfista de alto nivel de Estados Unidos. Ganó el estatus de amateur en 1942 y ganó el Campeonato Amateur de Golf de Estados Unidos en 1946 y, como primer americano, el Campeonato Británico de Golf en 1947.

También ganó otros campeonatos abiertos. En 1947 fue golfista profesional y dominó la WPGA y la LPGA. En 1947 ganó el campeonato de la LPGA y en 1948 el campeonato abierto de Estados Unidos. Fue campeona durante setenta años. En 1950 ganó todos los títulos de golf que se habían ganado.

Babe Zaharias fue un jugador de golf del *Employers' Casualty Co. Club*.

Destacados

- En 1950 Didrikson Zaharias ayudó a fundar la Asociación de Golf Profesional Femenino, y se convirtió en la competidora estrella de la LPGA.
- No sólo atrajo el interés por el fútbol femenino, sino que revolucionó el deporte y fue conocida por sus potentes impulsos.
- Diagnosticada de cáncer de colon, fue operada en 1953. Al año siguiente, en uno de los mayores regresos del deporte, ganó su tercer Abierto de Estados Unidos. Aunque llevaba una bolsa de colostomía, Didrikson Zaharias dominó el evento, ganando por 12 golpes.
- Se le concedió a título póstumo la Medalla Presidencial de la Libertad en 2021.

14. Madre Teresa (1910-1997)

Monja católica y misionera albanesa-india

*"Difunde el amor allá donde vayas. Que nadie se acerque
a ti sin salir más feliz. "*

La Madre Teresa, nacida como *Agnes Gonxha Bojaxhiu* (Skopje, 26 de agosto de 1910 - Calcuta, 5 de septiembre de 1997), fue una religiosa católica, fundadora de la Misión de Ayuda a la Población y Premio Nobel de la Paz. Se trata de una de las primeras armas de la India. La congregación que fundó en 1950 contaba en 2012 con más de 4.500 miembros y 300 voluntarios y estaba presente en 133 países.

En la India, un día de lucha nacional se ha convertido en un día de fiesta. Se trata de una figura de Estado, una figura que en la India siempre ha estado vinculada a los principales líderes políticos.

En 2003, se le dio el visto bueno y el 4 de septiembre de 2016 se le concedió la licencia de conducir.

Levensloop

Agnes Gonxha Bojaxhiu nació en la región otomana (ahora en el norte de Macedonia) y creció en una prominente familia albanesa-católica. A los 17 años de edad, se encuentra en la orilla de Nuestra Señora de Loreto en Rathfarnham, Irlanda. Un año más tarde viajó a Calcuta, en la India, donde se incorporó a una escuela de formación. A partir de entonces, el nombre de *Moeder Teresa* se convierte en Theresia van Lisieux.

A raíz de la gran cantidad de personas que se han ido, los hijos, los hermanos y los enfermos de SIDA, se han unido a estos brazos de las armas. Con la ayuda de Pío XII, se hizo cargo de su reloj y se creó en Calcuta una obra mundialmente conocida sobre las armas, que se llevó a cabo en poco tiempo. Fundó la organización de las Misiones de Ayuda a la Población, una organización religiosa de ayuda a la población de Calcuta. Muchas personas no se han unido a ella. La organización era tan grande que también en la India se han creado muchas órdenes. En 25 años, se han abierto 90 oficinas en todo el mundo y se han realizado 1.132 misiones.

En 1979 recibió el Premio Nobel de la Paz por su trabajo.

Limpieza y protección de la salud

En 2002, el Vaticano anunció la aparición de un tumor en el pecho de la india Monica Besra como una maravilla. Monica Besra consiguió que, cuando llegó a la misa, en el interior de la iglesia, se viera una foto de la Madre Teresa y que se viera la luz en su rostro. En esta ocasión, el hombre se ha quedado dormido y se ha ido a la cama con los cántaros. Los zusters legden een medaillon van Maria op haar gezwel. Dos horas más tarde, fue asesinada. En la actualidad, se han registrado 113 imágenes y se han documentado 35.000 páginas. Existe una gran controversia sobre la importancia de estas imágenes y de la documentación. Las artes visuales dicen que su enfermedad y su tuberculosis han sido causadas por su tratamiento.

El 19 de octubre de 2003, el presidente Johannes Paulus II proclamó la muerte de Teresa. En el acto de despedida en la plaza Sint-Pietersplein de Vaticaanstad participaron, entre otros, el primer ministro francés Raffarin, la presidenta francesa Bernadette Chirac, la reina Fabiola de Bélgica y el presidente Rugova de Kosovo.

El 4 de septiembre de 2016, un año después de su fallecimiento, la madre
Teresa, por mediación de Franciscus, fue proclamada santa durante una
misa especial en la plaza Sint-Pietersplein.

Lof y kritiek

La Madre Teresa ha sido tanto reconocida como criticada por su postura
ante el problema de la pobreza y de la falta de seguridad en el mundo de
la infancia. El filósofo y ateo belga Etienne Vermeersch se refirió a
Moeder Teresa de forma crítica, ya que se refirió a la anticoncepción
religiosa, pero se refirió a la crítica del filósofo Herman De Dijn. El
periodista Christopher Hitchens escribió un artículo crítico sobre Teresa
de Jesús: *The Missionary Position: Mother Teresa in Theory and Practice*
(1995), que fue publicado por el escritor belga Simon Leys en 1997.
Primero lo hizo a través de la revista *New York Review of Books* y luego
en el ensayo *The Hall of Uselessness* (2011), en el que se describe la
visión de Hitchens sobre la tradición cristiana.

En un artículo publicado en 2003, Hitchens señala que Moeder Teresa
recibió dinero del dictador haitiano Jean-Claude Duvalier (en la ruina en la
que se encontraba) y de Charles Keating, un banquero estadounidense
que en 1989, tras la quiebra del banco de ahorros *Lincoln Savings and
Loan*, obligó a los estadounidenses a pagar su deuda.

Los investigadores de la Universidad de Montreal han analizado 300
documentos y han recogido los detalles que se oponen a la imagen
positiva de Teresa de Jesús.

Naamgeefster

En el mundo albanés, se han creado muchas imágenes de la Madre
Teresa, entre las que se encuentran la plaza de Tirana y la Sheshi Nënë
Tereza en Tirana, la Bulevardi Nënë Tereza en Pristina, la Rruga Nënë
Tereza en Pejë (Kosovo) y la Rruga Nënë Tereza en la localidad kosovar
de Gjakovë. El kathedraal del bisdom Sapë en el Vau i Dejës noord-
albanés es el eveneens de Moeder Teresakathedraal.

Trivia

En 1969 Malcolm Muggeridge realizó para la BBC un documental titulado *Something beautiful for God*. Muggeridge se refirió a la historia de la obra de Teresa de Jesús, que fue filmada para este documental. Para este documental se visitó una casa en la que trabajaba Teresa de Jesús, llamada *La casa de las mujeres*. El cámara, Ken McMillan, realizó en esta casa una nueva película Kodak que nunca antes había realizado. En Inglaterra, los hombres buscaron las imágenes y se dieron cuenta de que las imágenes que se habían hecho en la *casa de los empleados eran de* gran calidad y de que todos los detalles estaban bien definidos. El camarógrafo dijo que estaba muy contento y que le gustaría agradecer la calidad de la nueva película de Kodak. Muggeridge se dio cuenta de que esta película era una maravilla y de que se había convertido en un medio de comunicación.

Destacados

- La Madre Teresa, en su totalidad Santa Teresa de Calcuta, también llamada Santa Madre Teresa, de nombre original Agnes Gonxha Bojaxhiu, recibió numerosos honores, entre ellos el Premio Nobel de la Paz de 1979.
- En sus últimos años, la Madre Teresa se pronunció contra el divorcio, la anticoncepción y el aborto.
- Un empeoramiento de su enfermedad cardíaca la obligó a retirarse, y la orden eligió a la hermana Nirmala, nacida en la India, como su sucesora en 1997.
- Aunque la Madre Teresa mostraba alegría y un profundo compromiso con Dios en su trabajo diario, sus cartas (recogidas y publicadas en 2007) indican que no sintió la presencia de Dios en su alma durante los últimos 50 años de su vida.

15.   Angela Merkel (nacida en 1954)

Primera mujer canciller de Alemania

Angela Dorothea Merkel, nacida como **Kasner**, (Hamburgo, 17 de julio de 1954) es, desde el 22 de noviembre de 2005, la jefa de gobierno de Dinamarca. Es la primera gobernante de la Unión Europea y la primera líder del partido cristiano CDU.

Privéleven

Merkel es la hija del líder luterano Horst Kasner, cuyo padre en Polonia era afecto, y de su hija Herlind Kasner-Jentzsch. En 1954, la familia se trasladó de Hamburgo al Quitzow de Brandemburgo, en la RDA, donde el líder se trasladó a un municipio luterano-evangélico. En 1957 se trasladó definitivamente a la ciudad de Templin, donde el líder se encargó de la creación de un centro de formación interdisciplinar. Kasner fue contratado por la Junta Pastoral de la Iglesia Evangélica Luterana, que en un principio colaboraba con las autoridades de la SED. Por lo tanto, el líder Kasner, entre otras cosas, tuvo el privilegio de viajar a países "no socialistas", entre otros, al VS y a Italia. Su hijo también recibió muchos

295

paquetes de familias de Occidente, y más tarde Angela le dijo que ya no eran "niños de la RDA". A continuación, el padre Kasner le pidió un coche y un vehículo privado. La madre de Angela, Herlind Kasner-Jentzsch, no debe ser la responsable de la ayuda del SED. Por ello, se ha comprometido con la ayuda de sus tres hijos.

En 1961, Angela estudió en la Escuela Politécnica de Templin. Sus estudios y sus lecturas la convirtieron en una persona más que notable, pero también en una persona socialmente buena. Aunque no se le consideraba como "Streber", fue muy útil en la escuela, con muy buenos resultados en cuanto a talento (entre otras cosas, en cuanto a la lengua rusa), educación física y ciencias naturales. Con su familia, no se ha dedicado a la educación de la juventud en la RDA; en mayo de 1970 se convirtió en miembro de la Iglesia Evangélica Luterana ("la Confirmación"). Durante su etapa escolar fue miembro de la organización de voluntarios Ernst Thälmann y más tarde de la FDJ (Freie Deutsche Jugend). En 1973 se incorporó a la Erweiterte Oberschule de Templin.

Durante su etapa escolar, Angela se dedicó a estudiar ciencias naturales. Para buscar las aplicaciones exactas de la ciencia, se embarcó en un compromiso de formación. En 1973 comenzó a estudiar en la Universidad Karl-Marx de Leipzig. En 1977, Angela Kasner se casó con Ulrich Merkel, un estudiante de medicina de la facultad; aunque en 1982 se casó con él, Angela se convirtió en el nombre de su primer hombre. Después de que en junio de 1978 se le concediera la licenciatura con la mención de "muy bueno" y se le concediera el permiso de estudios en la escuela técnica de Ilmenau, Angela se fue con su hombre a Oost-Berlijn. Se convirtió en promotora del Instituto Central de Química Física (ZIPC) de la Academia de Ciencias de la RDA en Berlijn-Adlershof. En 1986 obtuvo el título de doctor con un trabajo sobre química cuántica, y hasta 1990 trabajó como investigador en otra institución y publicó varios artículos. Entre 1978 y 1990 fue secretario de Cultura de la FDJ. En esta función, fue responsable de Agitprop ("agitación y propaganda") y realizó estudios en la Unión Soviética.

En 1978 trabajó activamente para la Stasi y, entre otras cosas, se hizo llamar "IM (Informeller Mitarbeiter) *Erika*". En su expediente de la Stasi, se describe su apoyo a la RDA y su simpatía por el Poolse Solidaridad. Cabe destacar también su amistad con el escritor Rainer Kunze, que se mostró muy crítico con el régimen, así como las obras de Rudolph Bahro, Andrei Sacharov y Alexander Soltsjenitsyn, todos ellos antiguos disidentes. En los años 80, Merkel se enfrentó a un grupo de delincuentes en una cárcel de Berlijn. En diciembre de 1998, el periodista bielorruso Joachim Sauer se hizo cargo de la situación. Angela Merkel no tiene hijos; Sauer tiene dos hijos mayores.

DDR

A principios de 1989, Angela Merkel se convirtió en una activista política: pasó a formar parte del partido Demokratischer Aufbruch (DA) de la RDA, que en agosto de 1990 se incorporó a la CDU de la Antigua República Yugoslava de Macedonia. También fue vicepresidente del último gobierno de la República Democrática del Congo junto con el presidente de la CDU y ministro de la RDA, Lothar de Maizière.

Ministro de Bonos (1991-1998)

En la primera edición del Bondsdag de diciembre de 1990, Angela Merkel participó en el Duitse Bondsdag directamente desde Stralsund-Rügen. Este distrito, el más pequeño del mundo, se ha convertido en un punto de referencia.

En enero de 1991, el ministro de Asuntos Exteriores Helmut Kohl (CDU) entró en su gabinete como ministro de Asuntos Exteriores. Al mismo tiempo, se le respeta mucho por su expediente y sus conocimientos. También se ha dicho que en una persona Oost-Duits, vrouw, protestantes y jong fue. También se le atribuye el nombre de "Kohls Mädchen", que nació a finales de 1999.

En 1994, Klaus Töpfer fue nombrado ministro de Medio Ambiente, Protección de la Naturaleza y Seguridad de los Reactores.

En diciembre de 1991 también se convirtió en uno de los vicepresidentes de la CDU. De junio de 1993 a mayo de 2000 fue incluso vicepresidente de la CDU en el distrito de Mecklemburgo-Pomerania Occidental.

CDU-voorzitter (1998-2005)

La CDU se ve obligada a realizar las pruebas de los bonos de 1998. En noviembre de 1998, Wolfgang Schäuble, secretario general de la CDU, se hace cargo de la dirección del partido. Después de que la CDU iniciara una financiación ilegal del partido en el período 1999-2002, se alejó de su vecino Kohl. El 22 de diciembre de 1999 publicó en el Frankfurter Allgemeine Zeitung un informe abierto sobre su partido. También Wolfgang Schäuble se convirtió en presidente del partido el 10 de abril de 2000, con un 96% de los votos a favor de un nuevo presidente.

En el verano de 2002, cuando la CSU eligió a Edmund Stoiber como candidato a la presidencia, la CDU se vio obligada a cambiar de candidato. Merkel sabía que en el seno del partido no se había producido ningún cambio para que la interna contra Stoiber fuera mejor que la de los demás. En una visita a Wolfratshausen, el candidato de Stoibers se reunió con él. Después de que la coalición de la derecha se negara a aceptar los cambios, Merkel hizo que Friedrich Merz se convirtiera en el jefe de filas y se encargó de la política necesaria para que los nuevos cambios se convirtieran en el gobierno de la Unión.

Las victorias de la CDU en las elecciones de varios estados han reforzado su posición. La importancia de los Estados miembros se debe a la Unión, que ha decidido que todas las cuestiones que se plantean en el marco de la política monetaria pueden ser resueltas o bloqueadas. Además, el presidente Horst Köhler se comprometió en el verano de 2004 con la administración de los bonos a realizar su propio trabajo.

El 22 de mayo de 2005, el SPD se hizo con el control del Estado en el Estado federado de Renania del Norte-Westfalia. En este duro golpe, Gerhard Schröder se encargó de las nuevas elecciones para el Bondsdag. El 30 de mayo, la CDU de Merkel se hizo cargo de la presidencia. Como primer candidato a la presidencia de la Unión Europea en la historia, lo hizo en septiembre de 2005 frente a la coalición del SPD y el partido 90/Die Grünen con Schröder como candidato a la presidencia.

Bondskanselier (desde 2005)

El 10 de octubre de 2005 se anunció que Angela Merkel, tras el acuerdo de la coalición con el SPD, se convertiría en el nuevo secretario de Estado de la Unión Europea. El 11 de noviembre, los acuerdos entre la Unión y el SPD y la creación de la coalición de gobierno fueron aprobados, por lo que Duitsland se convertirá en una "gran coalición" por segunda vez en su historia. El 22 de noviembre, Merkel se convirtió en la primera mujer de la historia de Dinamarca tras el Día de los Bonos. Se ha impuesto a Gerhard Schröder. El Consejo de Ministros de Merkel I se ha reunido el 27 de octubre de 2009.

Las elecciones de 2009 han sido para la canciller Merkel un éxito. Aunque su propio partido se ha visto afectado, el FDP ha conseguido demasiadas cosas para que Merkel pueda formar una coalición CDU/CSU-FDP, que ya prefirió en 2005. El gabinete Merkel II se creó el 28 de octubre de 2009. Como líder de la mayor economía de Europa, Merkel ha desempeñado un papel importante en la Unión Europea en la gestión de la crisis del crédito.

En diciembre de 2012, Merkel fue elegida como líder del partido de la CDU, con un alto grado de liderazgo. Obtuvo el 97,94 por ciento de los votos, el mayor porcentaje de votos desde que se convirtió en diputada en el año 2000. En el Congreso, Merkel ha calificado su gobierno con el FDP liberal como "el gobierno más exitoso desde la era de la democracia". "Hemos conseguido que Duitsland se mantenga dentro de la crisis del crédito y Duitsland está ahora mejor", dijo.

El 22 de septiembre de 2013, Merkel nombró a la CDU/CSU en el primer puesto de la lista de los bonos. Su partido tiene más del 41% de los votos y se ha convertido en el partido más grande. Su compañero de coalición, el FDP, también ha dicho que la coalición no tiene ningún beneficio. Merkel debe ahora, al igual que en su primer mandato como canciller, unirse al SPD. A principios de noviembre de 2013, se estableció un acuerdo de reagrupación, que se hizo extensivo a los congresos tanto de la CDU como del SPD. El 17 de diciembre de 2013 se creó el nuevo gabinete y Merkel comenzó su primer mandato.

En su último gabinete, Merkel se ha esforzado más por su política internacional. El New York Times la definió como "la mejor gobernante del mundo" por su populismo abierto. Merkel también ha sido reconocida por su papel durante la crisis europea.

En 2015, Merkel se enfrentó a un grupo de empresas en Alemania. Esta postura le hace ver con su conocida frase *Wir schaffen das*. Merkel también se ha dado cuenta de que las relaciones entre los dos países son muy buenas. En el ámbito internacional, Merkel se siente muy orgullosa de haber superado la crisis de la inmigración, pero en su propio país se ha quedado con las ganas de protestar. Muchos ciudadanos creen que Merkel es un grupo muy numeroso de ciudadanos. Por lo tanto, los últimos años se han unido a la CDU/CSU como enlace. Fue la AfD la que se benefició de ello. Más tarde, Merkel se encargó de la gestión de la inmigración.

También en el Bondsdagverkiezingen del 24 de septiembre de 2017, Merkel, en nombre de la CDU/CSU, ha conseguido la victoria. Su partido no alcanza el 33% de los votos, lo que supone un 8%, pero también es el partido más grande. Para la mayoría de los votantes, Merkel ha sido la única que ha aceptado. Su principal candidato, Martin Schulz, como presidente del Parlamento Europeo, ha sido el principal objetivo de Merkels y, gracias a sus palabras, no se ha convertido en una alternativa más. Por otra parte, la economía suiza, bajo la dirección de Merkel, está muy deteriorada y se ha perdido la capacidad de trabajo. Con su ayuda, Merkel, gracias a muchas críticas, también ha ganado mucha popularidad en la sociedad suiza.

Las negociaciones para el Consejo de Ministros-Merkel IV, en las que el SPD se ha esforzado hasta ahora, se han vuelto muy complejas. A continuación, los distintos partidos se unieron en un nuevo GroKo, una coalición suiza. Pasado el mes de febrero de 2018 se produjo un regeerakkoord, que vervolgens ter goedkeuring aan de leden van zowel het CDU, de CSU als de SPD werd voorgelegd. El 14 de mayo de 2018 se creó el nuevo gabinete de Merkel y Merkel comenzó su cuarto mandato.

En junio de 2018, el acuerdo de cooperación se convirtió en un acuerdo entre Merkel y el ministro de Asuntos Exteriores, Horst Seehofer. Seehofer quiere que los ciudadanos de la Unión Europea se sientan más cómodos que los de cualquier otro país europeo, mientras que Merkel quiere que los ciudadanos de la Unión Europea se sientan cómodos. Esto dio lugar a una crisis de regulación, que Merkel en julio de 2018 estableció con un acuerdo sobre el aumento de la población en Duitsland, donde el estatus de los inmigrantes debe ser corregido. Los ciudadanos de la Unión Europea deben ir al país europeo donde se encuentran.

El 29 de octubre de 2018, Merkel anunció que no se quedaría más tiempo para un nuevo mandato como presidenta de la CDU en el Congreso en diciembre de 2018. Este fue el resultado de las elecciones parlamentarias en Hesse y Beieren de ese año, en las que la CDU tuvo que participar. En su partido, hay un grupo de personas que se han unido a la oposición, no sólo como votantes, sino también como responsables de los bonos.

Si bien la popularidad y el crecimiento de Merkels en 2019 fue tan grande, su popularidad aumentará en 2020 sólo después del Coronacrisis en Duitsland. El banquero de los bonos se ha convertido en un personaje internacional debido a su visión de la crisis. En un discurso televisivo del 18 de mayo de 2020, Merkel señaló que el coronavirus era "la mayor amenaza desde el Segundo Mundo".

Verhouding met Verenigde Staten

La relación entre la UE y los Estados Unidos se inició el 23 de octubre de 2013 y se ha hecho público que la NSA ha detectado el uso de teléfonos móviles por parte de Merk, mientras que Merkel y el presidente Barack Obama han formado un grupo de amigos, pero el presidente Donald Trump ha decidido que las conversaciones se han hecho esperar. Las importaciones de aluminio y estaño que Trump ha aprobado en 2018, así como la grave crítica a la política de inversiones de Alemania y la decisión de la Unión Europea sobre el transporte marítimo, han sido las principales causas.

Standpunten

Dentro de la CDU, la protestante y sumisa Merkel se muestra pragmática. En febrero de 2003, la ingrediente americana-británica se trasladó a Irak. Merkel es una defensora de la adhesión turca a la Unión Europea, pero ha dado a ese país, junto con su partido, una asociación privilegiada. En el marco de la primera ronda de negociaciones de la Unión Europea en 2007, el gobierno se comprometió a seguir la evolución de la situación en los referendos de la Unión Europea. Tras la crisis de Fukushima, Merkel ha declarado que Duitsland debe dejar de utilizar la energía nuclear y apostar por la energía renovable, la Energiewende.

Onderscheidingen

Merkel recibió en 2006 la Orden de los Derechos Humanos de la República Italiana, el Premio a la Orden de los Derechos Humanos de la República Checa en 2007, el Premio a la Orden de los Derechos Humanos de la República de Bulgaria en 2008 y la Orden de los Derechos Humanos de Perú en 2008, el Premio a la Orde del Infante Dom Henrique en 2009, la Orde de Stara Planina en 2010, la entrega de la Medalla Presidencial de la Libertad al Presidente Obama en 2011 y la

Grote Gouden Ereteken van Verdienste voor de Republiek Oostenrijk en 2015.

Fue galardonada con el Premio Internacional de la Prensa en 2008, con el Premio Duitse Media en 2009 y con la Medalla de la Libertad en el marco del Premio de las Cuatro Libertades en 2016.

Es doctor honoris causa por la Universidad Hebrea de Jerusalén en 2007, por la Universidad de Leipzig en 2008, por la New School y la Universidad de Berna en 2009 y por la Universidad Babeș-Bolyai en 2010. La Radboud Universiteit Nijmegen lo hizo en 2013, la Comenius Universiteit Bratislava en 2014, la Universiteit van Szeged en 2015 y la Universiteit van Nanking en 2016. En 2017, Merkel se convertirá en un doctorado de la Universidad de Gante y de la Universidad Católica de Lovaina. Ambas universidades se han *inspirado en la diplomacia y la política para desarrollar el potencial político de Europa y las esperanzas que nuestro continente tiene de alcanzar la prosperidad.*

Destacados

- En las primeras elecciones posteriores a la reunificación, en diciembre de 1990, Angela Merkel obtuvo un escaño en el Bundestag (cámara baja del parlamento) en representación de Stralsund-Rügen-Grimmen.
- Merkel fue nombrada ministra de la Mujer y la Juventud por el canciller Helmut Kohl en enero de 1991.
- El segundo mandato de Merkel se caracterizó en gran medida por su papel personal en la respuesta a la crisis de la deuda de la eurozona.
- Más de un millón de migrantes entraron en Alemania en 2015, y el partido de Merkel pagó un alto precio político por su postura sobre los refugiados.

16.   Tsai Ing-wen (nacido en 1956)
Primera mujer presidenta de Taiwán

"Taiwán es la República de China, la República de China es Taiwán".

Tsai Ing-wen (Fangshan, Pingtung, 1956) es un político taiwanés. El 20 de mayo de 2016 fue nombrada presidenta de Taiwán (República China).

Tsai se convirtió en abogada, pero luego fue política del DPP. El 16 de enero de 2016, su partido se convirtió en el líder absoluto. Por ello, el 20 de mayo de 2016 se convirtió en la primera presidenta de Taiwán.

Más que su portavoz, Ma Ying-jeou, Tsai es una de las principales representantes de Taiwán en la opinión de la República Popular China. Considera que China debe respetar el derecho de Taiwán a la democracia. En 2016, China se reunió con Taiwán en todas las bandas oficiales hasta que fue aceptada.

En noviembre de 2018, el DPP se ha visto obligado a realizar una serie de pruebas. El Kuomintang, la facción conservadora del DPP, ha ganado y este partido está a favor de la cooperación y la colaboración con China. En este sentido, se trata de un asunto de interés para la cooperación con China. Los empresarios están preocupados por su situación económica y hacen que el partido que quiere estimular la economía se una a China.

El 2 de enero de 2019, el presidente chino, Xi Jinping, se refirió al hecho de que hace 40 años, el 1 de enero de 1979, China se había apoderado de varios territorios taiwaneses para el ejército chino. Xi quiere una relación de confianza con Taiwán, pero no lo ha hecho. Dice que Taiwán "debe y tiene que" unirse a China. Estas declaraciones son más frecuentes de lo normal, y Tsai Ing-wen ha reaccionado diciendo que Taiwán no puede ser un país más grande que China.

En enero de 2020 se ha vuelto a imponer. El 57% de los votantes, un récord de 8,2 millones de votantes y 1,3 millones más que en 2016. También se ha hecho cargo de su compañero Han Kuo-yu, del Kuomintang. Han representa el 39% de los votos. Tsai Ing-wen no ha dejado de lado su postura frente a China y en su discurso de aceptación, China no se ha mostrado dispuesta a aceptar que Taiwán se acerque a China. Han querido verbalizar las negociaciones, sobre todo por motivos económicos.

Destacados

- Tsai Ing-wen pasó su primera infancia en la costa del sur de Taiwán antes de ir a Taipei, donde completó su educación.
- En diciembre de 2016, el delicado equilibrio de las relaciones entre Taiwán y China se vio alterado cuando Tsai realizó una llamada telefónica al presidente electo de Estados Unidos, Donald Trump, quien dio un vuelco a varias décadas de protocolo diplomático al convertirse en el primer jefe del Ejecutivo estadounidense que hablaba con su homólogo taiwanés desde 1979.
- Aunque Tsai Ing-wen y Trump dirían después que su llamada no indicaba un cambio de política, en 2019 la administración Trump se había comprometido a realizar importantes ventas de armas a Taiwán que incluían, tanques, misiles y cazas.
- Tras haber defendido las impopulares reformas de las políticas energéticas y de pensiones de Taiwán, Tsai Ing-wen fue testigo de una considerable caída de su popularidad a medida que se acercaban las elecciones presidenciales de 2020.

16 mujeres negras

1. Bessie Coleman (1893-1926)

Primera aviadora afroamericana

Bessie Coleman (Atlanta (VS), 26 de enero de 1892 - Jacksonville (VS),
30 de abril de 1926) fue una de las primeras pilotos americanas de la
industria de la cerveza. Fue el primer piloto afroamericano y también el
primer estadounidense (o indio-estadounidense) que tuvo un vuelo.
Coleman obtuvo su título de piloto de la *Fédération Aéronautique
Internationale* el 15 de junio de 1921 y fue la primera persona que obtuvo
un título de piloto internacional.

Coleman, nacido en una familia de maestros en Texas, comenzó a
trabajar de joven en los campos de golf y también se matriculó en una
pequeña escuela. Después, cursó un semestre en la Universidad de
Langston. Se interesó por la vida, pero los afroamericanos, los
estadounidenses de origen africano y los jóvenes no tenían ninguna idea
de lo que supondría una migración piloto en los Estados Unidos. Por lo
tanto, Bessie se hizo cargo del dinero y pidió dinero para ir a Francia a
hacer una campaña de vacunación. Fue un piloto destacado en los
espectáculos de televisión de los Estados Unidos. Bessie era conocida
por la opinión pública como *Queen Bess* y *Brave Bessie*, y abrió una

306

escuela para pilotos afroamericanos. En 1926, Coleman se convirtió en un piloto de avión para probar un nuevo avión. Su viaje fue una inspiración para los pilotos principiantes y para las empresas afroamericanas y americanas.

Beginjaren

Bessie Coleman (también conocida como Elizabeth) nació el 26 de enero de 1892 en Atlanta (Texas) como hija de George Coleman, cuyo padre se unió al pueblo cherokee, y de Susan Coleman, que era afroamericana. Los hijos de los negros se encargaron de la educación infantil, que era la típica de la época. Cuando Coleman cumplió dos años, su familia se fue a Waxahachie (Texas), donde vivieron como padres. Coleman fue a la escuela de Waxahachie después de su infancia. Todos los días recorre unos diez kilómetros hasta su escuela, que se encuentra en una zona residencial. Coleman se quedó en la escuela para aprender y se convirtió en un lector experto en ciencias de la vida. Se ha dedicado a la enseñanza de la base en esta escuela.

El último año, el ritmo de Coleman en la escuela, los colegios y las iglesias se vio interrumpido por el katoenoogst. En 1901, George Coleman se convierte en padre. Se marchó a Oklahoma, en el Territorio Indio, donde se le nombró, para obtener más dinero, pero su familia y sus amigos no le abandonaron. A los dos años de edad, Bessie se incorporó a la *Escuela de la Iglesia Bautista Misionera* con un estudiante. Cuando cumplió los diez años, se trasladó a la *Universidad Agrícola y Normal de Color de Oklahoma* en Langston (Oklahoma) (conocida como la Universidad de Langston). Tras un semestre en el que se le concedió la beca, se marchó a su casa.

Carrière

Cuando Coleman cumplió 23 años, se fue a Chicago, Illinois, donde fue adquirido por sus hermanos. En Chicago, Coleman trabajó como peluquero en la *peluquería White Sox*. Allí se encargó de la vigilancia de los pilotos que se encontraban en el Eerste Wereldoorlog. Se trata de una segunda parte de una tienda para ahorrar dinero en la compra de un coche. Las empresas americanas no admiten a los afroamericanos, por lo que Robert S. Abbott, fundador y director de la revista afroamericana *Chicago Defender, se ha comprometido* a realizar un trabajo en el país.

Abbot publicó la petición de Coleman en su campaña y pidió ayuda financiera al banquero Jesse Binga y al *Defensor*.

Frankrijk

Bessie Coleman estudió francés en la escuela de idiomas Berlitz de Chicago y se fue el 20 de noviembre de 1920 a París, donde se trasladó para hacer su viaje.

En un informe militar francés de la primera puerta del mundo, el Nieuport 564, se lee un texto que contiene "un sistema de transporte que se basa en un soporte vertical que es tan bueno como un soporte de balas de hierro para el avión y un soporte de ruedas para el avión". El 15 de junio de 1921, Coleman se convirtió en el primer ciudadano afroamericano y el primer estadounidense de origen africano en participar en un vuelo, así como en la primera persona afroamericana y la primera persona estadounidense de origen africano en participar en un vuelo internacional en la *Federación Aeronáutica Internacional*. Durante dos meses, Coleman se retiró de la ciudad francesa de París para mejorar sus servicios de vuelo. En septiembre de 1921, se fue a Estados Unidos. Cuando Coleman llegó a América, se convirtió en un medio de comunicación.

Vliegshows

La lucha es el único lugar en el que hay una gran cantidad de gente. Sabía que no teníamos pilotos, ni hombres ni mujeres, y sabía que el pueblo afroamericano tenía que ser gobernado en este ámbito tan importante, por lo que me sentí muy orgulloso de arriesgar mi vida para poder vivirla.

Cuando la época de las películas comerciales se prolonga durante más de un año, Coleman se dio cuenta de que debían hacer acrobacias en los "espectáculos televisivos itinerantes" para poder ganar dinero como hamburguesero. Como acróbatas, debían realizar acrobacias para el público en general en una época en la que la tecnología de las películas no estaba en el mercado. Pero para poder tener éxito en este mundo tan competitivo, es necesario que se reduzca el número de canciones y que se amplíe el repertorio. En Chicago, Coleman no encontró a nadie que le ayudara a conseguirlo, por lo que en febrero de 1922 se marchó a Europa. Los dos meses siguientes llegaron a Francia y se embarcaron en un viaje de estudios. Después, viajó a los Países Bajos para visitar a Anthony Fokker, uno de los mejores artistas del mundo. Coleman también viajó a Duitsland, donde se unió al fabricante de aviones Fokker y recibió la formación de uno de los mejores pilotos de la empresa. A partir de entonces, viajó a los Estados Unidos para iniciar su carrera de piloto de acrobacias.

La "Reina Bess", como también era conocido, fue un popular personaje público de los primeros años. Bessie fue objeto de admiración tanto por parte de los afroamericanos como de los americanos blancos. Ha participado en importantes eventos y ha sido entrevistada en varias ocasiones por periodistas. Bessie también se embarcó en los aviones del modelo Curtiss JN-4 "Jenny" y en otros vehículos que el piloto tenía en su poder. El 3 de septiembre de 1922, por primera vez, participaron en una exhibición de vuelo americana durante un evento con veteranos del 369º Regimiento de Infantería Afro-Americano en la Primera Guerra Mundial. El evento se celebró en Curtiss Field, en Long Island, en la ciudad de Nueva York, y fue patrocinado por su amigo Abbott y el periodista *Chicago Defender*. En los anuncios de la película, Coleman fue reconocido como "el mejor piloto de fútbol del mundo". El espectáculo contó con la participación de otros dos pilotos americanos de alto nivel y con un salto del paracaidista afroamericano Hubert Julian. Dos semanas más tarde, Coleman viajó a Chicago para realizar una demostración de acrobacia de vuelo con cuerda, además de otros dos vuelos, loopings y dalingen tot dichtbij de grond voor een groot en enthousiast publiek in het vliegveld Checkerboard Airdrome (tegenwoordig het terrein van het *Hines Veterans Administration Medical Center*, Hines, Illinois, het *Loyola Hospital*, Maywood, en het nabijgelegen Cook County Forest Preserve).

La emoción de las acrobacias y el asombro del público en general fueron sólo una parte de la vida de Coleman. Coleman no se dio cuenta de la ambición que había tenido durante su juventud para "hacer algo" en un día. Como profesional del cine, Coleman fue reconocido por la gente por su oportunismo y por el estilo extravagante que le imprimió a sus acrobacias. Sin embargo, su reputación también es la de un piloto famoso y maduro que se esfuerza por realizar una buena acrobacia. El 22 de febrero de 1923, durante un espectáculo en Los Ángeles, se puso en marcha y se puso en marcha un espectáculo en un lugar muy concurrido.

En relación con la promoción de la lucha y la lucha contra el racismo, Coleman se pronunció sobre el desarrollo de la lucha y la búsqueda de soluciones para los afroamericanos. Se resolvió que se debía hacer un seguimiento de los eventos de lucha en los que se abordaba la cuestión de la seguridad de los afroamericanos.

En el año 20 del segundo siglo, la predique Coleman en Orlando, Florida, Hezakiah Hill y su esposa Viola, activistas empresariales, se unieron para trabajar en la pastoral de la *Iglesia Bautista Misionera Mount Zion* en la calle Washington en la ciudad de Parramore. En 2013, la calle se convirtió en la calle "Bessie Colemanstraat". El hecho de que se haya convertido en su esposa le ha llevado a vivir en Orlando. Coleman abrió entonces un salón de la escuela para recibir dinero extra para poder comprar su propia vivienda.

A través de sus contactos en los medios de comunicación, se le asigna un papel en una película especial titulada *Shadow and Sunshine,* que será producida por la African American Seminole Film Producing Company. Aceptó el papel con la esperanza de que la publicidad de su carrera le ayudara y de que el papel le diera el dinero que necesitaba para hacer su propia escuela de verano. Pero cuando se enteró de que la primera película que había visto era la que había hecho con un pañuelo y un pañuelo en su alfombra, tuvo que seguir adelante. "Fue una suerte que la puesta en escena por parte de Bessie se convirtiera en un principio. Si bien fue oportunista en su carrera, no lo fue tanto como el hecho de que se le diera la espalda. No era un plan para hacer realidad la idea de que los mejores blancos de los mejores afroamericanos se habían quedado sin nada", afirma la actriz Doris Rich.

Es muy fácil establecer un paralelismo entre mi persona y la de Coleman... ...pero] me fijé en Bessie Coleman y vi que era una mujer, un modelo para toda la humanidad, la definición de la fuerza, la dignidad, la integridad y la solidaridad. - Mae Jemison (la primera astronauta afroamericana)

Coleman no tardó mucho en crear una escuela para jóvenes pilotos afroamericanos, pero sus logros de gran alcance sirvieron de inspiración para una generación de hombres y mujeres afroamericanos. "Con Bessie Coleman hemos aprendido lo que es más importante que las barreras raciales", dice el escritor William J. Powell en *Black Wings* (1934), escrito por Coleman. Hemos superado las barreras en nosotros mismos y las hemos eliminado". Powell vivió una época de gran éxito en el Eerste Wereldoorlog y estimuló el desarrollo de la lucha afroamericana a través de su libro, sus revistas y el Bessie Coleman Aero Club que fundó en 1929.

Encima

El 30 de abril de 1926 Coleman estaba en Jacksonville, Florida. Acababa de adquirir en Dallas un avión Curtiss JN-4 (Jenny). Su director de marketing y publicidad, William D. Wills, de 24 años, llevó el avión de Dallas a Florida para participar en una exhibición de aviones, pero tuvo que hacer tres cambios, ya que el avión era demasiado pequeño. Cuando lo hicieron, los amigos y la familia de Coleman se dieron cuenta de que el viaje no estaba cubierto y se negaron a llevarlo a cabo. Después de que se abriera la puerta, Wills se hizo cargo de la muerte y puso a Coleman en el banquillo de los acusados. No se ha olvidado de su cordón umbilical, ya que el siguiente día se planeó hacer un salto en paracaídas y se pasó por encima de la cabina de mando para ver el movimiento.

A más de diez minutos de la apertura, el barco se convirtió en un gran éxito y dio una vuelta de campana de 900 metros. Coleman fue llevado a una altura de 610 metros y fue arrastrado por la escoria hasta el suelo. William Wills no pudo controlar más el vuelo y se quedó sin nada. Wills estaba en el suelo y el vehículo explotó y se desplomó. Si bien el reloj de la camioneta estaba muy deteriorado, más tarde se supo que se había utilizado un motor para encender el motor. Coleman tenía 34 años.

El fallecimiento se produjo en Florida, donde se trasladó a Chicago. A pesar de que los medios de comunicación no se dieron cuenta de ello, su vida tuvo un gran impacto en las personas afroamericanas, y 10.000 personas se unieron a los rebaños de Chicago, que fueron elegidos por la activista Ida B. Wells.

Destacados

- Bessie Coleman, una de trece hijos, creció en Waxahatchie, Texas, donde su aptitud matemática la libró de trabajar en los campos de algodón.
- La discriminación frustró los intentos de Coleman de entrar en las escuelas de aviación de Estados Unidos. Impertérrita, aprendió francés y en 1920 fue aceptada en la Escuela de Aviación de los Hermanos Caudron en Le Crotoy, Francia.

- En su formación posterior en Francia, se especializó en vuelo acrobático y paracaidismo; sus hazañas fueron recogidas en los noticiarios.
- Regresó a Estados Unidos, donde los prejuicios raciales y de género le impidieron convertirse en piloto comercial. Su única opción profesional fue el vuelo de acrobacia, o barnstorming.

2. Miriam Makeba (1932-2008)

Cantante sudafricana y primera africana en recibir un premio Grammy

"Ten cuidado, piensa en el efecto de lo que dices. Tus palabras deben ser constructivas, unir a la gente, no separarla"

Miriam Makeba, llamada *Mama Africa* (Prospect Township en Johannesburgo, 4 de mayo de 1932 - Caserta, Italia, 10 de noviembre de 2008), fue una cantante africana y activista contra el apartheid. Fue uno de los primeros que introdujeron la música afrikaanse en un público occidental. Su mayor éxito fue el número *Pata Pata* (1967). Con su obra abrió el camino a artistas africanos como Fela Kuti, King Sunny Adé, Youssou N'Dour y Salif Keita. Makeba fue un activo defensor de la política del apartheid en el sur de África y, hasta que el gobierno del sur de África se retiró, pasó varios años en prisión.

Levensloop

A los dos años se convirtió en un referente nacional en el sur de África como miembro de los Manhattan Brothers. En los años 50, Makeba se convirtió en un intérprete de una variante del jazz del sur de África. En 1959 se estrenó en Johannesburgo la ópera de jazz *King Kong*. Junto a Makeba actuaron, entre otros, el trompetista Hugh Masekela, con el que posteriormente colaboró, y Letta Mbulu. En aquel momento, *King Kong* *salió* de gira por Europa. En ese mismo año, Makeba también apareció en el documental *Come back, Afrika* (1959) del estadounidense Lionel Rogosin (1924-2000). Esta película es una muestra de la lucha contra el apartheid en el sur de África. Estas opciones supusieron para Makeba un avance en Europa y en los Estados Unidos.

Cuando en 1960 viajó a Sudáfrica, el gobierno de Sudáfrica le concedió un permiso de residencia. Más tarde, también se creó su asociación estatal. A principios de la década, Makeba fue ganada por los Estados Unidos. Su activismo político le llevó en 1963 a las Naciones Unidas, donde decidió realizar un boicot internacional a Sudáfrica. En la actualidad, se han destruido sus instalaciones en el sur de África.

En los Estados Unidos fue elegido por el cantante y activista social Harry Belafonte. Con él, en la década de los ochenta, grabó varios álbumes en una serie de canciones tradicionales, que se convirtieron en la base de la música mundial. Con *An Evening With Belafonte/Makeba*, Makeba ganó, en 1966, como primera mujer afrikaanse, un premio Grammy. Un año más tarde, obtuvo un éxito mundial con el número *Pata Pata*, escrito en xhosa, una canción con muchos ritmos.

Makeba estuvo en la cárcel durante cinco años, el primero de ellos con 17 años de edad. El 22 de diciembre de 1950 nace su primera y única hija, Bongi. Bongi es gestor de un hijo en la casa de campo. Otros intérpretes fueron el cantante Sonny Pillay, que en 1959 también actuó, y el trompetista Hugh Masekela (1964-1966). Con el activista del Poder Negro Stokely Carmichael, Makeba estuvo presente de 1968 a 1978. Este hecho fue motivo de controversia en los Estados Unidos. Grandes compañías discográficas, como RCA y Reprise, le retiran sus contratos de distribución. Se han realizado conciertos en el extranjero. Un par de veces se fue a Guinea. Antes de que se produjera la fusión, Makeba se fue a Guinea, donde se reunió con Bageot Bah, que trabajaba para una empresa belga de arte dramático. También en Guinea, Makeba se enfrentó al régimen del apartheid de Sudáfrica. Durante este periodo, también fue nombrado representante de Guinea en las Naciones Unidas.

En 1985 viajó a Bruselas. En 1987, Makeba participó en la *gira Graceland*
de Paul Simon. Dos años más tarde, su obra se trasladó a la región de
África del Sur. En diciembre de 1990, después de un año de trabajo, se
unió a Nelson Mandela, que había sido expulsado de su país de origen,
para ir a su tierra natal, África del Sur.

En 2005 realizó una gira para continuar con su carrera. El 10 de
noviembre de 2008, Miriam Makeba cumplió 76 años de edad en una
fiesta, tras un concierto de música clásica en Castel Volturno, organizado
por el compositor de música clásica Roberto Saviano.

Además de los premios por su música, Makeba recibió el Premio de la
Paz Dag Hammerskjøld y la Medalla de la Paz Otto Hahn.

Destacados

- A finales de la década de 1950, el canto y la grabación de Miriam
  Makeba la habían hecho muy conocida en Sudáfrica, y su aparición
  en el documental Come Back, Africa (1959) atrajo el interés de Harry
  Belafonte y otros artistas estadounidenses.
- En 1960, a Makeba se le negó la entrada en Sudáfrica, y desde
  entonces vivió en el exilio durante tres décadas.
- En 1990, el activista negro sudafricano Nelson Mandela, que acababa
  de ser liberado de su prolongado encarcelamiento, animó a Makeba
  a regresar a Sudáfrica, donde actuó en 1991 por primera vez desde
  su exilio.
- Miriam Makeba grabó 30 álbumes originales, además de 19 álbumes
  recopilatorios y apariciones en las grabaciones de varios otros
  músicos.

3. Marian Anderson (1897-1993)

El primer afroamericano que actuó en la Ópera Metropolitana de Nueva York

"El miedo es una enfermedad que carcome la lógica y hace al hombre inhumano".

Marian Anderson (Filadelfia, 27 de febrero de 1897 - Portland, 8 de abril de 1993) fue una contralto estadounidense y una de las más destacadas artistas del siglo XX. El crítico de música Alan Blyth dijo: "Su madre era una contralto ligera y rica con una gran capacidad". Su antigua casa en Filadelfia es ahora un museo, la Marian Anderson House.

Biografía

La mayor parte de su carrera se centra en la realización de conciertos con grandes orquestas, en las principales salas de los Estados Unidos y Europa entre 1925 y 1965. Aunque ha interpretado varios papeles en grandes óperas europeas, Anderson ya se ha dado cuenta de que no ha actuado. Se ha convertido en el protagonista de los conciertos. Además, durante sus conciertos, también ha interpretado arias de ópera. Ha creado muchos nombres, que coinciden con su amplio repertorio: desde conciertos, canciones holandesas y ópera hasta números tradicionales americanos y espirituales. Entre 1940 y 1965, el pianista suizo Franz Rupp fue su antiguo líder.

Anderson fue una persona importante en la lucha de los artistas libertarios para superar los conflictos racistas en los Estados Unidos a mediados del siglo XX. En 1939, *las Hijas de la Revolución Americana (DAR) llevaron a Anderson a* un acto público en el Constitution Hall de las DAR. El incidente hizo que Anderson participara en la celebración de la asociación internacional de una manera que fue muy importante para la música clásica. Con la ayuda de la primera dama Eleanor Roosevelt y de su hombre Franklin D. Roosevelt, Anderson ofreció el primer día de abril de 1939, en las escaleras del Lincoln Memorial de Washington D.C., un gran concierto al aire libre. Se ofreció a un público de más de 75.000 personas y a una radio de más de un millón de personas, y del concierto se hizo una película. Anderson comenzó a trabajar en la creación de obstáculos para los artistas de la danza en los Estados Unidos, y fue el primer artista de la danza que entró en la Metropolitan Opera de Nueva York el 7 de enero de 1955. Su actuación como Ulrica en Un ballo in maschera de Giuseppe Verdi fue la primera vez que actuó en el podio.

Anderson trabajó varias veces como delegada de la Comisión de Derechos Humanos de las Naciones Unidas y como "embajadora de buena voluntad" del Departamento de Estado de los Estados Unidos, y también participó en conciertos en todo el mundo. Participó en el movimiento de lucha contra la pobreza en los últimos años y en la Marcha de Washington por el Empleo y la Libertad en 1963. Recibió varios premios y reconocimientos, entre ellos la Medalla Presidencial de la Libertad en 1963, el Kennedy Center Honors en 1978, la Medalla Nacional de las Artes en 1986 y un Grammy Lifetime Achievement Award en 1991.

Destacados

- Anderson demostró su talento vocal desde niña, pero su familia no podía permitirse pagar una formación formal. Desde los seis años, recibió clases en el coro de la Iglesia Bautista de la Unión, donde cantaba partes escritas para voces de bajo, alto, tenor y soprano.
- El 7 de enero de 1955 se convirtió en la primera cantante afroamericana en actuar como miembro de la Ópera Metropolitana de Nueva York.

- En 1977, su 75º cumpleaños se celebró con un concierto de gala en el Carnegie Hall.
- Entre sus innumerables honores y premios se encuentran la Medalla Nacional de las Artes en 1986 y el Premio Grammy a la Trayectoria de la industria musical estadounidense en 1991.

4. Maya Angelou (1928-2014)
Poeta, dramaturgo e intérprete afroamericano

"He *aprendido que la gente olvidará lo que dijiste, la gente olvidará lo que hiciste, pero la gente nunca olvidará cómo les hiciste sentir.* "

Maya Angelou, originalmente Margueritte Johnson (Saint Louis, Missouri, 4 de abril de 1928 - Winston-Salem, Carolina del Norte, 28 de mayo de 2014), fue una escritora, creadora, bailarina, activista cultural y activista estadounidense. Actuó, escribió y produjo películas, bandas sonoras y registras.

Angelou dio a conocer su primer libro *"Sé por qué canta el pájaro enjaulado"*, en el que describía su tumultuosa vida en la región de Estados Unidos y, más tarde, en California. Este bestseller fue publicado. En su novela autobiográfica se muestra una mujer afrikáans-americana, enérgica y entusiasta (oprobiosa), que se siente atraída por la vida. En su juventud, se vio obligado a abandonar, y este hecho se refleja en sus libros. Su libro *Just give me a cool drink of water 'fore I die (Dame un trago de agua fresca antes de morir) fue galardonado con* el premio Pulitzer. Por el libro de audio *Una canción lanzada al cielo* recibió un Grammy en 2003. También recibió un Grammy en 1993 y 1995.

En 1981 se convirtió en un activista de la lucha contra el terrorismo en Winston-Salem. Se unió al Movimiento por los Derechos Civiles, donde trabajó con Martin Luther King y Malcolm X.

Se ha hecho presente en los actos oficiales del gobierno de los Estados Unidos. Durante la toma de posesión del presidente Clinton, publicó su libro *"On the Pulse of Morning"*. En junio de 1995 publicó su libro *Una verdad valiente y sorprendente* para el aniversario del 50 aniversario de las Naciones Unidas. En 2013 publicó en un vídeo del Departamento de Estado de los Estados Unidos el libro *His day is gone*, sobre la vida de Nelson Mandela.

En 2000 recibió la Medalla Nacional de las Artes. En 2010 recibió la Medalla Presidencial de la Libertad. Es doctor en el Smith College, la Universidad de Howard, la Universidad de Tufts, la Universidad del Sur de California, el Lafayette College, el Hope College y la Universidad de Illinois en Urbana-Champaign.

Destacados

- La poesía de Maya Angelou, recogida en volúmenes como Just Give Me a Cool Drink of Water 'fore I Diiie (1971), And Still I Rise (1978), Now Sheba Sings the Song (1987) y I Shall Not Be Moved (1990), se basó en gran medida en su historia personal, pero empleó los puntos de vista de varios personajes.
- También escribió un libro de meditaciones, Wouldn't Take Nothing for My Journey Now (1993), y libros infantiles como My Painted House, My Friendly Chicken and Me (1994), Life Doesn't Frighten Me (1998), y la serie Maya's World, que se publicó en 2004-05 y presentaba historias de niños de diversas partes del mundo.
- Celebró el 50º aniversario de las Naciones Unidas en el poema "A Brave and Startling Truth" (1995) y eligió a Nelson Mandela en el poema "His Day Is Done" (2013), encargado por el Departamento de Estado de Estados Unidos y publicado tras la muerte del líder sudafricano.
- En 2011 Angelou recibió la Medalla Presidencial de la Libertad.

5. Ellen Johnson Sirleaf (nacida en 1938)
La primera jefa de Estado elegida en África

> *"El tamaño de tus sueños siempre debe superar tu capacidad actual para alcanzarlos. Si tus sueños no te asustan, no son lo suficientemente grandes".*

Ellen Johnson Sirleaf (Monrovia, 29 de octubre de 1938) es una política liberiaense que, entre 2006 y 2018, fue la primera mujer presidenta de Liberia. También es el primer ciudadano de la historia que se convirtió en presidente de un país africano. En 2011 recibió, junto con Leymah Gbowee y Tawakkul Karman, el Premio Nobel de la Paz.

Johnson Sirleaf fue nombrado presidente de Liberia en 2005, en detrimento de su oponente George Weah. En 1997 se produjo la transición de Charles Taylor.

Sirleaf estudió de 1964 a 1971 contabilidad y economía en los Estados Unidos. A partir de 1972, se dedicó a diversos proyectos en su país y en las Naciones Unidas.

Familieachtergrond

321

Ellen Johnson nació en Monrovia, la capital de Liberia, en el seno de una familia de americanos-libertinos (extranjeros afroamericanos que, tras su llegada a Liberia, se convirtieron en esclavos). Ellen Johnson Sirleaf dijo también que se había convertido en una élite: "Si se establece una clase, los últimos años se han dedicado a la vivienda y a la integración social".

Su nombre étnico es ½ Gola de su padre y ¼ Duits (grootvader) y ¼ Kru (grootmoeder) de su madre.

Opleiding

De 1948 a 1955, Ellen Johnson estudió ciencias sociales y económicas en el College of West Africa de Monrovia. A los 17 años se reunió con James Sirleaf y en 1961 se trasladó a los Estados Unidos, donde se diplomó en la Universidad de Colorado. De 1969 a 1971 estudió en Harvard, donde obtuvo un máster en Administración Pública. A continuación, se marchó a Liberia y comenzó a trabajar para William Tolberts.

Inicio del bucle político

Sirleaf fue ministro adjunto de finanzas (1972-73) tras el mandato de William Tolbert y ministro de finanzas (1980-85) durante el régimen militar de Samuel Does. Tuvo relaciones con los dos estados: durante el mandato de Does, se mantuvo en el gobierno y se mantuvo sólo en el gobierno. En 1985, con el cambio de gobierno, se abrió la puerta de la administración y se convirtió en un gobierno de diez años, que se trasladó a Kenia. Los siguientes dos años trabajó y trabajó en Kenia y en los Estados Unidos, donde se convirtió en un economista de confianza para el Wereldbank, el Citibank y otras instituciones financieras. De 1992 a 1997 fue director del departamento "Afrika" del programa VN-Ontwikkelings.

El bucle político de la ciudad

Durante la guerra, Liberia se vio envuelta en un constante conflicto. El presidente Samuel Doe fue derrocado y varios grupos rebeldes se disputaron el control del país. Al principio, el grupo rebelde de Sirleaf ayudó a crear fondos, pero más tarde, se negó a aceptarlos. En 1996, los militares afganos se unieron a la oposición y Sirleaf viajó a Liberia para apoyar a Taylor en su lucha por la presidencia. Se convirtió en el segundo y debe ser el primero en llegar a su destino, ya que se le ha pedido que lo haga.

En 1999, Liberia se convirtió en un burgués y se anunciaron las razones por las que Taylor había entrado en la guerra y se había comprometido a participar en la guerra de Sierra Leona. Fue condenado por las Naciones Unidas a una pena de prisión y en 2003 se marchó a Nigeria. En esta ocasión, Sirleaf se encargó de la creación de la "Comisión de Buen Gobierno", que se encarga de las tareas de democratización en el país.

En 2005 se convirtió en presidente con sus principales objetivos: la eliminación de los conflictos y la corrupción, la creación de empleo y la construcción de infraestructuras. Su rival fue el ex futbolista George Weah, que ganó el 59% de los votos. El 23 de noviembre de 2005 se anunció que había ganado la presidencia y el 16 de enero se convirtió en presidente de Liberia, el primer estado africano de derecho.

Los esfuerzos de Sirleaf fueron inmensos. Los servicios públicos de Liberia eran mínimos, los servicios públicos, escolares y médicos no funcionaban bien y había muchas ganas de trabajar como consecuencia de la crisis económica. Ellen Johnson Sirleaf invirtió mucho en el desarrollo, entre otras cosas, para que la norma y las reglas fueran respetadas. Ante el hecho de que todos los trabajadores se convirtieran en voluntarios, dijo: "No, el mundo tiene que ser mejor, más transparente y más productivo. Una mujer debe tener una dimensión adicional en su vida, por ejemplo, un sentido de la vida para el hombre. Esto es lo que hace la madre". En mayo de 2012, un periodista de The Guardian informó a Ellen Johnson Sirleaf sobre su visión de la violencia contra los homosexuales. En Liberia, las agresiones contra los homosexuales pueden ser resueltas hace un año, pero según Sirleaf, la situación no es reciente. El hecho de que en Liberia se puedan aplicar las leyes de homosexuales es una opción tradicional que se ha mantenido en pie.

En enero de 2018, George Weah se hizo cargo de la presidencia durante medio año.

Onderscheidingen

1988: Premio Cuatro Libertades a la libertad de expresión

2012: eredoctora de la Universidad de Tilburg.

Destacados

- Con más de 15.000 soldados de las Naciones Unidas en el país y una tasa de desempleo del 80%, Johnson Sirleaf se enfrentó a graves problemas.
- A finales de 2010, la totalidad de la deuda de Liberia se había borrado, y Johnson Sirleaf había conseguido millones de dólares de inversión extranjera en el país.
- Aunque Johnson Sirleaf fue reelegida con algo más del 90% de los votos, su victoria se vio empañada por la retirada de Tubman y la escasa participación de los votantes, que fue menos de la mitad que en la primera vuelta.
- Johnson Sirleaf fue una de las tres galardonadas, junto con Leymah Gbowee y Tawakkul Karmān, con el Premio Nobel de la Paz 2011 por sus esfuerzos en favor de los derechos de la mujer.

6. Coretta Scott King (1927-2006)

Autor estadounidense y líder del movimiento por los derechos civiles

Coretta Scott King (Marion (Alabama), 27 de abril de 1927 - Rosarito (México), 30 de enero de 2006) fue una activista estadounidense. Al igual que su hombre y muchos otros, como Mahalia Jackson y Rosa Parks, también se comprometió con los derechos de la comunidad negra. Sin embargo, se ha convertido en un defensor de los derechos humanos en todo el mundo. Protestó contra el régimen estadounidense del apartheid en el sur de África y se enfrentó al régimen iraquí. Fue el esposo del famoso predicador estadounidense Martin Luther King y líder de la lucha contra la pobreza en Estados Unidos. Tras su muerte, su obra fue realizada por el *Centro Martin Luther King Jr. para el Cambio Social* de Atlanta.

En agosto de 2005, se le concedió una licencia de conducir y un contrato de arrendamiento. Coretta Scott King comenzó el año 2006 con 78 años de edad y murió el 7 de febrero. El 15 de mayo de 2007, Yolanda King, una de sus cuatro hijas, falleció en una fiesta en Santa Mónica a los 51 años de edad.

Coretta Scott King fue, desde 1995, una estricta veganista.

Onderscheidingen

En 1983, recibió el Premio Cuatro Libertades a la Seguridad de los Ciudadanos.

Destacados

- Tras el asesinato del marido de Coretta Scott King en 1968 y la condena de James Earl Ray por el homicidio, continuó participando activamente en el movimiento por los derechos civiles.
- Fundó en Atlanta el Centro Martin Luther King, Jr. para el Cambio Social No Violento (comúnmente conocido como el Centro King), que fue dirigido a principios del siglo XXI por su hijo Dexter.
- Coretta Scott King escribió sus memorias, My Life with Martin Luther King, Jr. (1969), y editó, junto con su hijo Dexter, The Martin Luther King, Jr: Quotations from the Speeches, Essays, and Books of Martin Luther King, Jr. (1998).
- En 1969, Coretta Scott King creó un premio anual Coretta Scott King para honrar a un autor afroamericano de un texto destacado para niños, y en 1979 se añadió un premio similar para honrar a un ilustrador afroamericano destacado.

7. Hattie McDaniel (1895-1952)

La primera actriz afroamericana en ganar un Oscar

---

*"A ustedes, jóvenes que aspiran a triunfar en alguna línea
de esfuerzo, a pesar de los problemas que muchos de
nosotros hemos experimentado, permítanme decirles
esto: Todavía hay espacio en la cima".*

Hattie McDaniel (Wichita, 10 de junio de 1895 - Los Ángeles, 26 de
octubre de 1952) fue una actriz estadounidense. Fue la primera
afroamericana que ganó un Oscar.

Jeugdjaren

McDaniel nació en Wichita como hija de Henry McDaniel y Susan Holbert.
Su padre era un predicador y su madre una cantante de renombre. Su
abuelo era un esclavo que trabajaba como cocinero en Virginia. En ese
momento, McDaniels nació como padre de familia. Trabaja en la industria
americana.

McDaniel era el mayor de sus hijos. En 1910, recibió una medalla por un juego que había escrito. A continuación, se dio cuenta de que quería ser animador. Dejó de ir a la escuela y se reunió con un grupo de artistas, que estaba encabezado por su padre y dos de sus hermanos, Otis y Sam. En 1916, cuando Otis fue derrotado, dejó de actuar. Hasta 1920 no volvió a trabajar como animador.

Carrière

McDaniel fue una de las primeras mujeres que trabajaron en la radio. En 1925 se incorporó a una emisora de radio de Denver: KOA. Aunque también escribió canciones, también las cantó. Ha sido editada y puede ser utilizada en los teatros de las grandes ciudades.

En 1931 llegó a Los Ángeles, donde se reunieron un par de hermanos y amigos. Allí no pudo trabajar en la industria del cine, por lo que se dedicó a trabajar como actor y como cocinero. Su hermano Sam trabajó para un programa de radio con el título *La hora optimista de los locos* y se encargó de crear su propio programa.

Desde 1932, McDaniel ha hecho pequeños papeles en películas. En esta ocasión, participó en una película o en un concurso en una sala de cine. Se le ha reconocido por haber actuado una y otra vez en una película, pero ya no lo ha hecho: "Yo no hablo de un día de fiesta, pero sí de un día de trabajo".

Su primer papel en una película fue en 1934. Actuó en *Judge Priest*, dirigida por John Ford. Se hizo muy amigo de los más grandes, como Joan Crawford, Bette Davis, Shirley Temple, Henry Fonda, Ronald Reagan, Olivia de Havilland y Clark Gable.

Lo que el viento se llevó

McDaniel fue muy popular como actriz a pesar de que la crítica de su papel era muy fuerte y de que también se le criticaba por su actitud racista. Sin embargo, en 1939 recibió un Oscar a la mejor actriz por su participación en una de las películas más populares de la época: *Lo que el viento se llevó*. Fue la primera afroamericana que ganó un Oscar. Muchos hombres se unieron a él. Sin embargo, McDaniel no fue elegida para participar en una película tan importante. Creemos que no fue un éxito.

Durante el estreno de "*Lo que el viento se llevó*", McDaniel no se sintió cómodo. Dijo que el director de la película, Victor Fleming, era bueno, pero que no se había dado cuenta de que era racista. Cuando Clark Gable se puso de acuerdo, tuvo que hacer su trabajo, con mucho éxito.

Todos los argumentos de McDaniel sobre el racismo hicieron que su carrera se convirtiera en un fracaso. Su última película se estrenó en 1949. Sin embargo, no dejó de actuar en la radio y en la televisión.

McDaniel tiene dos estrellas en el Paseo de la Fama de Hollywood: una por su trabajo en la radio y otra por sus películas. El 29 de enero de 2006 también se publicó un post con su imagen.

El tiempo de la persona

McDaniel estuvo trabajando durante cuatro años. En 1922 se reunió con George Langford, quien se quedó en la calle con una pistola para hacer su trabajo. En 1938 se reunió con Howard Hickman. De 1941 a 1945, James Lloyd Crawford se convirtió en su sucesor. De 1949 a 1950, fue el fundador de Larry Williams.

En 1945, a través de la columnista Hedda Hopper, se enteró de que estaba de vacaciones. Estaba muy orgullosa y se encontraba con los amigos de su clase. Se le escapó un cambio de rumbo y se deprimió.

Dood

McDaniel falleció el 26 de octubre de 1952 con 57 años de edad en Woodland Hills a causa de un accidente. Fue su primera muerte en el cementerio de Hollywood, pero su vida fue cambiada por su madre. Por ello, se grabó en el cementerio de Angelus-Rosedale, su segundo lugar.

Cuando en 1999 el Cementerio de Hollywood (en la actualidad el Cementerio Hollywood Forever) se convirtió en un nuevo propietario, se dirigió a la casa de McDaniels. Cuando su familia no se enteró de la existencia de su obra, se retiró del lugar. En este caso, la plaza de la abuela se ha llenado de un cenotafio. Se trata de un lugar muy agradable.

Destacados

- Hattie McDaniel dejó la escuela en 1910 para convertirse en intérprete de varios grupos de juglares ambulantes y más tarde se convirtió en una de las primeras mujeres negras en emitir por la radio estadounidense.
- Actuó en un club durante más de un año hasta que se marchó a Los Ángeles, donde su hermano le encontró un pequeño papel en un programa de radio local, The Optimistic Do-Nuts; conocida como Hi-Hat Hattie, Hattie McDaniel se convirtió en poco tiempo en la principal atracción del programa.
- Dos años después de su debut en el cine, en 1932, Hattie McDaniel consiguió su primer papel importante en Judge Priest (1934), de John Ford, en la que tuvo la oportunidad de cantar a dúo con el humorista Will Rogers.
- El papel de Hattie McDaniel como una feliz sirvienta sureña en El pequeño coronel (1935) la convirtió en una figura controvertida en la comunidad negra liberal, que pretendía acabar con los estereotipos de Hollywood.

8. Fannie Lou Hamer (1917-1977)

Activista estadounidense de los derechos civiles

"Cuando me libero, libero a los demás. Si no hablas, nadie va a hablar por ti. "

Fannie Lou Hamer, nacida **Fannie Lou Townsend**, (Montgomery County (Mississippi), 6 de octubre de 1917 - Mound Bayou, 14 de mayo de 1977) fue una activista estadounidense por la defensa de los derechos humanos de los afroamericanos. Tiene un gran reconocimiento por su participación en la Convención Nacional Demócrata de 1964, en la que denunció el racismo y la discriminación a la que se enfrentó cuando se registró para poder luchar contra ellos. Debido a su lucha constante por los derechos humanos y de las mujeres, también se unió al *feminismo negro*.

Jonge jaren

Hamer nació en el condado de Montgomery, en el estado de Mississippi, como hijo de un matrimonio con dos hijos. En 1919 se trasladó al condado de Sunflower, donde su padre, James Lee Townsend, y su madre, Lou

Ella Bramlett Townsend, trabajaban como aparceros en una plantación de cereales. El padre de Hamers trabajaba entonces como predicador en una iglesia bautista y su madre como directora. Soms hielp haar moeder bij de slacht van varkens, waarvan ze een deel mee kreeg als eten voor het gezin. El niño estaba en un armario exterior situado en la parte inferior de la casa, con un piso de madera, en el que se había colocado una cama de grasa de cerdo y de maíz. No había ningún retrete que funcionara ni agua corriente. Fannie Lou recordaba que había pasado por su primera escuela y que había pasado mucho tiempo. Siempre se le ha dado un toque a su vida cotidiana. También se vio afectado por la poliomielitis, que le hizo perder su vida. Hamer calificó su juventud más tarde como "peor que dura".

En su día, Hamer comenzó a trabajar en la plantación. La forma en que se le dio la bienvenida, le hizo ver que su lote también estaba en peligro. Cuando se puso a jugar con él, el dueño de la casa se puso a trabajar. Se llevó a la joven Hamer y le dio una gran cantidad de alimentos y comida, ya que se le había dado una gran importancia a los animales. Durante una semana, se quedó sin nada y se quedó sin su alojamiento. Nos dimos cuenta de que esta tarea era necesaria para que los niños pudieran trabajar en la plantación y no tuvieran que volver a la vida cotidiana debido a la falta de energía y a la escasez de agua.

Desde su trabajo en la plantación, Hamer se dedicó en principio a la enseñanza, de diciembre a marzo. Tuvo un buen comienzo en la escuela y leyó muy bien. Se le notaba que sabía deletrear y se interesaba por la poesía. En la segunda mitad de su vida, su escuela debe ser el resultado de la situación económica.

Tenían una madre muy buena, que a menudo hacía que sus hijos tuvieran que pagar por su trabajo. También se preocupan por el dinero que gastan en material para comprar la comida de sus hijos. Fannie Lou se preguntaba cómo había llegado su madre a la tierra. En un momento en el que no se sabe en qué condiciones se vive, cuando los hombres ingeniosos viven en un entorno de trabajo, de hambre y de otras condiciones de vida, Fannie Lou se fue con su madre un día en el que no estaba. Fannie Lou le pidió que se respetara a sí misma como mujer negra, y le dijo que si se respetaba a sí misma y a los demás, también se respetaría a sí misma. Hamer se inspiró más tarde en la combinación de auto-oferta y auto-respeto de su madre para la posición y el desarrollo de la población afro-americana.

Formación y capacitación de personal

Hamer era una mujer joven, y su nombre en Bijbelstudies le hizo ver que su trabajo en el campo de la educación era más que una escuela. Cuando W.D. Marlow, el propietario de una plantación en Ruleville, le dijo a Hamer que podía aprender y escribir, en 1944 le dio la oportunidad de trabajar como aparcero y escritor en su plantación. No es posible que trabaje en esta plantación y que su compañero, Perry Hamer, se haya unido a ella. Perry, llamado por Hamer "Pap", trabajó en 1932 en esta plantación en la escoria como aparcero, tractorista y monitor. En aquel entonces, fundó un local de música en el que los aparceros negros se reunían para bailar, beber y escuchar música. Aquí es donde Fannie Lou se encuentra con Perry. Si bien Fannie Lou no se ha dado cuenta por sí misma de la situación, hay testimonios que demuestran que Fannie Lou estaba muy ocupada y que la relación con Perry era muy positiva. Es evidente que Fannie Lou y Perry se enfrentaron en 1945. Fannie Lou se convirtió en una mujer de negocios muy peligrosa, y fue respetada tanto por los terratenientes como por los aparceros. A partir de 1951, la madre de Hamer, Lou Ella, se unió a Fannie Lou y Perry, y en 1961 murió.

Después de que los hijos de Fannie Lou y Perry se perdieran, en 1954 adoptaron a sus dos hijas, Dorothy Jean, de 9 años, y Virgie Ree, de siete. Las familias de los dos hijos se benefician de la ayuda de sus padres, mientras que Virgie Ree se encarga de los gastos de la marca. En 1961, Hamer se sometió a una pequeña operación para eliminar sus huellas dactilares y su tensión. Este "procedimiento", que se conoce como "operación a ciegas de Mississippi", se aplicó a unos 6 de los 10 hombres negros que se encontraban en la escuela del condado de North Sunflower. Para Hamer, esta fue una ayuda importante para que la publicidad se hiciera cargo de los derechos de la población afroamericana.

La madre de los hijos adoptivos se dio cuenta de que había creado dos hijos en el mundo, y su hombre se quedó con el Vietnamo. En 1969, Fannie Lou y Perry también adoptaron a estos dos niños.

Primer paso para el registro de la madre

En agosto de 1962, Hamer participó en un mitin sobre las protestas que el Comité Coordinador Estudiantil No Violento (SNCC), con James Forman, llevó a cabo en una iglesia de Ruleville. En ese momento, Hamer, que ya era un veterano, no se dio cuenta de que el grupo negro también tenía derecho a participar. En cuanto a la pregunta de si el próximo día se puede registrar, se le pide que lo haga. Teníamos la certeza de que esto era una consecuencia y que en el último momento no se había producido ningún cambio en la vida, pero teníamos la certeza de que durante toda nuestra vida habíamos tenido una vida más fuerte. También se le exigió el cumplimiento de la armoedura y de la ley para que el sufrimiento de los negros fuera respetado, y se le obligó a buscar a personas que no estuvieran en la misma situación a través de su madre.

El día anterior, el 31 de agosto de 1962, subieron junto con otros 70 a un autobús para ir a Indianola, la capital del condado, a fin de inscribirse para el examen de alfabetización. Todo el grupo se apuntó a la prueba de alfabetización. En el camino, el conductor del autobús se puso en marcha para que el recorrido del autobús hasta la salida de los agentes se realizara en el autobús escolar, lo que hizo que la llegada fuera inevitable. Además, el uso del transporte de los niños no ha supuesto ningún problema. El chófer cobra un billete de 100 dólares, pero no lo puede pagar. La empresa de alquiler de coches no ha hecho nada de lo que se le ha pedido, pero ha tenido la misma suerte. Para que los agentes no se dieran cuenta de que todo el grupo había sido detenido, el bote fue enviado a 30 dólares, lo que los guardianes pagaron.

En el momento de la muerte, Hamer le dijo a Marlow que debía registrarse, ya que Mississippi no había dejado de ser un ejemplo de que la comunidad negra estaba en peligro. Ze reageerde met: "No fui a registrarme *por ti. Bajé a registrarme por mí mismo.* " (No he bajado a registrarme *por ti. Ik ging er voor mijzelf heen om te registreren.*) Estos colores no se pueden ver en los discursos. Marlow se llevó a Hamer directamente a su casa, después de haber pasado diez años en el campo. Como era muy conocido por las represalias de los habitantes de la zona, se acercó a sus amigos para visitarlos. Diez días más tarde, se produjo un retorno de los kogels en la escalera, y también se abrió otra casa en Ruleville. En la actualidad, se encuentra en otras direcciones.

Secretaria de campo y hechtenis

En enero de 1963, Hamer se sometió a un examen de alfabetización, en el que se convirtió en un líder reconocido. Trabajó como *secretario de campo* en el SNCC. Además, participó en un curso sobre registros de vástagos, que fue impartido por Annell Ponder, *supervisora de campo de la Conferencia de* Liderazgo Cristiano del Sur (SCLC). El 3 de junio de este año se reunió en autobús con un grupo de Charleston para impartir un curso de formación a los miembros de las asociaciones de padres. En esta ocasión se trataron temas específicos del proceso, como la prueba de alfabetización.

El 9 de junio, en la noche, el barrio se quedó sin su sitio. Esto se debe a que el conductor del autobús se ha quedado en un pequeño lugar para llamar por teléfono. El grupo se detuvo por un momento en una reunión. A pesar de la hora de la parada, algunas mujeres, entre ellas Hamer, se han subido al autobús. Los grupos que se unieron en el interior del país no se conformaron con la necesidad de hacer frente a la confrontación social; en el segundo caso, controlaron el cuerpo de la Comisión de Comercio Interestatal en las terminales de autobuses. Ponder estuvo a la cabeza de la lucha contra el racismo y, mientras tanto, se le pidió que sirviera a los ciudadanos para que se les diera una solución. Un agente político y un *patrullero de la carretera se unen a* él. Para que no se apliquen los nuevos reglamentos, los miembros del grupo han de tener en cuenta sus identidades y sus conocimientos. Cuando los miembros de la comunidad se dan cuenta de ello, se les hace un seguimiento. El grupo que me llevó al interior fue el que más se preocupó. Hamer se había quedado con el grupo, y en el momento de la detención estaba en el autobús. Después de que los miembros del grupo se reunieran con él, Hamer salió del autobús para ir a buscar a las personas que estaban en el autobús para que se quedaran con los demás. También en este caso, el equipo se ha puesto en marcha.

El grupo se trasladó a la ciudad de Winona. Esto es lo que Hamer hizo después del momento más duro de su vida. Los grupos se han ido cambiando de uno a otro en el tiempo. Los agentes han hecho que otras personas de raza negra se unan a Hamer para matarlo y para que se lo lleven. En el momento de la intervención, la ropa y la alfombra estaban tan sucias que no se podían mover. Por lo tanto, se le puede llevar la mano a través de las viviendas y se le puede dar la vuelta.

El 11 de junio, todos los miembros de la comunidad de Winona se reunieron en el banco. El 13 de junio, el grupo se reunió con los miembros del SNCC y del SCLC, entre ellos Andrew Young. El grupo se unió a tres acontecimientos importantes en la historia de la lucha contra la pobreza en los Estados Unidos: la acción "Stand in the Schoolhouse Door", el 11 de junio a las 200 millas de Winona, y la intervención en la radio y la

televisión el mismo día que el presidente estadounidense John F.
Kennedy, en la que se atacó al grupo. Kennedy, en el que los activistas
de la lucha contra la pobreza le dieron la espalda, y la muerte del activista
estudiantil Medgar Evers el 12 de junio, a menos de 100 millas de
Winona.

Hamer fue directamente a una escuela de enseñanza secundaria en
Greenwood. Sus preocupaciones fueron tan intensas que se fue (por
cuenta de la SCLC) a una escuela en Atlanta. Aquí pasó varias semanas.
Una vez a la semana, no se pone en contacto con sus familiares y
amigos, ya que los que no se han reunido con ellos por culpa de los
malos tratos se han enfrentado a ellos. Enkel haar zus Laura kreeg haar
in deze tijd te zien; zij vertelde later dat ze Fannie Lou nauwelijks
herkende. Hamer no es capaz de entender la realidad.

En la búsqueda de los agentes se encuentran todos los siete jefes de la
policía, los agentes del FBI comprometidos y las dos personas que han
sido arrestadas. Un abogado explica su investigación sobre el asesinato
de Hamer y Ponder. Los agentes comprometidos han sido rechazados. El
jurado está compuesto en su totalidad por hombres de confianza de
Mississippi.

Democratische Nationale Conventie (1964)

En 1964, Hamer, junto con Ella Baker y Bob Moses, fundó el Mississippi
Freedom Democratic Party (MFDP). En mayo, se convirtió en el primer
ciudadano afroamericano de Mississippi en ser elegido para el Congreso
de los Estados Unidos. Como líder del partido, participó en agosto de ese
año en la Convención Nacional Demócrata en Atlantic City (Nueva
Jersey), una convención que se retransmitió en directo por televisión y en
la que también participó Martin Luther King. El motivo de la protesta fue la
petición de una delegación de Misisipi más justa, con la idea de que la
discriminación continuada de la mayoría de la población no era
representativa del pueblo de Misisipi. Cuando Hamer comenzó a hablar,
los medios de comunicación se dieron cuenta de que el presidente
Lyndon B. Johnson había convocado una conferencia en ese momento.
Cuando los medios de comunicación se dieron cuenta de que el nuevo
vicepresidente iba a ser nombrado, lo enviaron directamente a la Casa de
la Moneda en Washington D.C. En la conferencia, Johnson también se
refirió al hecho de que los hombres no se habían enfrentado al presidente
Kennedy. Una de las preguntas más frecuentes fue para el gobernador

John Connally, que fue nombrado durante la conferencia, pero que fue rechazado como gobernador. Cuando la conferencia se llevó a cabo, Hamer también se reunió con su equipo. Gracias a este intercambio y a la ayuda de los medios de comunicación para una conferencia, el presidente se ha dado cuenta de la importancia de la ayuda de Hamer. Los medios de comunicación han visto a Hamers más allá del horario de máxima audiencia y de los problemas más graves, por lo que se ha pedido más ayuda para su trabajo.

Hamer se emocionó al ver que su familia y otras que se registraron de forma salvaje se habían quedado atrás:

Todo esto es a causa de que queremos registrarnos, ser ciudadanos de primera clase. Y si el Partido Democrático de la Libertad no está sentado ahora, cuestiono a América. ¿Es esta América, la tierra de la libertad y el hogar de los valientes, donde tenemos que dormir con nuestros teléfonos descolgados porque nuestras vidas son amenazadas diariamente, porque queremos vivir como seres humanos decentes, en América?
Gracias.

(Vertaling: Esto es sólo para que podamos dormir con los teléfonos descolgados, para vivir como seres humanos decentes, en Estados Unidos. Dado que el Partido de la Libertad de Expresión de la Democracia no es un problema, me gustaría hablar de América. ¿Es esta América, la tierra de los hombres fuertes y felices, donde debemos llamar por teléfono para que nuestra vida se convierta en algo normal y nosotros, como hombres gordos, vivamos en América?
Gracias).

Latere jaren

En 1965, Hamer, como asesor de un tribunal, dijo que el Amerikaanse Hof van Beroep, para el 5º circuito, había decidido que los eventos locales en Moorhead y Sunflower se habían convertido en el tercer año, y que se había creado una parte sustancial de la producción de cerveza negra.

De 1968 a 1971, Hamer fue líder del Comité Nacional Democrático. En 1969 fundó la Freedom Farms Corporation. Hamer se dio cuenta de que la entrega de bonos, dinero o dinero no era más que una pérdida de tiempo, ya que las fuerzas armadas seguían en peligro de extinción. En un viaje a África, Hamer fue apoyado por muchos hombres (negros) que apoyaron su propia lucha. La *Granja de la Libertad* hace que la gente se sienta cómoda con su propia vida. La granja cuenta con más de 650 niños.

En 1971, Hamer fue presidenta del Caucus Político Nacional de Mujeres (NWPC). En la conferencia de opinión, Hamer patrocinó su campaña de promoción para la Cámara de Senadores de Mississippi; el NWPC se asoció con una activista sudafricana. Varias mujeres blancas le dijeron a Hamer que se había comprometido con el NWPC, ya que consideraban que la organización de las mujeres blancas tenía más peso que Hamer.

Hamer se unió al Consejo Nacional de Mujeres Negras y a diversas organizaciones de la sociedad civil para reforzar la posición de las minorías étnicas. Esta organización fundó en 1970 el *Centro de Atención Diurna Fannie Lou Hamer*, del que Hamer era presidenta. Se hicieron diversas actividades, en las que se hizo la mayor parte del trabajo. También se dirigió, cuando ya estaba muy cansada, al banco de derechos para que le diera la bienvenida a todos los niños, que como "último recurso" no podían entrar en las escuelas abiertas.

Hamer era obeso y tenía una gran hinchazón. También se le diagnosticó un cáncer de pulmón, por lo que el 14 de mayo de 1977 se le diagnosticó un cáncer de pulmón.

Eerbetoon y nagedachtenis

Durante su vida, Hamer se convirtió en doctora en varios institutos y universidades. En 1993, Hamer fue incluida en el Salón Nacional de la Fama de las Mujeres de Estados Unidos. En Ruleville, donde se encuentra su sede, hay un monumento a su memoria. Su grafismo dice "*I am sick and tired of being sick and tired*" (*Estoy harta de estar harta)*, una frase que Hamer ya había pronunciado en su vida.

Destacados

- Fannie Lou Hamer, de soltera Townsend, era la menor de 20 hijos, Fannie Lou trabajaba en los campos con sus padres aparceros a la edad de seis años.
- En medio de la pobreza y la explotación racial, sólo recibió una educación de sexto grado.

- Despedida por su intento de registrarse para votar (Fannie Lou Hamer no superó la prueba de alfabetización), se convirtió en secretaria de campo del SNCC; Fannie Lou Hamer finalmente se registró como votante en 1963.
- En 1964, Hamer cofundó y se convirtió en vicepresidente del Mississippi Freedom Democratic Party (MFDP), creado tras los infructuosos intentos de los afroamericanos de trabajar con el Mississippi Democratic Party, totalmente blanco y favorable a la segregación.
- Como miembro del Comité Nacional Demócrata de Misisipi (1968-71) y del Consejo Político del Grupo Nacional de Mujeres Políticas (1971-77), Hamer se opuso activamente a la guerra de Vietnam y trabajó para mejorar las condiciones económicas de Misisipi.

9. Wangari Maathai (1940-2011)
Político y activista medioambiental keniano

"La generación que destruye el medio ambiente no es la que paga el precio. Ese es el problema".

La Dra. **Wangari Muta Maathai** (Ihithe (Nyeri), 1 de abril de 1940 - Nairobi, 25 de septiembre de 2011) fue una activista medioambiental y política keniana. Fundó la organización ecologista Green Belt Movement, fue miembro del Parlamento en 2003-2005 y fue ministro de Medio Ambiente y Recursos Naturales. En 2004, recibió el Premio Nobel de la Libertad como primer ciudadano africano por su compromiso con el desarrollo sostenible, la democracia y la libertad.

Jeugd

Maathai nació en el distrito de Nyeri y se unió a los kikuyu, uno de los grupos étnicos más importantes de África: *A Memoir describe* cómo era la vida de los kikuyu antes de que nacieran los británicos y cómo se transformó en su hogar. Así pues, se puede ver que los kikuyu se han unido al pueblo de los cristianos occidentales y que Dios está en el monte Kirinyaga, que más tarde los británicos convirtieron en el monte Kenia. Una de las mayores montañas de África era también un lugar muy

sagrado para los diferentes pueblos que viven en ella. Entre todo lo que los Kikuyu hicieron, se dirigieron a la montaña sagrada: "cuando la montaña estaba allí, sabían que Dios estaba con ella y que sus necesidades estaban cubiertas".
 Con la ayuda de Britten, muchos de los rituales y las canciones han sido modificados y el cristianismo se ha convertido en una parte importante de la vida de los Kikuyu. Pero no sólo el geloof veranderde onder invloed van de westerlingen; ook werd bijvoorbeeld, in plaats van de geiten, mburi, waar de Kikuyu's normaal in handelden, geld al standaard handelsmiddel ingevoerd.

En los primeros años de la vida de Maathai, los kikuyu se vieron obligados a hacer mucho. El padre de Maathai se dirigió a *"los hombres de la primera generación de Kenia que se quedaron sin casa y sin dinero para buscarlo y ganarlo"*. Se dirigió a la casa de un pionero blanco. El padre de Maathai tenía en total cuatro hijos y diez nietos. Tenía su propia casa en el terreno, que era *"el hogar de los hombres, los jóvenes y los trabajadores"*. También sus cuatro hijos, entre los que se encontraba la madre de Maathai, tenían su propia casa, en la que vivían las mujeres y sus hijos.

En su autobiografía, Maathai también describe su relación con su padre y su madre. Explica que su padre fue siempre la figura dominante en su familia y que, al igual que sus hermanos y compañeros, se siente muy identificado con su padre. Tampoco tiene ningún interés personal en su padre. Junto con su madre, ha creado una banda de música. En su autobiografía, Maathai describe a su madre como una gran trabajadora, muy amable y muy fuerte, y "muy buena". Durante su juventud, Maathai fue un lector muy inteligente. Era fantástico que leyera y escribiera. Además, se sentía muy orgulloso de la naturaleza; tenía su propia casa para ir de un lado a otro hasta las plantas más hermosas, y se encontraba muy a gusto con los jefes.

Onderwijs

Hace un par de años, su madre se fue a estudiar a Santa Cecilia, una interna de la Misión Católica de Hungría. El objetivo de Santa Cecilia era la educación del cristianismo y la salida de los hijos a la calle, pero Maathai no lo había hecho antes. Se ha centrado en su visión de la vida, ya que las opiniones de los internautas sobre sus "espartaquistas" no se han tenido en cuenta. No era tan fácil de leer y, además, tenía que hacer amigos para su vida.

Pero también había más cosas divertidas en el interior del país; así, los lectores sólo podían practicar el inglés y, si lo hacían en su país, lo hacían de forma artesanal. Por lo tanto, no sólo se trata de que su idioma y su cultura sean más importantes, sino que también existe un gran vínculo entre los lectores y sus padres. Para Maathai, esto es algo que no se ha hecho, ya que no se ha hecho nada para que el kikuyu se practique.
 Cuando Maathai entró en el país, se enfrentó a la oposición Mau Mau contra la presión británica: el movimiento se produjo a partir de los líderes de las comunidades Kikuyu, Meru y Embu que fueron expulsados por los británicos. Maathai no se ha ocupado mucho del conflicto, pero en el interior del país, los lectores están muy convencidos de que el Mau Mau es un movimiento de resistencia. Maathai dijo que, cuando se le pidió que se retirara de la sala de reuniones de la Cámara de Representantes, se le pidió que se le diera la espalda a los líderes de los Mau Mau: "No creo que el movimiento de los Mau Mau esté a favor de nuestra seguridad".

En 1956, Maathai, la mejor de su clase, se sometió a un examen en St. En ese momento se incorporó a la Loreto Girls' High School en Limuru, cerca de Nairobi. En esta escuela, se le dio importancia a la educación. En 1959, la escuela se convirtió en un lugar de estudio. En ese momento, no se utilizó para nada; las personas que se encargaron de la supervisión de la escuela fueron las que se encargaron de los estudios.

Universidad

Cuando Kenia se enriqueció con la ayuda de la seguridad social, muchos hombres y mujeres se comprometieron a desempeñar funciones importantes en el gobierno y la administración. Por ello, muchos estudiantes se han convertido en un grupo que puede seguir trabajando en los Estados Unidos. También Maathai ha hecho una carrera. Se fue al Mount St.-Scholastica College de Atchison (Kansas). Allí cursó varias carreras, pero su especialidad era la biología. Maathai ha trabajado mucho en el Mount St. Scholastica College y tiene muchos amigos.

En 1964, Maathai comenzó a estudiar biología en la Universidad de Pittsburgh, después de haberse graduado en el campo de la medicina tradicional. Aquí, el prof. Charles Ralph le pidió que estudiara el idioma japonés, que más tarde se convertiría en su tesis doctoral, y Maathai dice en su autobiografía que ha aprendido mucho de los Estados Unidos: *"Me gusta la persona que he conocido. El país no me ha dado ninguna oportunidad de vivir y de hacer lo que se hace en él, y es mucho lo que hay que hacer". El sentimiento de libertad y de respeto que me produjo América, me hizo pensar que me iba a Kenia, y con este sentimiento me fui de la casa".*

Cuando Maathai comenzó su viaje en 1965, Kenia estuvo dos años en peligro, y el gobierno keniano buscó personas para que se quedaran de vacaciones. Maathai fue contratada por la Universidad de Nairobi, que la nombró asistente de un profesor de zoología.
 En 1966, se marchó por primera vez después de medio año a Kenia y a su familia. En ese momento, se da cuenta de que el profesor se ha convertido en otra persona: alguien de su propia etnia y origen. En Nairobi, Rheinhold Hofmann, un profesor de la Universidad de Giessen (Alemania), se dirigió a otra persona. Había abierto un departamento de Anatomía Veterinaria en la Facultad de Medicina de la Universidad de Nairobi y también tenía un ayudante en el campo de la microanatomía. Maathai también trabajó en la Universidad de Nairobi.
 Más tarde, también realizó una campaña de promoción en Alemania. Además, también se ha dedicado a la investigación.

Maathai estudió de 1966 a 1981 en la Universidad de Nairobi.

En 2001, James Gustave Speth, el director general del PNUD, le dio la oportunidad de participar en la Escuela de Ciencias Biológicas y de la Tierra de la Universidad de Yale. Junto con otra persona, se ha desarrollado un programa de formación sobre el desarrollo que se basa en el trabajo del Green Belt Movement. También ha participado en varios paneles sobre el medio ambiente, África y los derechos humanos.
 En 2004, Yale se convirtió en un doctorado en humanidades.

Huwelijk

En 1966, Maathai se reunió con el hombre con el que se encontraba: Mwangi Mathai. El hecho de que Maathai trabajara durante dos meses en Duitsland durante su viaje de estudios debería ser un motivo de preocupación, pero en mayo de 1969 se produjo un problema. En ese momento, Mwangi Mathai también fue designado para una comisión parlamentaria, y Maathai se quedó en el camino con su viaje y su lesión.

En su autobiografía, Maathai afirma que su hombre se arriesga a perder el control de su vida, ya que su hija es demasiado grande. Muchas personas creen que no son afrikáans. Sin embargo, Maathai se sintió atraído por el hecho de que no se había olvidado de su propia lengua y cultura, lo que hizo que muchos espectadores se sintieran atraídos por ellos: Waweru, Wanjira y Muta.Uiteindelijk hield het huwelijk toch geen stand, voornamelijk doordat Maathai zo'n succesvolle vrouw was. Mwangi se ha convertido en la primera vez que una mujer que se ha convertido en un hombre de la tierra se ha convertido en un hombre de la tierra. La búsqueda llevó a un gran rechazo, que Maathai aceptó. Por ello, no ha tenido más que un par de días de prisión para que se le deniegue el derecho a la corrupción. Además, no se ha dejado de lado a Mwangi, por lo que ha protestado y ha apoyado a Wangari Muta Maathai.

En su autobiografía, muestra que sus hijos han formado una buena banda con sus padres, lo que le hace muy feliz. Muchos hombres no creen que sus hijos se beneficien de su estatus de burgués.

Movimiento del Cinturón Verde

El Movimiento del Cinturón Verde es una organización medioambiental que se dedica a plantar árboles para que la gente pueda acceder a ellos. Maathai describe la idea así: "La plantación de *árboles es la plantación de ideas. Empezando por el simple acto de plantar un árbol, nos damos esperanza a nosotros mismos y a las generaciones futuras"*. Se trata, además, de una organización de voluntarios que busca la igualdad de las personas, la buena salud y la mejora democrática del medio ambiente. Su misión es poner en marcha proyectos en todo el mundo para mejorar el medio ambiente. Además, a través de la mejora del medio ambiente, explican las consecuencias de la gestión eficaz de los recursos naturales, como el agua, el desarrollo económico, la salud y la seguridad.

Ontstaan

Maathai agradece el apoyo del Movimiento del Cinturón Verde a varias organizaciones. En su autobiografía, dice: "*En el mundo entero, me he dado cuenta de que, como reacción a un problema real, he tenido que resolver lo que ya estaba previsto"*. Una gran ventaja es que ha sido elegida por los ciudadanos. Esto se debe a que trabajó en la Universidad de Nairobi. Cuando trabajó como asistente de zoología para el profesor, se enfrentó a la discriminación de las mujeres: el profesor dijo que siempre había sido un asistente personal. También en los años anteriores, Maathai dijo que los hombres y las mujeres no tenían los mismos derechos. Así, las pocas mujeres que trabajan en la universidad son más numerosas que sus compañeros de trabajo, y también reciben muchas más primas y beneficios. Maathai no se ha preocupado por dejar de lado su trabajo y por seguir adelante con la dirección, sino que se ha reunido con Verstistine Mbaya, una de sus compañeras de trabajo, para discutir sobre sus propios derechos. Maathai no se ha quedado atrás, ya que quiere que también otras mujeres se hagan cargo de sus propios derechos. Está comprometida con varias organizaciones, entre ellas la Asociación de Mujeres Universitarias de Kenia.

Además de su compromiso con los derechos humanos, Maathai también se comprometió con la naturaleza. En general, Maathai ha dejado claro que la naturaleza se ha perdido, y también que esto se ha convertido en algo importante. Hay mucha comida y alimentos en zonas que son muy vulnerables. Esto hace, entre otras cosas, que los agricultores estén dispuestos a utilizar sus propios productos, aunque sólo sea en forma de café y en el mercado internacional. Además, la marca de la empresa era muy escasa.
 Maathai dijo que el tema de la educación era un gran problema y que había muchas consecuencias. Así, muchas personas han hablado de la necesidad de salir a la calle para alimentarse o para hacer algo más. Maathai dice que *"todo lo que se refiere a la alimentación, se refiere al medio ambiente"*. Langzamerhand ha desarrollado la idea de plantar árboles. De este modo, los hombres no sólo se alimentan de la leche y de la leche para la alimentación, sino que también se ocupan de las aguas de los hombres, *"les dan el cuerpo en el suelo, y les dan de comer cuando están en mal estado"*. De este modo, se puede demostrar la vitalidad del oído.

Antes de que se iniciara el Movimiento del Cinturón Verde, se le encargaron otras tareas que no tuvieron tanto éxito como las que había conseguido. Por ello, se ha decidido por la empresa Envirocare Ltd., una empresa a la que acuden los ciudadanos del distrito de Mwangi para ayudar a los ciudadanos más desfavorecidos de esta zona. No se ha conseguido nada de esto, ya que el proyecto no ha funcionado bien.
 Sin embargo, ya no se ha hecho nada y ha comenzado una nueva andadura: Save the Land Harambee, una iniciativa de la Asociación de Voluntarios. Junto con otros kenianos, se plantarán árboles para proteger la tierra de las inundaciones. La iniciativa comenzó en 1977 con la

plantación de siete árboles, el comienzo del cinturón verde.
 También, Save the Land Harambee se ha sumado al Movimiento del
Cinturón Verde. Este nombre se debe a que los árboles, como un cinturón
verde, han sido utilizados por el cuerpo, el entorno y el paisaje.

Doel

El Movimiento del Cinturón Verde tiene varios objetivos. El primero de
ellos es el de la implantación de la red de carreteras y los problemas que
se plantean. Además, la organización se compromete a que las personas
que se encargan de esta tarea se den cuenta de que el país no se ha
visto afectado por la contaminación. Además, el Movimiento del Cinturón
Verde está dispuesto a crear sus propios intereses a través de la venta de
alimentos. Además, el movimiento de los ciudadanos sobre la recogida de
basura ha creado más de 3.000 puestos de trabajo a tiempo parcial.
Además, la organización se ha beneficiado de la libertad y la democracia.

Prestaties

Actualmente, el Movimiento del Cinturón Verde tiene más de un millón de
habitantes en toda África. Por lo tanto, se ha demostrado la existencia de
una gran cantidad de problemas con el agua, y los ciudadanos se han
visto obligados a pagar por ello. También las personas mayores con su
familia han sido seleccionadas para sus derechos y los de su comunidad.
Por ello, se trata de una vida agradable y productiva.

Sin embargo, no se han quedado atrás y se han dedicado al medio
ambiente y a los derechos humanos. Su objetivo para el desarrollo es
también la plantación de un millón de plantas en todo el mundo, además
de otras tierras que han sido creadas por iniciativa de Maathai y otras
organizaciones.

Vrouwenraad

Después de un par de años de actividad en el Consejo Nacional de Kenia,
Maathai se incorporó en 1979 a la organización para la defensa de los
derechos humanos. Se vio después con tres ramas, a raíz de una
estrategia étnica del presidente Danial arap Moi, que se basaba en la
participación de los kikuyu. El presidente Moi se dirige al pueblo kalenjin
y, entre otras cosas, quiere que el pueblo kikuyu se involucre. Además, se

le ha otorgado una responsabilidad excesiva como vicepresidenta, por lo
que ha sido la primera mediadora del presidente.
 Cuando Maathai se retiró en 1980, la lucha contra la pobreza fue mucho
más dura. Se han hecho muchas cosas en contra de él; con el nombre de
su obra, se ha hecho. Pero también se ha hecho para ganar la batalla.
Por ello, durante los últimos años, se convirtió en un líder, hasta que en
1987 se retiró del mercado.

Política

En 1982, Maathai se incorporó a la política y se convirtió en miembro de
la Unión Nacional Africana de Kenia (KANU), un partido muy importante.
Por lo tanto, tiene que abrirse paso en la universidad. Las autoridades han
decidido que no se puede hacer nada, por lo que no se puede pedir nada.
No obstante, ha sido un gran defensor de la Asociación Nacional de Kenia
y ha trabajado para el Movimiento del Cinturón Verde.
 El año pasado, Maathai estuvo muy vinculado a la creación del
Movimiento del Cinturón Verde, pero en 1997, durante el periodo de
transición, se vio obligado a cambiar su posición en el Parlamento por la
del Presidente. Maathai tuvo diez primeros partidos que la apoyaron. En
2002, Maathai se hizo con un puesto en el distrito de Tetu, en el condado
de Nyeri. En ese momento, ganó el mayor número de votos y se le
concedió el derecho a dirigir el distrito de Tetu para la NARC. En este
caso, el objetivo era ganar el premio.

En enero de 2003 fue nombrada Ministra de Medio Ambiente y Recursos
Naturales.

Nobelprijs

En 2004, Maathai fue galardonada con el Premio Nobel de la Paz por su
contribución al desarrollo, la democracia y la paz. Maathai ha promovido
su desarrollo social, económico y cultural de manera amistosa. Además,
ha destacado su labor contra el régimen de opresión ilegal en Kenia: *"Sus
singulares formas de actuación han contribuido a llamar la atención sobre
la opresión política, tanto a nivel nacional como internacional"*. Además,
ha sido y es una inspiración para otras mujeres, así como su compromiso
con un entorno mejor. No sólo sabemos que Maathai ha mejorado el
medio ambiente, sino que ha creado la base para una energía renovada.

Maathai es la primera mujer africana que ha recibido un Premio Nobel. También es la primera africana en la zona que separa el sur de África y Egipto que recibe este premio. También es un ejemplo para todos los africanos que desean un desarrollo sostenible, democracia y libertad.

Destacados

- El trabajo de Wangari Maathai a menudo se consideraba inoportuno y subversivo en su propio país, donde su franqueza constituía un paso más allá de los roles tradicionales de género.
- En 1971, Maathai se doctoró en la Universidad de Nairobi, convirtiéndose en la primera mujer de África Oriental o Central en obtener un doctorado.
- Mientras trabajaba con el Consejo Nacional de Mujeres de Kenia, Wangari Maathai desarrolló la idea de que las mujeres de las aldeas podían mejorar el medio ambiente plantando árboles para proporcionar una fuente de combustible y frenar los procesos de deforestación y desertificación.
- El Movimiento del Cinturón Verde, organización fundada por Wangari Maathai en 1977, había plantado a principios del siglo XXI unos 30 millones de árboles.
- Cuando Wangari Maathai ganó el Premio Nobel en 2004, el comité elogió su "enfoque holístico del desarrollo sostenible que abarca la democracia, los derechos humanos y los derechos de la mujer en particular".

10.   Shirley Chisholm (1924-2005)

La primera mujer afroamericana elegida para el Congreso de los Estados Unidos

"No se avanza quedándose al margen, lloriqueando y quejándose. Se avanza poniendo en práctica las ideas".

Shirley Anita St. Hill Chisholm (Nueva York, 30 de noviembre de 1924 - Ormond Beach, 1 de enero de 2005) fue en los Estados Unidos la primera parlamentaria federal afroamericana. De 1969 a 1982 se convirtió en demócrata de Brooklyn en la Casa de los Afroamericanos.

El 23 de enero de 1972 fue el primer candidato afroamericano a la presidencia de los Estados Unidos. Se le asignaron 152 puestos de trabajo. Se ha presentado la candidatura del senador George McGovern. Es miembro de diversos grupos étnicos y de la Organización Nacional de Mujeres (NOW). En mayo de 1972, llevó a cabo una investigación sobre el político racista George Wallace, antes de que fuera expulsado.

Chisholm se dedicó a la lucha contra la pobreza de los niños, las mujeres y los hombres, y a la lucha contra la pobreza de los afroamericanos. Se encargó del sistema político-jurídico y de controlar mejor el mundo del trabajo.

Desde 1949 hasta 1977 se reunió con Conrad Chisholm. Posteriormente, se reunió con Arthur Hardwick jr., que murió en 1986.

Destacados

- Shirley Anita St. Hill era hija de inmigrantes; su padre era de la Guayana Británica (ahora Guyana) y su madre de Barbados. Chisholm creció en Barbados y en su Brooklyn natal, Nueva York, y se graduó en el Brooklyn College (licenciada en 1946).
- Consultora de educación para la división de guarderías de la ciudad de Nueva York, Shirley Chisholm también participó activamente en grupos comunitarios y políticos, como la Asociación Nacional para el Progreso de las Personas de Color (NAACP) y el Club Democrático de Unidad de su distrito.
- En 1968 Chisholm fue elegida para la Cámara de Representantes de Estados Unidos. En el Congreso se dio a conocer rápidamente como una fuerte liberal que se oponía al desarrollo de armas y a la guerra de Vietnam y que estaba a favor de las propuestas de pleno empleo.
- Chisholm, fundadora del Caucus Político Nacional de Mujeres, apoyó la Enmienda de Igualdad de Derechos y legalizó el aborto a lo largo de su carrera en el Congreso, que duró de 1969 a 1983.

11. Mary McLeod Bethune (1875-1955)

Educadora que abrió una de las primeras escuelas para niñas afroamericanas

"Sin fe nada es posible. Con ella, nada es imposible".

Mary McLeod Bethune (10 de julio de 1875 - 18 de mayo de 1955) fue una escritora, investigadora y activista estadounidense. Fue conocida como directora de una escuela para estudiantes afroamericanos en Daytona Beach (Florida), directora de la Universidad Bethune-Cookman y asesora del presidente Franklin Delano Roosevelt.

Bethune nació en Carolina del Sur como hija de un esclavo normal. De joven, se dedicó a su propia profesión. Bethune fue, gracias a la dirección de algunos patrocinadores, a una escuela cristiana para adultos, con el fin de convertirse en misionera en África. Cuando esto no ocurrió, crearon su propia escuela para niños afroamericanos en Daytona Beach. La escuela creció fuertemente y se fusionó con una escuela de niños de la misma edad con la Escuela Bethune-Cookman. La calidad de la escuela superó el nivel de otras escuelas afroamericanas y mejoró el nivel de las

351

escuelas blancas. Mary McLeod Bethune hizo todo lo posible para que los fondos se hicieran realidad. Con su escuela como base, Bethune se dirigió a los países en los que se educaba a los afroamericanos. De 1923 a 1942 y de 1946 a 1947 fue presidenta de la escuela, lo que la convirtió en una de las primeras mujeres de una institución de enseñanza superior.

Mary McLeod Bethune también actuó en clubes juveniles. Gracias a su participación en varios clubes, Bethune era conocida en todo el país. En 1932, trabajó para la campaña de publicidad de Franklin D. Roosevelt y, a partir de entonces, fue miembro *del Gabinete Negro* de Roosevelt. Al día siguiente, le dio la bienvenida al presidente sobre el desarrollo de la sociedad negra y le dio los informes de Roosevelt con su gabinete, que tradicionalmente se ha mantenido en el Partido Republicano.

Destacados

- En 1904 Bethune se trasladó a la costa este de Florida, donde había crecido una gran población afroamericana en la época de la construcción del Ferrocarril de la Costa Este de Florida, y en Daytona Beach, en octubre, abrió una escuela propia, el Daytona Normal and Industrial Institute for Negro Girls.
- En 1923 la escuela se fusionó con el Instituto Cookman para Hombres, entonces en Jacksonville, Florida, para formar lo que se conoció a partir de 1929 como Bethune-Cookman College en Daytona Beach.
- En 1935 fundó el National Council of Negro Women, del que fue presidenta hasta 1949, y fue vicepresidenta de la National Association for the Advancement of Colored People de 1940 a 1955.
- Fue asesora de Roosevelt en asuntos de minorías y ayudó al secretario de guerra a seleccionar candidatas a oficiales para el Cuerpo Femenino del Ejército de Estados Unidos (WAC).

12.   Toni Morrison (1931-2019)

Autor afroamericano

*"Liberarse era una cosa, reclamar la propiedad de ese yo
liberado era otra".*

Toni Morrison (Lorain (Ohio), 18 de febrero de 1931 - Nueva York, 5 de agosto de 2019) fue una escritora estadounidense.

En 1993 recibió el Premio Nobel de Literatura por su obra. En 2012 recibió el mayor galardón civil estadounidense: la Medalla Presidencial de la Libertad. Algunos de sus libros se han convertido en clásicos de la literatura estadounidense, entre ellos *The Bluest Eye*, *Beloved* (con el que ganó un premio Pulitzer) y *Song of Solomon*. Su obra está marcada por los temas de proporciones episódicas, los diálogos de altura y los personajes afroamericanos detallados.

La noche de los sueños

Nació como segunda en un matrimonio con cuatro hijos con el nombre de Chloe Anthony Wofford en Lorain, Ohio. Era una mujer muy joven y su padre le enseñó muchas cosas de su cultura.

Estudió letras en la Universidad Howard de Washington y fue entonces cuando cambió su nombre por el de "Toni" y su apellido por el de "Anthony", con el fin de que las personas pudieran hablar de *Chloe*. En 1953 se licenció en Filología Inglesa y posteriormente cursó un máster en la Universidad de Cornell.

Docentschappen

Después de sus estudios, estudió inglés en la Texas Southern University de Houston y, a partir de entonces, se trasladó a Howard para estudiar. En 1958 se reunió con Harold Morrison. Tuvieron dos hijos, pero se marcharon en 1964. Después de su partida, se fue a Syracuse (Nueva York), donde trabajó como redactor. Como redactor de Random House, desempeñó un papel importante en la creación de la literatura afroamericana.

También se incorporó a la Universidad Estatal de Nueva York. En 1984 fue nombrado profesor de Albert Schweitzer en la Universidad de Albany en Nueva York. A partir de 1989 fue durante mucho tiempo profesor Robert F. Goheen en la Universidad de Princeton. En mayo de 2006 fue despedido. En 2005 se convirtió en doctor de la Universidad de Oxford.

En abril de 2006 participó en el PEN *World Voices* de Nueva York, un festival que durante años organizó el presidente del PEN America, Salman Rushdie. Entre los invitados se encontraban los autores David Grossman, Jeanette Winterson, Margaret Atwood, Anne Provoost y Orhan Pamuk.

Boeken

The Bluest Eye (1970)

La protagonista del libro es Pecola Breedlove, una joven mujer negra a la que cada día se le pide que se convierta en una niña de color, como Shirley Temple. Su familia tiene varios problemas, y sabe que todo está en orden, ya que sólo tiene hijos negros. El libro es controvertido, no sólo por su contenido, sino también por su estructura. Morrison utiliza una estructura no cronológica y más vertiginosas, lo que da lugar a una lectura versátil y variada.

Sula (1973)

Sula habla de dos amigas negras, Sula y Nel, y de su vida en Medallion, Ohio. Un padre se dedica a drogar a su hijo con queroseno. Su libro fue seleccionado para el National Book Award.

Canción de Salomón (1977)

Su último libro, *Canción de Salomón*, le puso en el punto de mira. Este libro fue una de las claves del club de los "libros de moda" de Estados Unidos, ya que fue la primera vez que un escritor afroamericano fue elegido en 1940 por Richard Wrights *Native Son*. El libro narra la vida de Macon "Milkman" Dead III, desde su nacimiento hasta su muerte, en una ciudad de Michigan. El libro ganó el National Book Critics Circle Award.

Tar Baby (1981)

Tar Baby se desarrolla en la gran casa caribeña de un millonario blanco. Los temas del libro son la identidad de género, la sexualidad, la clase y las relaciones familiares.

Beloved (1987)

Beloved se basa en la vida y el rechazo de Margaret Garner. Sethe es una mujer normal, que durante su secuestro, *Beloved*, su pareja, se ve obligada a abandonar su vida en la esclavitud. La hija no tiene ningún papel en la historia. El libro habla de la tradición de la esclavitud, pero también de los productos de la pesca y del tabaco, como el aceite de oliva y otros productos.

El libro recibió el premio Pulitzer de ficción y se estrenó en 1998, con Oprah Winfrey y Danny Glover. Morrison utilizó la imagen de Margaret Garner para la ópera *Margaret Garner*. En mayo de 2006, el *New York Times* calificó el libro como el mejor libro americano de los últimos 25 años.

Jazz (1992)

Este libro ofrece una visión general de la improvisación, tan habitual en la música de jazz, para que se pueda llevar a cabo. La historia gira en torno a un tema más amplio, que es el que más ayuda a la gente. El hombre se queda con la comida de su madre. Tijdens de begrafenis bewerkt zijn echtgenote het lijk met een mes.

Paraíso (1998)

Este es el primer libro que escribió antes de que se iniciaran los Premios Nobel. Trata sobre la historia y el desarrollo social de una pequeña ciudad de la periferia, desde el inicio de la ciudad hasta la revolución social y económica de mediados del siglo XX. Los temas del libro se centran en las personas que viven en la ciudad. Este libro es el resultado de la investigación realizada en los Estados Unidos.

Amor (2003)

El amor es la historia de Bill Cosey, un fascinante, pero sobredimensionado, empresario de la hostelería. La historia se centra en las personas que se acercan a él, y que también han sido atrapadas por su vida. Los personajes principales son Christine, su hija, y Heed, su marido. Los dos son de la misma edad y fueron amigos, pero 40 años después de la muerte de Cosey se separaron, aunque no se quedaron en la misma casa. Morrison ha utilizado la visión fragmentaria, y la historia ha pasado por encima de la de los demás.

Una misericordia (2008)

En "A Mercy", un colono americano de los años 17 se encuentra en la calle, donde vive en una casa de lujo, que se convierte en el decorado de esta novela de Toni Morrison, en la que se han descubierto los *"tesoros" de la* cultura americana: la esclavitud y la persecución de *los nativos americanos ("indios")*.

Destacados

- Toni Morrison, cuyo nombre original es Chloe Anthony Wofford, creció en el Medio Oeste estadounidense en el seno de una familia que sentía un intenso amor y aprecio por la cultura negra. Recibió el Premio Nobel de Literatura en 1993.
- Muchos de los ensayos y discursos de Morrison fueron recogidos en What Moves at the Margin: Selected Nonfiction (2008; editado por

Carolyn C. Denard) y The Source of Self-Regard: Selected Essays, Speeches, and Meditations (2019).

- Junto con su hijo, Slade Morrison, escribió varios libros infantiles, como la serie Who's Got Game, The Book About Mean People (2002) y Please, Louise (2014).
- Toni Morrison escribió Remember (2004), que narra las dificultades de los estudiantes negros durante la integración del sistema escolar público estadounidense; dirigida a los niños, utiliza fotografías de archivo yuxtapuestas con leyendas que especulan sobre los pensamientos de sus protagonistas.

13.   Ida B. Wells-Barnett (1862-1931)
Periodista afroamericano y defensor de los derechos civiles

"Es extremadamente duro seguir con mis objetivos, pero sentí la responsabilidad de mostrar al mundo lo que los afroamericanos están afrontando en esta mala racha".

Ida Wells (Holly Springs, 16 de julio de 1862 - Chicago, 25 de mayo de 1931) fue una activista afroamericana por la defensa de los derechos humanos, que se empeñó en llevar a cabo el linchamiento de las mujeres -con su nombre en los Estados Unidos de América-.

Wells nació en Mississippi. En 1884, se embarcó en un viaje a Memphis. Después de que la empresa de fabricación de automóviles le diera el visto bueno, se marchó de la ciudad. Ganó, pero en 1887 se desprendió de la casa del estado de Tennessee.

Desde 1889 fue redactor de una campaña antisegregacionista en Memphis. Su libro sobre linchamientos, *A Red Record*, se publicó en 1895. En 1909, Wells se incorporó a la Asociación Nacional para el Progreso de las Personas de Color (NAACP), que se fundó en Nueva York. Como uno de los primeros hombres negros, en 1930 fue elegido para el parlamento de Illinois.

Wells nació en 1931 en Chicago. Más tarde, en esta ciudad se creó una nueva escuela y en San Francisco se creó una escuela de nivel medio con su nombre.

Destacados

- Ida Wells nació en la esclavitud y se educó en la Universidad Rust, una escuela para libertos en su Holly Springs, Mississippi natal, y a los 14 años comenzó a dar clases en una escuela rural.
- En 1887, el Tribunal Supremo de Tennessee, revocando una decisión del Tribunal de Circuito, falló en contra de Wells en una demanda que había presentado contra el ferrocarril Chesapeake & Ohio por haber sido retirada a la fuerza de su asiento después de que se negara a cederlo por uno en un vagón "sólo para personas de color".
- Utilizando el seudónimo Iola, Wells también escribió en 1891 algunos artículos periodísticos en los que criticaba la educación disponible para los niños afroamericanos.
- En 1892, después de que tres amigos suyos fueran linchados por una turba, Wells inició una campaña editorial contra los linchamientos que rápidamente llevó al saqueo de la oficina de su periódico.

14. Venus Williams (nacida en 1980)

Tenista afroamericano

Venus Ebony Starr Williams (Lynwood, 17 de junio de 1980) es una tenista profesional de los Estados Unidos. Es la madre de Serena Williams. Venus ha ganado en el torneo de Wimbledon hasta ahora y dos veces en el US Open, y también ha sido campeona olímpica en varias ocasiones (en 2000 ganó tanto el torneo de tenis como el de dobles, y en 2008 y 2012 el de dobles). En el torneo de dobles (junto con su marido) ha ganado todos los grandes torneos más importantes: cuatro veces el Open de Australia, dos veces Roland Garros, dos veces Wimbledon y dos veces el US Open. En su primera etapa, ganó en 1998, junto a su compatriota Justin Gimelstob, el Abierto de Australia y Roland Garros. En el período 1999-2016 y 2018, Williams formó parte del equipo americano de la Fed Cup, con un balance de 25 victorias y 4 derrotas. En 1999, se fue con la novia a casa. A pesar de una lesión en la espalda y otros problemas médicos, se le considera uno de los mejores jugadores de tenis del mundo.

Loopbaan

Venus Williams debutó el 1 de noviembre de 1994 en el torneo WTA de Oakland. Ganó en la primera ronda en dos sets (6-3 y 6-4) a su compatriota de 26 años Shaun Stafford. En 1997, Williams participó por primera vez en una final: en el US Open, donde venció a la suiza Martina Hingis. En 1998 Williams ganó su primer título de la WTA, en el torneo de Oklahoma, ante la sudafricana Joannette Kruger.

En el año 2000, Venus ganó los Juegos Olímpicos de Sydney: en la final venció a la rusa Jelena Dementjeva por 6-2 y 6-4. En Sídney, Venus y su compañera Serena se impusieron en la final (6-1, 6-1) a las holandesas Miriam Oremans y Kristie Boogert. En el US Open 2007, Venus Williams batió un récord de velocidad de las mujeres: recorrieron 207,6 kilómetros por hora. También en 2008, la pareja ganó la medalla de oro en las Olimpiadas de Pekín: se impuso en una final muy reñida (6-2, 6-0) a las españolas Anabel Medina Garrigues y Virginia Ruano Pascual. En 2008, Venus ganó el Campeonato de la WTA en Doha, donde se convirtió en la campeona mundial de tenis durante un año.

A principios de 2011, la empresa Syndroom de Sjögren se convirtió en una empresa de autodefensa. A partir de ese momento, el equipo de la empresa se retiró durante varios meses de la circulación. No se sabe si ya no se puede superar el nivel inicial, pero en los meses de revalidación se ha vuelto a poner en marcha para llegar a la cima.

En las Olimpiadas de 2012 en Londres, Venus y Serena Williams ganaron por primera vez: en la final vencieron a las tayikas Andrea Hlaváčková y Lucie Hradecká por 6-4.

En su carrera, Venus ha ganado varios títulos olímpicos, siete títulos de campeona mundial y el campeonato mundial de tenis, además de 40 títulos de la WTA. Su mejor posición en el ranking de la WTA es la primera plaza, que consiguió en febrero de 2002 y que tuvo que abandonar durante quince semanas, cuando su compañera Serena la sustituyó.

En el doble de tiempo, Venus ha ganado varios títulos olímpicos, varios grandes campeonatos y varios títulos de la WTA, sobre todo con su compañera Serena. Su mejor posición en el ranking de la WTA es también la primera plaza, que consiguió en junio de 2010 y que tuvo que abandonar durante diez semanas, cuando fue despedida por su compañera Liezel Huber.

En su debut, Venus ganó dos títulos de campeón, además de una medalla de oro en los Juegos Olímpicos de Río de Janeiro.

Destacados

- Al igual que su hermana Serena, Venus se inició en el tenis en las pistas públicas de Los Ángeles de la mano de su padre, que pronto reconoció su talento y supervisó su desarrollo.
- Venus Williams se hizo profesional en 1994 y pronto llamó la atención por sus potentes saques y golpes de fondo.
- En 2000, Williams ganó Wimbledon y el Abierto de Estados Unidos, y defendió con éxito sus títulos en 2001.
- En los Juegos Olímpicos de 2000, en Sidney, se hizo con la medalla de oro en la competición individual y consiguió una medalla de oro con su hermana en la prueba de dobles.
- En 2008, Venus Williams derrotó a Serena para conseguir el quinto título de Wimbledon de su carrera, lo que la situó en el quinto puesto de todos los tiempos en los campeonatos individuales femeninos de Wimbledon.

15.   Zora Neale Hurston (1891-1960)

Escritor, folclorista y antropólogo afroamericano

---

*"Si guardas silencio sobre tu dolor, te matarán y dirán que
lo disfrutaste".*

Zora Neale Hurston (Notasulga, 7 de enero de 1891 - Fort Pierce,
Florida, 28 de enero de 1960) fue una escritora, antropóloga y folclorista
estadounidense. Se convirtió en una de las principales promotoras del
Renacimiento de Harlem.

Leven and werk

Neale Hurston nació en un entorno tradicional afroamericano. Su padre,
que era negro, le dio la bienvenida a su casa, y a finales del siglo XIX,
entre 1918 y 1927, empezó a estudiar en la Universidad Howard de
Washington DC y en el Barnard College de Nueva York, donde fue la
primera estudiante afroamericana.

En Nueva York entró en contacto con escritores del *Renacimiento de Harlem*, como Langston Hughes, y publicó su primera obra y un espectáculo teatral. Antes de eso, comenzó a estudiar la materia folclórica (canciones, cuentos, canciones de la vida negra), primero en Florida y Alabama, y después, en 1930, en las Bahamas y en Nueva Orleans. Tras la publicación de su obra antropológica *"Mulas y hombres", se convirtió en un* viaje oficial a Jamaica y Haití. A principios de año trabajó para la WPA en Florida.

Neale Hurston fue una mujer muy joven que, como antropóloga de la Universidad de Columbia, estudió el vudú en Haití y las costumbres de los americanos negros en el campo. Sin embargo, también se ha convertido en un autor literario de la historia. En la década pasada se convirtió en uno de los personajes más importantes de la literatura afroamericana. En sus libros y romances, describe las experiencias y vivencias de la vida de los extranjeros en el continente americano, a principios del siglo XX. Por ello, se aleja de la estereotipación de la "respetabilidad del negro", un tipo de lenguaje para los escritores del *Renacimiento de Harlem*. Su obra tiene a los Zuiden como escenario; *Jonah's Gourd Vine* (1934) se convirtió en su obra más importante, *Sus ojos miraban a Dios* (1937). En esta novela, el lenguaje es muy rico y lírico, y el nombre se debe a los diálogos. En el centro se encuentra una joven que se despoja de su propia vida y que no se deja convencer.

En los años 90, Neale Hurston se dedicó a la investigación y no publicó ninguna obra. También se dedicó a la investigación sobre la guerra civil. En 1959 se convirtió en un bereber y se le dio una gran importancia social. Zora Neale Hurston se retiró en 1960 de Hartfalia.

En 2018 se publica Postuum *Barracoon: The Story of the Last 'Black Cargo'*, su libro sobre el tráfico de esclavos transatlántico, con el título de la historia del supervisor Cudjoe Lewis, que había creado en 1927.

Destacados

- En 1930, Zora Neale Hurston colaboró con Hughes en una obra de teatro titulada Mule Bone: A Comedy of Negro Life in Three Acts (publicada póstumamente en 1991).

- Durante varios años, Zora Neale Hurston formó parte del profesorado del North Carolina College for Negroes (actual North Carolina Central University) de Durham.
- A pesar de las primeras promesas de Zora Neale Hurston, en el momento de su muerte era poco recordada por el público lector en general, pero a finales del siglo XX resurgió el interés por su obra.
- Además de Mule Bone, se publicaron póstumamente otras colecciones, como Spunk: The Selected Stories (1985), The Complete Stories (1995) y Every Tongue Got to Confess (2001), una colección de cuentos populares del Sur.

16.   Mahalia Jackson (1911-1972)
Cantante de gospel afroamericano

---

*"La fe y la oración son las vitaminas del alma; el hombre
no puede vivir con salud sin ellas".*

Mahalia Jackson (Nueva Orleans, 26 de octubre de 1911 - Chicago, 27
de enero de 1972) fue una cantante estadounidense y fue nombrada "la
reina del gospel". Su primera obra en 1934, *God Gonna Separate the
Wheat from the Tares (Dios va a separar el trigo de la cizaña)*, se hizo
popular en los Estados Unidos. El 28 de agosto de 1963, durante una
manifestación masiva contra la discriminación racial en el Lincoln
Memorial de Washington, el artista se puso de pie en su carrocería. Diez
personas más de 250.000 personas se reunieron en la obra *"I've been
buked and I've been scorned"* de Martin Luther King y *"How I got over"*.
Gracias a su esfuerzo y a su participación en las manifestaciones,
organizadas por Martin Luther King, se ha desarrollado una gran historia
en la lucha por la emancipación de los afroamericanos, de la mano de los

grupos y de los activistas contra el apartheid, como el propio Martin Luther King, jefe de un grupo de bautistas, su esposa Coretta Scott King y Rosa Parks. Las grandes palabras de Mahalia Jackson sobre la emancipacion de los afroamericanos no se han hecho esperar, sino que han sido reconocidas como un ejemplo de vida.

Levensloop

Jackson nació en Nueva Orleans, en la cuna del jazz. Era bautista y cantó como gospel en la iglesia en la que era líder. En 1927 viajó a Chicago, donde trabajó y cantó en la iglesia bautista Greater Salem. Muy pronto formó un grupo con los Johnson Singers. Más tarde trabajó junto a Thomas Dorsey, que compuso el gospel *Precious Lord, take my hand*, el himno de Martin Luther King, que también cantó en su inauguración en abril de 1968. Con el dinero que se le pagó, empezó a hacer un taller de pintura y un salón de la escuela. En 1945, se despidieron de la publicidad blanca con el nombre de *"Voy a subir un poco más"*, donde se vendieron 2 millones de ejemplares en el banco. En los años 50 fue conocido en Europa, donde se publicó en 1952, 1961, 1964, 1968 y 1971. En 1971, se convirtió en el primer concierto de su país en Múnich. Tuvo conciertos en el Witte Huis y en 1961 fue invitado por Paus Johannes XXIII a un concierto privado. Murió el 27 de enero de 1972 en Chicago a causa de un problema de hipotermia y de una diabetes mellitus. Sobre su vida se han escrito diversas biografías.

Gospelmuziek

Las canciones evangélicas de Jackson y de muchos otros autores constituyen una música religiosa inspirada en el Evangelio. Tienen el ritmo de la música afrikáansa de los esclavos que se han impuesto en Estados Unidos. Jackson no hizo blues ni jazz. En 1958, incluyó el *Come Sunday* en la Suite Black Brown and Beige de Duke Ellington, en un largo periodo de tiempo en el que el tema era religioso. A través de la CBS, también se han incluido canciones cristianas que no son de su estilo y que son muy kitsch. No se ha excedido en el estudio del blues y el jazz. En 1978 fue incluido en el Salón de la Fama de la Música Gospel.

Destacados

- Mahalia Jackson llamó la atención del público por primera vez en la década de 1930, cuando participó en una gira gospel por todo el país

367

cantando canciones como "He's Got the Whole World in His Hands" y "I Can Put My Trust in Jesus".

- Mahalia Jackson cantó en la radio y en la televisión y, a partir de 1950, actuó ante un público desbordado en los conciertos anuales del Carnegie Hall de Nueva York.
- Ocho de los discos de Jackson vendieron más de un millón de copias cada uno.
- En los años 50 y 60, Mahalia Jackson participó activamente en el movimiento por los derechos civiles.